总 序

王文章

以宏阔的视野和多元的思考方式，通过学术探求，超越当代社会功利，承续传统人文精神，努力寻求新时代的文化价值和精神理想，是文化学者义不容辞的责任。多年以来，中国艺术研究院的学者们，正是以"推陈出新"学术使命的担当为己任，关注文化艺术发展实践，求真求实，尽可能地从揭示不同艺术门类的本体规律出发做深入的研究。正因此，中国艺术研究院学者们的学术成果，才具有了独特的价值。

中国艺术研究院在曲折的发展历程中，经历聚散沉浮，但秉持学术自省、求真求实和理论创新的纯粹学术精神，是其一以贯之的主体性追求。一代又一代的学者扎根中国艺术研究院这片学术沃土，以学术为立身之本，奉献出了《中国戏曲通史》《中国戏曲通论》《中国古代音乐史稿》《中国美术史》《中国舞蹈发展史》《中国话剧通史》《中国电影发展史》《中国建筑艺术史》《美学概论》等新中国奠基性的艺术史论著作。及至近年来的《中国民间美术全集》《中国当代电影发展史》《中国近代戏曲史》《中国少数民族戏曲剧种发展史》《中国音乐文物大系》《中华艺术通史》《中国先进文化论》《非物质文化遗产概论》《西部人文资源研究丛书》等一大批学术专著，都在学界产生了重要影响。近十多年来，中国艺术研究院的学者出版学术专著在千种以上，并发表了大量的学术论文。处于大变革时代的中国艺术研究院的学者们以自己的创造智慧，在时代的发展中，为我国当代的文化建设和学术发展做出了当之无愧的贡献。

为检阅、展示中国艺术研究院学者们研究成果的概貌，我院特编选出版"中国艺术研究院学术文库"丛书。入选作者均为我院在职的副研究员、研究员。虽然他们只是我院包括离退休学者和青年学者在内众多的研究人员中的一部分，也只是每人一本专著或自选集入编，但从整体上看，丛书基本可以从学术精神上体现中国艺术研究院作为一个学术群体的自觉人文追求和学术探索的锐气，也体现了不同学者的独立研究个性和理论品格。他们的研究内容包括戏曲、音乐、美术、舞蹈、话剧、影视、摄影、建筑艺术、红学、艺术设计、非物质文化遗产和文学等，几乎涵盖了文化艺术的所有门类，学者们或以新的观念与方法，对各门类艺术史论做了新的揭示与概括，或着眼现实，从不同的角度表达了对当前文化艺术发展趋向的敏锐观察与深刻洞见。丛书通过对我院近年来学术成果的检阅性、集中性展示，可以强烈感受到我院新时期以来的学术创新和学术探索，并看到我国艺术学理论前沿的许多重要成果，同时也可以代表性地勾勒出新世纪以来我国文化艺术发展及其理论研究的时代轨迹。

中国艺术研究院作为我国唯一的一所集艺术研究、艺术创作、艺术教育为一体的国家级综合性艺术学术机构，始终以学术精进为己任，以推动我国文化艺术和学术繁荣为职责。进入新世纪以来，中国艺术研究院改变了单一的艺术研究体制，逐步形成了艺术研究、艺术创作、艺术教育三足鼎立的发展格局，全院同志共同努力，力求把中国艺术研究院办成国内一流、世界知名的艺术研究中心、艺术教育中心和国际艺术交流中心。在这样的发展格局中，我院的学术研究始终保持着生机勃勃的活力，基础性的艺术史论研究和对策性、实用性研究并行不悖。我们看到，在一大批个人的优秀研究成果不断涌现的同时，我院正陆续出版的"中国艺术学大系""中国艺术学博导文库·中国艺术研究院卷"，正在编撰中的"中华文化观念通诠""昆曲艺术大典""中国京剧大典"等一系列集体研究成果，不仅展现出我院作为国家级艺术研究机构的学术自觉，也充分体现出我院领军

中国艺术研究院
基本科研业务费项目

中国艺术研究院学术文库
主　编　王文章　周庆富

戴阿宝　著

知识镜像与书写

北京时代华文书局

图书在版编目（CIP）数据

知识镜像与书写 / 戴阿宝著 . -- 北京：北京时代华文书局，2025.6
（中国艺术研究院学术文库 / 王文章，周庆富主编）
ISBN 978-7-5699-5227-8

Ⅰ.①知… Ⅱ.①戴… Ⅲ.①文化理论 Ⅳ.① G0

中国国家版本馆 CIP 数据核字 (2024) 第 063605 号

ZHISHI JINGXIANG YU SHUXIE

出 版 人：陈　涛
责任编辑：姚　健　徐敏峰
装帧设计：周伟伟
责任印制：刘　银　訾　敬

出版发行：北京时代华文书局 http://www.bjsdsj.com.cn
　　　　　北京市东城区安定门外大街 138 号皇城国际大厦 A 座 8 层
　　　　　邮编：100011　　电话：010-64263661　64261528

印　　刷：三河市嘉科万达彩色印刷有限公司
开　　本：710 mm×1000 mm　1/16　　　　成品尺寸：170 mm×240 mm
印　　张：16.375　　　　　　　　　　　　字　　数：243 千字
版　　次：2025 年 6 月第 1 版　　　　　　印　　次：2025 年 6 月第 1 次印刷
定　　价：90.00 元

版权所有，侵权必究
本书如有印刷、装订等质量问题，本社负责调换，电话：010-64267955。

"中国艺术研究院学术文库"编辑委员会

主　编　王文章　周庆富

副主编　喻　静　李树峰　王能宪

委　员　王　馗　牛克成　田　林　孙伟科
　　　　李宏锋　李修建　吴文科　邱春林
　　　　宋宝珍　陈　曦　杭春晓　罗　微
　　　　赵卫防　卿　青　鲁太光
　　　　（按姓氏笔画排序）

编辑部

主　任　陈　曦

副主任　戴　健　曹贞华

成　员　马　岩　刘兆霏　汪　骁　张毛毛
　　　　胡芮宁　（按姓氏笔画排序）

"中国艺术研究院学术文库"再版序

周庆富

由中国艺术研究院策划、北京时代华文书局出版的大型系列丛书"中国艺术研究院学术文库",历经十余载,陆续出版近150种,逾5000万字,自面世以来取得了很好的社会反响。这套丛书以全景集成之姿,系统呈现了中国艺术研究院新一代学者在文化强国征程中,承继前海学术传统,赓续前辈学术遗产的共同追求,也展现了学者们鲜明的研究个性和独特的学术风格,勾勒出我国当代文化艺术从理论研究到实践探索的发展脉络,对推进中国艺术学学科体系、学术体系、话语体系建设具有重要的史料价值和学术价值。

北京时代华文书局意将整套丛书再版,并对装帧、版式等进行重新设计,让这一系列规模庞大、内容广博的研究成果持续发挥它应有的作用,这无疑是一件好事!衷心祝愿"中国艺术研究院学术文库"再版成功!中国艺术研究院的学者们也将继续以饱满的学术热情,将个人专长与国家需要紧密结合,不断为新时代文化艺术繁荣发展,为文化强国建设贡献智慧和力量。

2024年12月20日

国内艺术学地位的应有学术贡献。这套"中国艺术研究院学术文库"和拟编选的本套文库离退休著名学者著述部分，正是我院多年艺术学科建设和学术积累的一个集中性展示。

多年来，中国艺术研究院的几代学者积淀起一种自身的学术传统，那就是勇于理论创新，秉持学术自省和理论联系实际的一以贯之的纯粹学术精神。对此，我们既可以从我院老一辈著名学者如张庚、王朝闻、郭汉城、杨荫浏、冯其庸等先生的学术生涯中深切感受，也可以从我院更多的中青年学者中看到这一点。令人十分欣喜的一个现象是我院的学者们从不故步自封，不断着眼于当代文化艺术发展的新问题，不断及时把握相关艺术领域发现的新史料、新文献，不断吸收借鉴学术演进的新观念、新方法，从而不断推出既带有学术群体共性，又体现学者在不同学术领域和不同研究方向上深度理论开掘的独特性。

在构建艺术研究、艺术创作和艺术教育三足鼎立的发展格局基础上，中国艺术研究院的艺术家们，在中国画、油画、书法、篆刻、雕塑、陶艺、版画及当代艺术的创作和文学创作各个方面，都以体现深厚传统和时代特征的创造性，在广阔的题材领域取得了丰硕的成果，这些成果在反映社会生活的深度和广度及艺术探索的独创性等方面，都站在时代前沿的位置而起到对当代文学艺术创作的引领作用。无疑，我院在文学艺术创作领域的活跃，以及近十多年来在非物质文化遗产保护实践方面的开创性，都为我院的学术研究提供了更鲜活的对象和更开阔的视域。而在我院的艺术教育方面，作为被国务院学位委员会批准的全国首家艺术学一级学科单位，十多年来艺术教育长足发展，各专业在校学生已达近千人。教学不仅注重传授知识，注重培养学生认识问题和解决问题的能力，同时更注重治学境界的养成及人文和思想道德的涵养。研究生院教学相长的良好气氛，也进一步促进了我院学术研究思想的活跃。艺术创作、艺术教育与学术研究并行，三者在交融中互为促进，不断向新的高度登攀。

在新的发展时期，中国艺术研究院将不断完善发展的思路和目标，继续培养和汇聚中国一流的学者、艺术家队伍，不断深化改革，实施无漏洞管理和效益管理，努力做到全面协调可持续发展，坚持以人为本，坚持知识创新、学术创新和理论创新，尊重学者、艺术家的学术创新、艺术创新精神，充分调动、发挥他们的聪明才智，在艺术研究领域拿出更多科学的、具有独创性的、充满鲜活生命力和深刻概括力的研究成果；在艺术创作领域推出更多具有思想震撼力和艺术感染力、具有时代标志性和代表性的精品力作；同时，培养更多德才兼备的优秀青年人才，真正把中国艺术研究院办成全国一流、世界知名的艺术研究中心、艺术教育中心和国际艺术交流中心，为中华民族伟大复兴的中国梦的实现和促进我国艺术与学术的发展做出新的贡献。

2014年8月26日

目 录

第一编

文学功能的语言论阐释 / 1

超语言学：走向诗学研究的最深处 / 11

关于différance的考释 / 28

语言革命与当代西方文本理论 / 49

第二编

补替中的缺失
——当代西方文论走势管窥 / 69

知识传统批判与后知识话语之可能 / 85

后现代科学发现的人文意义 / 103

大众文化：一曲文化的挽歌？ / 114

第三编

后殖民主义及其在中国的反响／127

世纪回眸：中国学人的立场与企盼／147

新儒家与现代性弊病矫治之可能／161

20世纪前期中国美学思想进程的两条路径／175

第四编

从总体性到总体美学：卢卡奇美学思想批判／185

马尔库塞文艺思想述评／215

后记／249

第一编

文学功能的语言论阐释

时至今日,我们对文学功能的研究大多停留在性质审辨和外部描述的维度上,而对文学功能的生成机制和运作过程本身缺乏细致、深入的考察。本文的目的就是试图从泛语言论的维度另辟思考文学功能问题的途径。所谓泛语言论是指现代批评中从语言出发来设定文学存在的一种理论倾向。它主张,语言决不仅仅是表达思想的工具,从某种意义上说更是文学活动的起点和归宿。它的着眼点在于以文本语言特征为轴心的向心式阐释,即作者、文本和读者相互作用的语境潜能、文本自身的语言释放、读者自我语言模式的规范和阅读能力等,它们构成了一条文学功能存在于其中的语言链,对文本语言的不断阐释正意味着文学功能的生成。

一、传统文学功能观的缺陷

任何事物的存在都有自己或隐或显的目的,文学亦不例外。当我们追问文学存在的目的时,实际上就是从另一个角度在追问文学功能,即文学到底能干什么，有什么用处。对这一问题的回答，历来见仁见智、众说纷纭，但大而化之无非是诸如教谕功能、宣传功能、泄导功能、娱乐功能等，这些都可以说是传统意义上的典型的文学功能。显而易见，以往的这种以社会目的论为核心的文学功能观是建立在这样两个假想的理论基础之上的：(一) 文学作为一个实体被置于与社会 (实体) 对立的二分状态中，即文学/社会，社会是文学存在的唯一关系项和参照物，文学功能最直接地表现为对社会的作用。在这种两分模式中，无论如何，文学只能构成整个社会的他者而被社会的 (物质和精神) 形态所决定；社会的支配性地位无疑对文学具有规定和范导作用，文学活动始终以社会为对象、为目的，以社会为标尺，从而文学与社会结合 (互动) 得越是紧密，文学功能发挥得就越是充分。(二) 在运作模式上，文学与社会具有一种不证自明的同构关系。所谓同构指的是一种对文学与社会关系科学 (物理) 式的抽象认知，即强调文学与社会关系的直接性和非中介性，强调文学变化与社会变化的同步性。

这种传统的文学功能观注重文学作品与外界 (社会) 的联系，注重文学作品的指向性、意动性和预期性及其外界的反应，即外界接纳和由此产生的变化，并谋求在既定的社会价值网络中为文学功能定位，突现它的时代性和针对性。它以同构为经，以社会目的为纬，通过文学的社会目的论和工具论观念把社会需要与文学目的连接起来，按照社会价值来核准文学功能。它不仅从文学的外部来思考文学功能，把文学功能停留在两个颇为抽象的实体 (文学/社会) 之间的关系上，从强力意识和行政训导来划一文学功能，缺乏对文学功能生成过程的复杂性、多变性的认识，而且更多地强调文学功能的社会性质，即文学的阶级性、党派性、民族性等，对文学的向心式存在价值缺乏起码的关注。很明显，这种传统的文学功能观存在着明显的缺陷：(一) 它直接同构文学与社会，等于把文学与社会置于同一平面，从而忽视了两者之间关系的立体性以及中介存在的作用和意义；(二) 由于文学/社会这种二分模式以及把社会作为文学唯一的前提和主导，从而也就难以顾及到文学功能具体运作过程中的二级性：本文→读者 (→社会) 和 (本文→) 读者→社会，或将两者混为一谈，或将前者忽略不顾；(三) 这种传统的文学功能观还由于把社会目的作为文学功能实现的唯一归属地，必然漠视文学本身存在的功能性显现的意义。所以，从泛语言论的角度来看，传统意义上的文学功能观是偏颇的，起码是不完整的。

泛语言论的文学功能观提出，必须在这样几个基本前提下讨论文学功能问题：首先，文学存在是一种语言存在，语言对文学功能的生成和发挥具有不可忽视的影响；其次，文本存在作为一种向心式存在，具有本体意义，它的功能生成和实现依赖于阐释，在不断的阐释中意义得到释放，意义释放是文学功能的不可忽视的重要部分；再次，读者是参与文本功能生成的不可缺少的因素，读者在这里也可以视为是一种语言存在，他本身的阅读活动并不谋取意义，而是作为文本功能生成的参与者，用自我的语言模式解说文本，从而使文学功能由潜到显。

二、语言自律与文本语境

从泛语言论的观点来看，文学与社会的联系是有中介的，这个中介简单地说就是文本，或者说是由语言构成的文本语境。这一语境的特点在于，文学藉语言从社会凸显出来，成为一种自律存在物；任何东西要想进入文学都必须经过语言，任何外在强力也要在语言中释放和化解；文学功能的发挥必须依靠语言的自转化，而这种自转化过程是复杂的。

语言自律是其中的关键环节。语言何以能够自律？或者说语言何以具有自律之条件？首先，语言自律需要名称与被命名对象的分离，即命名实际上是一个相对封闭的自在系统，不为被命名物所干扰；其次，在语言与外界充分分离的基础上，需要确立语言本身的意义生成机制，即命名的意义不是来自所命名对象，而是来自命名系统本身；再次，语言的过去性是决定语言价值的决定性因素，即人们对语言使用首先是对语言传统意义的重复，语言意义的任何更新和修正都离不开它的过去性。传统语言观之所以缺乏语言自律观念，是因为它视语言为一种价值中立的指涉工具，也就是说，是一种旨在突出指涉对象的"忘我"或"无我"的科学式认知工具，这样一来，物理对象所内化的所指在与能指的对立中处于决定性地位，语言的意义也就由此被所指所控制，语言成为一种他律或者说是无我的存在。大家熟知的索绪尔(Ferdinand de Saussure, 1857—1913)的语言学理论的启示在于：语言的意义不是来自外在的物质对象，使用能指所指称之物决不在所指之中，也决不是所指本身。"在符号与符号所指代的现实之间没有本质和必然的联系，是索绪尔学说中最激进和最富有成果的观点。"[1]索绪尔指出：语言的能指(音响)与所指(概念)的关系是任意的、约定俗成的，而非本质的、必然的；语言的意义取决于语言结构内在的差异性。[2]这起码意味着两点：一是语言符号不存在与外界对象的对应关系，语言与外界对象的联系仅具有虚拟的假想性。"例如，'姊妹'的观念在法语里同用来做它的能指的s-o-r这串声音没有任何内在的联系；它可以用任何别的声音来表示。"[3]抽象而言，命名和描述对象不产生任何影响，因为概念仅是一个心理事实而非物理事实，语言通过任意性与外界分离。二是语言符码既是一个无核的存在又是一个不以外向指涉为目的的存在，符码的意义取决于系统中的惯例以及一符码与他符码之间的联系，而不取决于符码的任何内在特性或任何外在的物理事实，语言意义的生成机制就在于这种语言的差异性。可见，把所指归结为一个心理事实，使之与外界断绝联系，把能指和所指的关系任意化，使语言符码远离心理而回归结构(链)本身。不是事物决定词语的意义，而是词语决定事物的意义。这是语言自律的根本所在，或许也是语言自律的奥秘所在。必须马上补充的是，语言符码的过去性也是不容忽视的，即语言共时和结构意义上的自律性在语言的历时动态中又得到了根本性强化。语言是公共的，是约定俗成的，这一点无疑是对语言的文化内容的历史构成性的认可。

当然，我们所说的语言自律不是单纯旨在强调语言与社会的隔绝性，而是试图从传统意义上的社会决定论进入到多样化的文化和历史决定论之中，进入

---

[1] 安纳·杰弗森、戴维·罗比等：《西方现代文学理论的概述和比较》，陈昭全、樊锦鑫、包华富译，湖南文艺出版社1986年版，第33页。

[2] 参见索绪尔：《普通语言学教程》，高名凯译，商务印书馆1985年版，第102—104、157—158页。

[3] 同上，第103页。

到文本语境之中。后者的根本特点在于：文化和历史的存在是透过语言而实现的，人们对文化和历史的认识也必然通过语言来进行；语言由此获得一种独立地位，它把文化和历史推入背景，而把自我置于前台；实质上，所谓的文化和历史决定论只具有"终极"意义，对语言自律的现实运作没有强制的约束力和直接影响。这一语言自律观从根本上为文本语境的存在提供了可能。

语言自律把文本从外界的直接决定中拯救出来，语境间际的对话随之凸显为前景，成为文学功能生成所倚重的决定性条件。文本语境就是指这种存在于文本内部的对话。语境间际对话的参与者通常由作者、本文、读者这三个要素构成，对话从两个轴线（水平轴和垂直轴）分别展开又相互交叉。在水平轴上，作家对文本的语言给定，文本在脱离作家之后的语言自主和意义潜在，以及读者对文本的阅读和阐释，是对话的三个有机环节，从而构成水平轴上的对话链条；在垂直轴上，无论是作家、文本还是读者，都分别成为一个语言的对话场。所谓的语言对话场，与我们在这里暂时设定的语言运作的两个层次相关，即本真语言和文本语言。本真语言是指一种标准语言，或者说是一种以词典意义为核心的语言，它类似于索绪尔所说的"语言"层面；文本语言是指在具体的语言环境里的语言运用，它不仅表现在文本语言的言语模式上，类似于索绪尔所说的"言语"，譬如词语的选择、语法的习惯性操作，以及隐喻、换喻、象征等修辞手法的使用，而且还表现为整个文本所显现的风格和意蕴。本真语言构成了文本存在的基础，它从根本上规定了文本存在的内在潜力、文本阅读的方向及其文本意义的可能性。当然，对文本的把握还需要把整体的语言结构转换成为语言的具体意义形态，形成一个释放意义的语言场。文本语言一方面意味着文本作者在语言的运用中所赋予语言的具体意义，另一方面意味着读者对文本的具体的阅读和阐释。垂直轴上的语言对话就是本真语言与文本语言的对话。这两种意义的交融不仅使语言层面具体化，而且还使语言在具体的语言操作中获取活力。可见，存在于同一层次（水平轴）各要素之间与存在于不同层次（垂直轴）的各要素之间的同时性的交互运作，形成一种全方位的间际对话场（如图）。

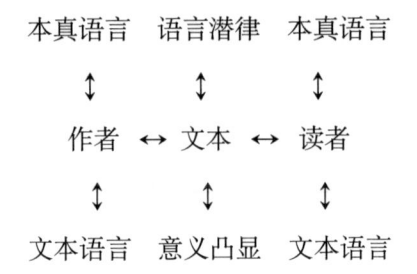

```
本真语言    语言潜律    本真语言
  ↕           ↕           ↕
 作者   ↔   文本   ↔    读者
  ↕           ↕           ↕
文本语言    意义凸显    文本语言
```

首先，作者本人不仅是一个重要的对话场，存在着本真语言和文本语言的张力，积淀而成独特的语言模式，而且要受到文本的存在语境和读者的期待视野等因素的冲击和诱导。读者的情形与作家差不多，只是读者的阅读和阐释活动，成为文学功能生成的决定性一环。其次，文本一旦脱离作者而存在，文本首先依附于本真语言，因为作为一种文化的产物，它本身是历时轴线上的文化意蕴的历史性凝聚，拥有独特的历史定型的文化意味，拥有顽强的历史存在和延伸能力，是一种自律的存在，所以，这种自律性一方面负载文本存在，另一方面又在相当的程度上遮蔽或模糊了作者所输入的意义。从而，本真语言具有向任何方向生成意义的冲动，具有无限多的认知和阐释的潜能。这里成为作者和读者的交汇点，成为意义的创造中心，成为文学功能的生成中心。作为联系作者和读者的桥梁，文本始终处在一种全方位的压力之中。作者自身的两极语言对话、读者自身的两极语言对话、文本自身的两极语言对话，以及它们之间的对话成为一个完整的文本语境图示。

三、读者与文学功能的生成

任何事物的存在都不是孤立的，它必然与周围之物形成一种关系，生成一种语境 (context)，功能就意味着这种关系的动态运作。文学功能的生成正是文本语境不断运作的结果。具体而言，文本语境运作起码包含如下内容：（一）作者输入的文本意义与文本自身语言模式和读者解读的共时性对话；（二）文本在历时存在中与身处语境变迁中的读者的对话；（三）文本已有的语言模式的规范冲动与读者的在阅读中加以抵制的对话；（四）读者各取所需和破坏作者意图的阅读与本真语言和语境阈限的对话；（五）读者自我摒弃社会语境压力与发挥自我阅读情趣的对话；等等。这种全方位的对话关系，形成了文学功能生成的十分复杂的景观，同时也表现出读者在文学功能实现中的关键性地位。读者对文学功能生成的介入，在于读者把自我的语言模式置换到文本中去，构成读者与文本的有效对话，使文本的意义和读者的意图最终得以释放。我们已经知道，文本是由两个不同层面构成的，即作为在极限意义上起匡定作用的本真语言，以及作为对本真语言的具体理解性运用（包括作者和读者的写作和阅读）的文本语言。本真语言与索绪尔的"语言"不同之处在于：它是一种个别性选择的结果，是语言在具体文本中所锁定的存在，而不是一种泛意上的语言架构，也就是说，在某个具体的文本中既潜在本真语言又显在文本语言。当然，文本语言更多是在作者和读者的共同参与下形成的，首先表现为文本意义的输入和阐释。按照常识，文本语言通常由作者决定，别人无权过问。可当一件作品从作家手里诞生时，文本语言必须与读者结合才可能存在，而与读者结合的第一关就是要有读者来阅读，来理解，来阐释。文学功能的发挥实际上是一个文本语言不断克服本真语言的过程，读者的参与必不可少。

从泛语言论的角度来看，读者的阅读活动受制于读者自身的语言模式。巴尔特 (Roland Barthes, 1915—1980) 指出："说话，或更严格些说发出话语，这并非像人们经常强调的那样是去交流，而是使人屈服：全部语言结构是一种普遍化的支配力量。"[①] 雅格布森 (Arne Jacobsen, 1902—1971) 也说过，一个习语与其说是按照它允许去说的来定义，不如说是按照它迫使人说的来定义，也就是说，人的言说活动实际上是对语言的一种实现，是把自我放在了语言的网络之中，语言已经内化为人的心理结构。海德格尔 (Matin Heidegger, 1898—1976) 也表示过类似的意思。他认为，人在理解的过程中总是离不开所谓的"先行具有"、"先行见到"、"先行掌握"，解释不是对给定东西所作的无前提的把握，"先行具有"、"先行看见"和

[①] 罗兰·巴尔特：《符号学原理》，李幼蒸译，生活·读书·新知三联书店1988年版，第5页。

"先行掌握"构成了筹划的何所向。意义就是这个筹划的何所向。从筹划的何所向出发,某某东西作为某某东西得到领会。①这三个"先行"完全可以归结为先在的"语言"。所以,语言内控作为一种阐释机制决定了读者的阅读方式和阅读趣味,从而决定了读者与文本结合的程度,也暗示出文学功能的发挥程度。当然,存在于语言结构中的读者总是能在这种氛围里找到自我的存在和解读的方式,会在整一的语言模式中来拆解语言,在一定程度上打破语言的限制,从而把文学功能发挥到最大的限度。

常识而言,读者自我的语言模式是由两部分构成的:(一)内在于读者自身的公共语言习惯,这是一种社会集约式的语言存在,它带有某种强制性和不可逾越性,成为一切语言言说的基础。每当读者阅读文本时,它总是或隐或显地谋求与文本自身所拥有的语言模式的对接,也就是说,它时刻表现出归附于文本意向的倾向。也正因为如此,读者在阅读的过程中才不至于完全脱离文本去胡思乱想,读者本身的语言模式与文本自身的语言模式具有高度的同构关系。

(二)在读者自身的公共语言习惯的约束下,读者本人又具有独特的语言结构和表现风格,这种结构和风格毫无疑问是完全归属于读者本人的,是读者的自我话语。倘若说,读者的语言公共习惯表现出对文本的认同,那么,读者的自我话语则表现出对文本的重新解读的意向,是对文本同化力的一种抵制、一种拆解后的重新组装。在认同和抵制之外,读者与文本的交融或许是一种更主要的形态,也可以说是读者阅读的主要目的,是文学功能生成的最有益部分,因为它既在某种程度上尊重文本,理解作者植入文本的潜义,至少没有脱离文本的本真语言,又最能体现出读者对文本的有效理解,对自我话语特色的展现。一般来说,当读者的自我话语越接近文本的文本语言模式时,读者的发挥就越受局限,文学功能就越小;而当读者的自我话语与文本的语言模式相差较远时,读者的发挥就越大,文学功能的效力也就越大。

---

① 参见海德格尔:《存在与时间》,陈嘉映、王庆节译,生活·读书·新知三联书店1987年版,第三十二节。

四、文学元功能的初步总结

现在，我们来对泛语言论的文学功能观进行初步的总结。首先，泛语言论的文学功能观以语言为中心，以文本存在的语境为经，以文本与读者的联系为纬，着重考察文本自我的语言模式的影响及作者、读者与文本的契合程度；它从语言的结构性本身截取视角，把语言学方法运用于文学功能研究，试图从微观上解开文学功能的生成之谜。其次，它所采用的策略是把作者—本文—读者—现实这一链条上的"现实"用括号括起来，或仅仅将其作为一种背景或语境内化为语言之中，而只研究作者—本文—读者这一部分。从而，有关文学功能的研究必然转向对文本语言的解读，转向追求文本意义的更有力的释放。再次，泛语言论的文学功能观在传统的文学功能之外实质上设定了如下两大功能：风格功能和阐释功能。风格功能是指（文本）风格的魅力和影响力，阐释功能则是指（读者）阐释本身的强度和力度。这两种"内"功能互为表里，相互关联。风格越有魅力，阐释的强度和力度就越大，功能效应就越强；反之亦然。

风格，是传统文学史和文学理论的一个重要问题。一般意义上的风格是或指作家在他的作品中所表现出来的独特性，或指某一个时期文学艺术所表现出来的独特性，或指一种文体（体裁）的独特性等。而在现代文论中，风格的语言性、修辞性、文体性等因素凸显出来，成为风格的极为重要的内容。我们所谓的风格功能就是对建立在语言基础上的风格观的一种发挥，是对文本语言风格效用的一种认识。传统意义上的风格只是就作品而言的一种静态特征，而风格功能所强调的是风格本身的能量和实现能力。阐释，是西方从读者接受和反应角度对文学活动的一种研究。无论是产生于德国的接受美学还是产生于美国的读者反应批评，都从不同维度强调了文学阐释的重要性。从具体的文学存在着眼，无论是作者、作品和读者的关系，还是这三者各自内存的本真语言和文本语言的关系，都可以说是一种阐释和被阐释的关系，从而生成一种阐释的循环。阐释功能与传统意义上的阅读作品的不同之处在于，阐释没有外在目的，阐释本身就是目的，所以，功能就在阐释的过程中，在阐释的存在中；阐释的越独特、越精彩，其功能就越大。

关于风格功能和阐释功能作为整个文学功能所具有的联系，皮亚杰（Jean Piaget, 1896—1980）的"同化—顺应"①概念可借来作一简要说明。我们看到，作者在创作中总是试图用自我的文本语言来同化本真语言，以便形成自己的文本风格；文本的存在本身既在顺应作者对其意义的输入也在顺应读者对其本真语言和文本语言相互结合的解读；但读者在阅读和阐释文本时，总是一方面试图同化文本自在的本真语言和作者已经输入的文本语言，把它更充分地纳入到自我的语言模式中，另一方面又通过不断地调整自我的本真语言和文本语言之间的矛盾，以求获得最大的阐释效果，把文本中的风格意味充分地揭示和感应出来，同时获取自我的阐释情趣和特色。同化—顺应在功能的发挥中具有双向性，参与运作过程的每个要素都在扮演既同化又顺应的双重角色。

所以，泛语言论的文学功能观认为，同化—顺应揭示了风格功能和阐释功能运作的相互关系和基本特点，而风格功能和阐释功能本身则是文学元功能的基本形态，并在整体的合力的意义上成为有别于传统文学功能的文学元功能形态。

（原载《求是学刊》1999年第3期；转载《高校学校文科学报文摘》1999年第5期）

---

① 参见皮亚杰：《发生认识论原理》，王宪钿译，商务印书馆1987年版，第25页；皮亚杰、海尔德：《儿童心理学》，吴福元译，商务印书馆1986年版，第7页。

超语言学：走向诗学研究的最深处

巴赫金（Бахтинг, Михаил Михайлович, 1895—1975）无疑是20世纪文论研究的一个里程碑。巴赫金的学术活动持久而丰富，他的理论贡献是多方面的。本文所关注的是，巴赫金诗学研究所突出强调的"形式主义"问题。在我看来，巴赫金诗学研究的价值在于，他试图在俄国形式主义诗学之外重构他所理解的马克思主义式的"形式主义"诗学，从而既避免俄国形式主义在纯语言学基础上建构形式主义的偏颇，又冲击了当时普遍流行于苏联的庸俗社会学的诗学研究倾向。巴赫金诗学研究的一个重要基点是他对传统语言学的批判（另一个重要基点是对中世纪民间狂欢文化的研究），以及在此基础上提出的超语言学概念。可以说，超语言学的建构及其在诗学研究中的引入，使巴赫金诗学获得了非同一般的理论特质。通过对巴赫金超语言学的揭示，我们将走进他的诗学研究的最深处。对此，拟从两个部分进行展开：首先，对巴赫金超语言学进行线性勾勒，试图指出超语言学与传统语言学的根本区别；其次，探寻巴赫金是如何把他的超语言学思想引入到他的诗学研究的，并简要分析这种引入的理论意义。

一、超语言学对传统语言学之超越

> 超语言学与纯语言学——超语言学的意识形态——话语实践的超语言学意义——超语言学的对话本质

巴赫金超语言学是基于对独白型传统语言学不满而试图建构的一种具有全新意义的语言学。那么，什么是"超语言学"呢？巴赫金认为超语言学是对超出传统语言学范围之外的活的语言的研究。[①]这里的关键是一个"活"字。"活"是相对于"死"而提出的。"活"的语言研究所强调的是对语言使用的研究。从这一基本立场出发，巴赫金提出了一个根本性概念——符号——来划定超语言学的研究范围。与索绪尔试图以语言学为样板建构一个符号体系不同，巴赫金的符号概念是对传统语言观念的反动，是把传统语言学观念抛在一边的一种努力。巴赫金认为，在物质世界之外存在一个"符号世界"。符号本身有两个基本特点，一是它的物质性，也就是说，"符号也是一些单个的物体，就正如我们看见的那样，任何一个自然、技术或消费的东西都可以成为符号，但是同时它又具有单个物体自身范围内的意义"[②]。一是它的意识性，也就是说，"符号不只是作为现实的一部分存在着的，而且还反映和折射着另外一个现实"[③]。符号在某种意义上是意识的载体和表现形式。"符号只产生于众多单个意识之间的相互作用的过程之中。单个意识本身就充满着符号。"[④]当然，巴赫金关于符号的这两点界定似乎并没有什么特别之处，但是一旦把它们放在超语言学的范围之内，我们马上就会发现，符号的这两个基本特点可给人以非常丰富的思考空间。

在划定超语言学与传统语言学完全不同的研究范围之后，在初步确定符号的基本性质之后，巴赫金从两个方面进一步阐发了自己的超语言学思想：（一）语言（符号）从根本上说是意识形态性的；（二）话语（言语）在语言学中具有决定性意义。关于巴赫金超语言学的这两个重要命题的讨论，可以从以伏罗希洛夫名字发表的《马克思主义与语言问题》一书中找到较系统的展开。[⑤]

[①] 参见巴赫金：《陀思妥耶夫斯基诗学问题》，白春仁、顾亚铃译，生活·读书·新知三联书店1998年版，第250页。
[②] 钱中文主编：《巴赫金全集》第二卷，河北人民出版社1998年版，第350页。
[③] 同上，第350页。
[④] 同上，第351页。
[⑤] 杰姆逊认为，伏罗希洛夫的《马克思主义与语言哲学》一书是"对全部的语言学研究所做的迄今为止最好的概述"（参见刘康《巴赫金的文化转型理论》，中国人民大学出版社1995年版，第109页）。克拉克和霍奎斯特指出：《马克思主义与语言哲学》"最全面地论述了巴赫金的超语言学思想"（参见凯特琳娜·克拉克、迈克尔·霍奎斯特：《米哈伊尔·巴赫金》，语冰译，中国人民大学出版社1992年版，第261页）。

（一）语言（符号）从根本上说是意识形态性的。何谓意识形态？必须指出的是，巴赫金对意识形态的理解有别于传统哲学对意识形态的理解。巴赫金由符号进入意识形态，而非由阶级、集团、党派进入意识形态。巴赫金认为，符号与意识的特殊关系决定了符号的意识形态性，因为既然符号具有"反映"和"折射"的功能，那么，符号就可能歪曲或证实现实，这其中包含了一种评价标准。所以，巴赫金提出"符号的意义属于整个意识形态"①。符号的意识形态性与意识形态的符号性是可以相互置换的。"一切意识形态的东西都有意义：它代表、表现、替代着在它之外存在着的某个东西，也就是说，它是一个符号。哪里没有符号，哪里就没有意识形态。"②巴赫金从符号介入意识形态，还不可避免地要涉及意识形态的形态性问题。"就在符号领域的内部，即意识形态领域的内部，存在着深刻的差异：要知道这里有艺术形象、宗教象征、科学公式、法律准则等等。每个意识形态的创作领域都在以自己的方式面对现实、以自己的方式折射现实。"③巴赫金还使用了"意识形态功能"（包括科学的、美学的、伦理的、宗教的诸种功能）和"意识形态现象"（包括绘画、音乐、仪式、行为诸种现象）等术语来表述意识形态的形态方式。倘若我们要理解意识形态，只有具体深入到意识形态所表现的诸领域才有可能。总体来说，巴赫金把意识形态定义为人类活动行为或社会存在方式的符号化模式。

既然意识形态不能脱离符号存在，既然意识形态表现为符号功能意义的诸形态，那么反过来说，语言如果离开传统语言学规范，必然进入到意识形态王国中来。所以，当巴赫金把活的语言置于语言学研究的首位时，当巴赫金看到了语言应用所导致的带有符号化特性时，就已经暗含着把语言本身纳入到意识形态氛围加以思考了。既然在现实世界之外存在着一个符号世界，既然符号世界是意识形态性贯穿始终的，那么，活的语言研究必须面对传统语言学研究不

---

① 钱中文主编：《巴赫金全集》第二卷，河北人民出版社1998年版，第350页。
② 同上，第349页。
③ 同上，第350页。

曾面对的语言现实性问题,也必须面对传统语言学研究不曾面对的语言社会性问题。在巴赫金看来,符号的意识形态性最终要展示在或作用于语言的现实性。

> 任何意识形态的符号不仅是一种反映、一个现实的影子,而且还是这一现实本身的物质的一部分。任何一个符号思想现象都有某种物质形式:声音、物理材料、颜色、身体运动等等。在这一方面符号的现实性完全是客观的,它只服从一元论的客观研究方法。符号是外部世界的现象。符号自身和由它产生的影响,也就是它在周围社会环境中产生出的那些反映、那些行为和那些新符号,是在外部经验中进行的。①

巴赫金所强调的符号现实性或客观性几乎到了一种绝对程度,直接指向符号物质性本身具有的外在影响力、它的物质属性及其这种属性在外在社会环境中的构造和行为能力。当然,这里的含混之处也十分明显:符号的这种物质性是如何被纳入到社会环境之中的呢?我们大抵可以猜想到,巴赫金这里所要强调的是,语言不仅是一种意识,而且是一种具有构造现实和对现实具有直接影响力的存在,或者说,符号世界就是现实世界的一部分。甚至还可以引申一步,符号的这种现实性意味着人的一种存在方式,人与世界、人与人交往的一种方式,也就是语言的意识形态方式。这种交往方式的形态、内涵,既是人的存在的一种反映,也是人的被存在的一种反映。这一思想对后来的法国结构主义产生了相当大的影响。

符号现实性是符号存在的外在形态和影响方式,表明它在现实世界中占有一定的空间,但这种对空间的占有在更深层次上则意味着社会性的可能,它呈现出了符号在发挥功能过程中所具有的环境意义和状况。

> 符号只能够产生在个体之间的境域内,而且这一境域不是直接意义上

---

① 钱中文主编:《巴赫金全集》第二卷,河北人民出版社1998年版,第350—351页。

的"自然的"……必须使两个个体社会地组织起来，即组成集体，只有那时，它们之间才会形成符号环境。个人意识在这里不仅不能说明什么，相反，它自己却需要得到社会意识形态环境的解释。①

巴赫金所说的符号社会性，强调符号存在对个体性的超越，强调符号意义对个体心理的非依赖性，强调符号意义产生的语境性，而且这种语境是符号环境，也就是意识形态环境。这里，我们可以把巴赫金与他的批判对象索绪尔进行一个简单的比较。索绪尔曾就言语活动的基本模式给出一个图示。索绪尔的图示把言语活动区分为两个基本方面，一是语音—物质，一是心理—意义，而且更重要的是，他的图示所表现出来的言语活动，似乎可以理解为两个单个的孤立的人之间的交流，没有任何的语境化背景。②索绪尔的这种对言语活动的描述和认识，正是巴赫金所不能容忍的传统语言学观念的一个重要表现。尽管西方学界对索绪尔的语言学研究评价甚高，但巴赫金的批判也是不无道理的。巴赫金对语言意识形态性的强调，对语言意识形态性所表现出来的社会性的强调，就是对索绪尔的这种个体性质的语言认知活动的一种克服的尝试。巴赫金说："我们预先把意识形态现象及其规律性与个人意识相隔绝，就可以更牢固地把它们与社会交际的环境和形式联系在一起。符号的现实完全由这一交际所决定。"③

现在我为巴赫金超语言学的语言意识形态性作一个小结。语言意识形态性是活的语言的一种存在状态或功能，具有本体意义；语言意识形态是符号化形态，是诸多的符号化模式的集合，它超越任何个体形式和心理形式；语言意识形

---

① 钱中文主编：《巴赫金全集》第二卷，河北人民出版社1998年版，第353页。
② 巴赫金对语言学史上产生的这两种重要派别，尤其是对索绪尔的语言学思想进行了重点批判。索绪尔的语言学思想之所以受到巴赫金的格外重视，是因为索绪尔是现代语言学的开创者，被西方誉为现代语言学之父；而且不容忽视的是，索绪尔对20世纪早期的俄国形式主义产生过影响，这种影响从某种意义上说或许是促使巴赫金从马克思主义立场思考语言学问题的一个动因。
③ 钱中文主编：《巴赫金全集》第二卷，河北人民出版社1998年版，第354页。

态的"形态"之间的互动构成了语言生产的基本动力,也决定语言的意义内涵。

(二)话语在语言学中具有决定性意义。话语是语言意识形态性的具体化和实现方式,由此,巴赫金的超语言学走到关键一步。传统语言学(尤其是巴赫金重点批判的索绪尔语言学)认为,语言学的研究对象是语言,而且只能是具有结构意义的语言,因为言语是难以进行研究的,即使可以研究,也是难以寻找出普遍意义的。所以,在索绪尔的语言学视野中,我们只能清楚地看到作为对象的语言,而言语只是他不得不涉及的一种个体存在,一个模糊的背影。巴赫金认为,索绪尔语言学从某种意义上说割裂了人与社会的联系,从而割裂了语言和价值的联系,这种对言语价值的忽视反映出形式主义者对语言的社会本质的无知。巴赫金所要做的是逆转索绪尔语言学的排列顺序。巴赫金不是从稳定恒常的系统出发,而是从具体言说出发,从活生生的对话事件出发,从具体的语言语境出发。"任何符号都建立于有组织的人们之间,在他们的相互作用的过程之中。所以符号的形式首先既是由使用该符号的人们的社会组织,又是由他们相互作用的最接近的环境所决定的。"①正如我在上面提及的,巴赫金对话语的强调,绝不意味着对话语所包含的个人性(个人言说行为)的强调。对于言语的个人性质,巴赫金始终是持否定态度的,这反映在他对传统的个人主观主义语言观的批判中。如巴赫金说:"对于个人主观主义来说,独白型表述也是最终的现实,是他们的语言思维的出发点。"②独白型表述的特点在于,它纯粹是一种个人行为,它只表现个人的意识、打算、意图、动机和兴趣等。尽管巴赫金把话语作为一个个具体事件和行为,但他把话语纳入到既定语境之中,使得话语无论从

---

① 钱中文主编:《巴赫金全集》第二卷,河北人民出版社1998年版,第362页。
② 同上,第433页。关于这种所谓的"语言科学中的个人主义的主观主义"的基本特点,巴赫金在该书的第二编第一章有如下四种概括:(1)语言是一种活动,一个由个人的言语行为实现的不间断的创作构造过程;(2)语言创作的规律是个人心理的规律;(3)语言创作是一种类似于艺术的能被理解的创作;(4)语言作为一个现成的产物,作为一个稳定的语言体系(词汇、语法、语音),是一个似乎死板的沉积物,是凝结了的语音创作的激情,是一个抽象地构造而成的语言学,以便在实际中把语言作为现成的工具来学习。第一种倾向的本质在于心理主义,认为语言是一种心理的事实,它的活动是一种个人的心理活动,其代表人物是洪堡(参见钱中文主编:《巴赫金全集》第二卷,第390—391页)。

内容到形式都是一种社会行为，一种个人交往对话的意识形态表现。巴赫金开始从个体语言交流进入到话语实践本身。

> 话语是一种par excellence（独特的）意识形态的现象。话语的整个现实完全消融于它的符号功能中。话语里没有任何东西与这一功能无关，没有任何东西不是由它产生出来的。话语是最纯粹和最巧妙的社会交际medium（手段）。①

对话语意识形态性的界定，使得超语言学的最基本精神已经在这里初露端倪了，这也正是话语实践在超语言学中具有决定性意义之所在——话语实践必然产生对话。话语实践是由两个以上的人来完成的，或如巴赫金所强调的是由两个"思想形象"来完成的，两个思想形象的对接、组合、拼装、整合，相互之间必然产生一种巴赫金十分期待和渴望的东西，那就是对话。所以，我上面提及的巴赫金的超语言学的符号化也好，符号的意识形态性也好，还有这里提及的话语实践的超语言学意义，都可以说是在为对话的出场做准备。对话也只有在言语意识形态性构成之际，在话语实践可能之际，才出现，出现也才有意义，也才可能是巴赫金所追求的超语言学意义上的对话。

对话是话语实践的一种最基本的形式，也是巴赫金所提倡的超语言学的最有意义的语言存在。巴赫金在《陀思妥耶夫斯基诗学问题》第五章开篇着重指出了超语言学中对话的价值：

> 语言学当然熟悉"对话语"这种结构形式，并且研究其句法亦即词汇语义方面的特点。不过，语言学研究对话语，是把它看成为纯语言学的现象，亦即从语言的角度来研究它，因此全然不会涉及交谈者对话之间对话关系的特色。由于这个原因，语言学在研究"对话语"时，应该利用超语

---

① 钱中文主编：《巴赫金全集》第二卷，河北人民出版社1998年版，第354页。

言学的研究成果。

如此看来，对话关系是超出语言学领域的关系。但同时，它又绝不能脱离开言语这个领域，也就是不能脱离开作为某一具体整体的语言。语言只能存在于使用者之间的对话交际之中。对话交际才是语言的生命真正所在之处。语言的整个生命，不论是在哪一个运用领域里（日常生活、公事交往、科学、文艺等等），无不渗透着对话关系……

对话关系又不可能归结为逻辑关系，不可能归结为指物述事的语义关系；后两者自身并不包含对话的因素。逻辑关系和语义关系只有形诸言语，变成话语，变成体现语言中的不同主体的不同立场，相互之间才可能产生对话关系。①

对话是超语言学的真正追求，对话也成为超语言学的唯一对象，对话也才使得超语言学具有超越的可能。

总之，超语言学的话语实践和对话追求从根本上改变了语言学研究的方向，把语言研究的视野从语言的静态存在引向语言的动态存在，从语言的个体意义引向语言的群体意义，从语言的单纯表义性引向语言的交流性，从一种不见言说主体的死的语言引向一种主体进行言说和主体主导的活的语言，也就是在符号语境的交往过程中的对话性存在。在巴赫金看来，如果说对话不仅存在于超语言学而且也存在于传统语言学的话，那么，超语言学对话的特质在于，传统语言学对对话关系的研究不涉及交谈者自身的状况以及由此形成的对话关系的特色，实质上对话关系是一种基于主体立场的话语实现。所以，在超语言学的视角里，对话性是语言的本质。

---

① 巴赫金：《陀思妥耶夫斯基诗学问题》，白春仁、顾亚铃译，生活·读书·新知三联书店1998年版，第253—253页。

二、超语言学与复调诗学批评之可能

双声语的诗学地位——他人言语和直接引语——他人言语对传统文体的发掘——超语言学与复调诗学批评

在我们初步完成了对巴赫金超语言学基本特质的线性勾勒之后,在我们已经识别出巴赫金超语言学的意识形态性和话语实践性所生成的对话性之后,巴赫金还使用了另一个更形象的术语试图更清晰地界定他的超语言学思想,即"双声语":

> 我们要研究的对象,不妨说要研究的主角,便是双声语。双声语在对话交际的条件下,也就是在真实的活用语言的条件下,是必然产生的。语言学不懂得这种双声语。可据我们看来,正是这个双声语,应该成为超语言学的主要研究对象之一。[①]

如果说对话具有十足的哲学意味的话,那么双声语则可以说是从语言学的角度对语言对话性的具体表述,双声语之受到巴赫金的如此关注而把它放在如此重要的位置,其道理就在这里。此外,需要格外指出的是,双声语既可以说是话语形态之一种,由此归属于超语言学范围;双声语又可以说是陀思妥耶夫斯基小说语言形态关键之一种,由此又可归属于巴赫金诗学。所以,双声语这一概念的提出,既成为超语言学建构的核心,也成为巴赫金诗学建构的核心。

[①] 巴赫金:《陀思妥耶夫斯基诗学问题》,白春仁、顾亚铃译,生活·读书·新知三联书店1998年版,第255页。

双声语是巴赫金把超语言学引入诗学研究的重要途径。

双声语既然处于这样一个枢纽地位，巴赫金也必然赋予它本身以极其丰富的超语言和诗学内涵。我觉得可以从三个基本维度来剖析双声语：一是从巴赫金对话哲学来观照双声语的内在精神；二是从巴赫金对中世纪民间狂欢文化研究来观照双声语积淀的文体意味；三是从巴赫金超语言学中他人言语和直接引语研究来观照双声语的形式特征。由于本文集中探讨巴赫金超语言学与诗学之关系，所以前两个方面只能略而不述。我在这里将直接进入巴赫金超语言学研究中他人言语和直接引语的意义及其对双声语建构的影响。

他人言语和直接引语研究是巴赫金超语言学中极为精彩的一部分。如上所述，话语实践的实质是对话性，而生成对话则需要对话人的参与。在巴赫金的诗学研究领域，对话人双方的身份是作者和"他人"，对话也就是作者与"他人"之间的对话。显然，他人言语的出场被设定在作者言语存在的前提之下，他人言语与作者言语密不可分。这种关系的构成必然是以他人言语被嵌入到作者言语语境中为基本状态的。在作者言语和他人言语发生联系之时，巴赫金敏锐地感到，传统语言学研究的一个基本缺陷是，对他人言语被转述语境的忽视，也就是说，对他人言语的存在条件和功能重视不够。巴赫金指出，他人言语与作者言语之关系有两种情形，一是转述他人言语的线形风格，即：

> 对他人言语采取积极态度的基本倾向能够维护它的完整性和真实性。语言可以尽量创造他人言语的清晰而稳定的界限。在这种情况下，模式及其变体有利于更严格而准确地区分出他人言语，把它与作者语气的渗透隔开，有利于他人言语个性语言特质的简化与发展。[①]

这一风格的最大特点是，在他人言语内部个性化削弱的情况下，建立其言语的稳定清晰的外部轮廓，使他人言语与作者言语处于一种平衡状态。另一是

---

① 钱中文主编：《巴赫金全集》第二卷，河北人民出版社1998年版，第471页。

转述他人言语的描述风格,即:

> 我们关注到一些直接相反的特质。语言不断产生出一些更精辟透彻、更善于表达各种感情色彩的方法,使作者插语和评述注入在他人言语之中。作者语境力求达到分解他人言语的严密的封闭状态。①

所谓描述风格是指他人言语与作者言语的相互拆解,这种拆解又可能呈现两个不同的情形:一是削弱话语与话语之间界限的积极性来自作者语境,作者语境以其语调、口气(如幽默、讽刺、爱或恨、欣喜或蔑视等)浸入到他人言语之中;二是削弱话语界限的积极性来自他人言语,他人语境变得比围绕它的作者语境更有力、更活跃,他人言语使作者语境失去自己所特有的更合乎常规的客观性。这两种他人言语与作者言语关系之情形,是巴赫金超语言学所极力要区分和研究的。这种区分的意义在于,描述风格中的后一种情况是巴赫金在陀思妥耶夫斯基小说中发现的一种独到的诗学风格,也是巴赫金力图张扬的他的诗学基本原则。他人言语的风格状态,使得他人言语与作者言语构造的相互理解、相互评价、相互辩驳的关系和积极的动态对话成为可能。

巴赫金在他人言语基础上还讨论了直接引语。如果说他人言语是双声语的表现形式,那么直接引语就是他人言语的表现形式。巴赫金就是这样把论题一步步引向具体层面的。对直接引语的探究使双声语原则更加稳固,语言对话性更加不可动摇。

直接引语在俄语中具有独特地位。巴赫金指出,在俄语中不存在笛卡尔式的纯理性主义阶段,也就是说,俄语中不存在那种充满理性和自信的客观主义的作者语境对他人言语的具体内容进行解析以建构间接转述他人言语的复杂变体的语言现象。所以,间接引语在俄语中没有发育起来,直接引语由此具有了突出意义。按照巴赫金的研究,俄语中的直接引语比较复杂,比如"有准备

---

① 钱中文主编:《巴赫金全集》第二卷,河北人民出版社1998年版,第473页。

的直接引语"、"物化的直接引语"、"修辞的直接言语"、"被替代的直接引语"、"准直接引语"等等。尽管这种种直接引语的语言功能不甚相同，但巴赫金所强调的，不是作者言语转向他人表述，把自己的语气贯穿于他人话语之中，而是相反，即他人表述贯穿和分布于作者所有的语境中，使其变得模糊和具有双重意义。巴赫金的直接引语研究十分复杂，限于本文篇幅不可能展开来谈。在此仅略提一下巴赫金关于言语干扰和他人声音在作者语境中如何体现的论述。

言语干扰存在于作为直接引语的他人言语与作者语境之间，是一种言语矛盾现象的表现。巴赫金认为，由于言语的修辞和评价作用，词语的表现力通常会进入作者言语与主人公言语相互交叉的语境中。这是一个非常重要的现象。我们先来看巴赫金的一个例子：

> 那是一个冬天的夜晚，天气晴好、寒冷；已经是十一点多钟了，可是在首都彼得堡一幢漂亮两层楼房的一个舒适、装饰豪华的房间里，还坐着三位特别受人尊敬的先生，他们正在就一个有趣的话题进行着引人入胜很有气派的谈话。这三位先生都拥有将军头衔。他们都坐在漂亮柔软的安乐椅里，围着一张小桌，一边侃侃而谈，一边安详而又舒适地啜饮着香槟酒。[1]

巴赫金对此进行了如下分析：在总共只有几行的描写文字里，修辞语"漂亮"、"舒适"出现两次，此外还使用了诸如"豪华的"、"有趣的"、"很有气派的"、"引人入胜"等修辞语，如果仅从一般修辞意义上，我们肯定会对这种苍白无力的描写风格进行批判，但当我们意识到，这些修辞语都可以作为作品主人公的言语而加上引号以直接引语的形式出现时，它们的力量就显示出来了。一方面叙述者好像与"将军们"的看法是一致的，好像是在向他们献媚，另一方面作者又在极力对所有这些可能的和实际存在的表述进行有目的的

---

[1] 钱中文主编：《巴赫金全集》第二卷，河北人民出版社1998年版，第490页。

讽刺和挖苦。这段话始终是作者与主人公之间、修辞语与评价语之间、作者言语与他人直接引语之间的矛盾纠葛。这种言语矛盾已经超出了一般修辞学而具有了超语言学的意义。

他人言语的声音如何在作者语境中体现出来，还是先看巴赫金的一个例子：

> 为什么他，公爵，现在不亲自走近他，而是转身离开了他，好像什么也没发现似的，虽然他们的目光已经对视了一下。（是啊，他们的目光对视在一起了！而且他们还相互看了一会。）他不是想亲自拉着他的手，和他一道去那儿吗？他不是想亲自在明天去他那儿，对他说他去过她那儿了吗？他不是在去他那儿的半路上，当他的心头突然充满了喜悦时，他自己不是断绝了与自己的魔鬼的关系了吗？或者在罗戈任心中有一某种感觉，即在这个人今天的整体形象力量，在他说的所有话语中，在他的举止行动和眼神中，能够证实公爵可怕的预感，能够证实他的魔鬼的愤怒诅咒吗？有一种东西他自己能亲眼看见，可是却很难分析和叙述，不能用足够的原因来证实，不过尽管有这么些困难，有这么些不可能，他还不是能够说出全部完整的和强烈的、能不由自主地转入最坚定信仰的印象吗？信仰是什么？（噢，这个怪物，这个有损尊严的信仰和这个卑贱的预感，是如何折磨公爵的啊！他又如何自责的啊！）……①

这是一个两种言语不被一种声音同等转述的例子。他人言语在作者语境中的体现关键在于作者视野转换成主人公视野，这种转换不仅是语调性的而且是声音性的，它体现在言语个性化特点的全部内涵中。这里的整个段落可以被加上引号而成为一种直接引语，它由此成为主人公的语言，但是从括号中可以感觉到作者的存在，作者视角的存在，只不过这时作者言语已经退而成为背景，主人公言语则成为一种充分的话语表现。"通过绝对充分的表演，在他人言语和作者语境之间形成了对话中的一种对白对另一种对白的相似关系。作者用这种

---

① 钱中文主编：《巴赫金全集》第二卷，河北人民出版社1998年版，第522页。

方式就与主人公接近起来，他们的关系在对话中形成了。这一切都有必要会得出结论，那就是他人言语绝对充分地表演。"①当然，这种转换的成功不仅仅是个人的心理和修辞因素作用的结果，而且更是一种被言语内化的意识形态作用的结果。

巴赫金对他人言语的研究，对他人言语与作者言语关系的研究，进一步从语言学角度巩固了语言的对话本质这一结论，但在诗学研究，似乎还需要再进一步。巴赫金难能可贵的是充分地注意到了这一问题。他开始尝试把这种超语言学研究结果带入到诗学文体的研究之中，从双声语视角对传统文体进行重新思考。

文体研究通常意义上是诗学研究的重要组成部分，巴赫金之前的文论史留下了大量的文体研究成果。巴赫金文体研究的意义在于，从超语言学角度重新发掘传统文体研究所忽视的东西，把文体研究与诗学研究进行新的整合，把新文体纳入到以超语言学为基础的复调诗学的建构中。不难理解，只有文体研究成功，只有超语言学成果体现在文体研究中，巴赫金的复调诗学才可能建构成功，才可能有理论和实践价值。巴赫金才可能真正把语言学和诗学整合起来，实现他的诗学建构的理论理想。

文体以语体为基础。语体大致可分三类：指物述事类，以使人直接了解事物为目的；被描述客体类，最客观最典型的形态是直接引语，它既有指物述事的内容，又是需要表现的对象；修辞模拟类，它表征着确定的人、确定的社会地位和确定的艺术笔调具有的某种修辞意味。在三类语体之上，巴赫金重点对文体进行了分析，如仿格体、讲述体、讽拟体、暗辩体等。先来看仿格体。仿格体是指使别人的指物述事的意旨服务于自己的目的，服务于自己的新意图。仿格体把他人言语如实地加以利用，给人以客观色彩。但巴赫金指出，实质上，由于新意图从内部左右他人言语，使得仿格体的客观性不再可能，而呈一种虚拟语象，是该言语又不是该言语，是双声性的。仿格体的虚拟性被传统文

---

① 钱中文主编：《巴赫金全集》第二卷，河北人民出版社1998年版，第523页。

体研究所忽略。与仿格体相似的有讲述体。讲述体是指作品中没有作者语言，由叙述人代替作者说话，此处叙述人之讲述似乎比仿格体的客观性更重。但巴赫金指出，叙述人语言永远也不可能成为纯粹的客体语言，因为作者的态度贯穿到叙述人的语言之中，作者并不真正把叙述人的语言拿给我们看，作者从叙述人语言内部加以操纵以便达到自己的目的，由此叙述人的讲述或多或少带上了虚拟性质。接下来要说的讽拟体与仿格体和讲述体大不相同。与仿格体和讲述体相同的是，作者借他人言语来说话；与它们不同的是，作者要赋予他人言语一种意向，并且是同那人原来的意向完全相反。巴赫金认为，讽拟体里不可能出现不同声音融为一体的现象，不同声音不仅各自独立，它们更是相互敌视，相互对立。所以，讽拟体成为两种声音争斗的舞台。最后是暗辩体（对语）。无论是仿格体还是讽拟体，作者都是利用他人言语来表现自己的意图，在暗辩体中，他人言语却留在作者言语之外而没有直接进入作者言语，但作者言语必须时刻考虑他人言语的存在，并且总是针对他人言语而言说，尽管他人处于作者言语之外，仍对作者言语产生影响，这样或那样左右作者言语。①

巴赫金称仿格体、讲述体等是"单一指向的双声语"，讽拟体等是"不同指向的双声语"，而暗辩体等是"积极型"（折射出来的他人言语）的双声语。巴赫金对三个细类的基本特点作了如此总结：

> 我们不难看出，这里分析的第三细类（指"包括他人话语的语言〈双声语〉"——引者）同第三种类型（指上述的第三种语体——引者）中前述两个细类比较，大不相同。这一细类可以称做是积极的，以区别于前两种消极型。事实的确如此：在仿格体、讲述体以及讽拟体中，他人语言被使用它的作者掌握在手里，处于完全被动的地位。作者把不妨说是孤立无援的任人摆布的他人语言取了来，再将自己的意图加进去，迫使它服务于自己新的目的。在暗辩体和对话体

---

① 参见巴赫金：《陀思妥耶夫斯基诗学问题》，白春仁、顾亚铃译，生活·读书·新知三联书店1998年版，第260—270页。

中则相反，他人语言积极影响到作者语言，强迫作者语言在其影响和左右下，相应地做出改变。①

显而易见，巴赫金的诗学文体研究已经在不经意中引入了超语言学思想。我们看到，在超语言学的观照下，文体双声性的揭示使传统文体具有了全新的意义，它们成为巴赫金复调诗学建构的基础。更进一步，巴赫金基于自己的对话理想，突出强调了讽拟体、暗辩体在诗学中的意义，指出它们是陀思妥耶夫斯基文学创造的基本文体模式。"陀思妥耶夫斯基的艺术目的，则完全是另一回事。他不怕双声语的不同指向都发展到极其强烈的程度。相反，这正是他为了达到自己的目的所需要的。因为在他的小说里，多种声音并存的现象不应该被取消，而应该大放异彩。""在陀思妥耶夫斯基的作品中，他人语言所具有的修辞意义是巨大的。这里，他人语言在紧张地活动。对陀思妥耶夫斯基来说，……修辞上应重视的基本关系，是不同话语之间不断发展的极其紧张的关系。这里说的话语，都是各自独立、地位稳固的，各有自己的语义中心，而不构成某种统一的独白，不受制于某种统一的风格和情调。"②这是陀思妥耶夫斯基小说的特征，也更是巴赫金所追求的复调的诗学原则。

巴赫金的他人言语理论从超语言学维度为其诗学的双声语设想提供了形式结构上的保证。从而我们可以明确地说，双声语的存在，双声语中对话思想的可能，无疑是因为在超语言中解决了作者语言、语境和他人言语、语境的关系。他人言语的独立性、完整性和自我语境的设置，在作者语境之内存在，与作者语境相互影响，但并不被作者语境所消解；在某种程度上，他人言语的存在削弱了作者语境的影响力，使得它们之间有可能构成相互独立、自由和平等的作用关系。这正是巴赫金所追寻的超语言学与诗学结合的理想境界。

---

① 巴赫金：《陀思妥耶夫斯基诗学问题》，白春仁、顾亚铃译，生活·读书·新知三联书店1998年版，第271页。

② 同上，第280页。

由于超语言学的确立，巴赫金为自己的诗学理论找到了学理基础。我们似乎可以这样说，巴赫金对中世纪狂欢文化的研究和对超语言学的研究，构成了巴赫金诗学的最富有价值的双翼。当然，倘若中世纪狂欢文化研究不落实到巴赫金反复强调的艺术的形式化方面，也还是与诗学批评的形式性本身存有某种距离，难以构成巴赫金复调诗学的有机内容。超语言学使我们直接看到了巴赫金诗学建构的可能，也更进一步理解了巴赫金复调诗学的革命性意义。

（原载《北京科技大学学报（社会科学版）》2001年第1期；转载人大复印资料《文艺理论》2001年第8期）

关于différance的考释

在德里达（Jacques Derrida, 1930—2004）的解构理论中，différance[①]一词可算是核心概念之一，它构成了德里达解构理论的一个支点。本文所要考释的是，这一概念在德里达的解构话语中究竟包含何意？德里达撰造différance一词的用意何在？这一术语为何具有如此巨大的能量使得德里达委它以理论重任？

一、différance的由来

倘若我们一上来就提出"什么是différance"这一问题，大约马上会陷入德里达所有意回避的定义活动之中，因为德里达已经很明确地告诉我们，différance从根本上说既不是一个词语，也不是一个概念。德里达本人对différance的阐释是从书写（writing）开始的，在书写中植入différance，différance既是一种书写的特征，也构成书写本身。Différance在书写的过程中把原有的程式和规则拆解，从而在人的固有思维模式中产生一种爆炸性结果。爆炸导致结构离散，爆炸把德里达所谓的"束"分解为方向上的差异而四射出去。整一和原点的丧失把书写提到了书写的本体地位。我想，这应是介入différance的一个基本点。从这一思路出发，我们或许能最大可能地接近différance。

Différance不是词也不是概念，但différance本身在字迹的存在形态上是词的，它的物理形式是词的，是由不同的物理字母组合而成的，也只有这种物理

[①] 关于différance的中文翻译，叶秀山译"分延"，陈晓明译"差异性"，陆扬译"异延"等，他们均试图包容"区分"和"推延"两义。我在这里用该词的原文形态，一方面是为了考释的方便，另一方面也是为了更好地展示它本身的独特性。

意义上的存在才可能呈现它自身，凝固它自身，而且我们也只有从词的形式存在中才能发现它的可能已有的内容：词表征概念，词与概念互为表里，这是传统理解词与概念关系的一条基本原则。所以，我们必须明确的是，德里达所谓的différance不是一个词语也不是一个概念，其意是说，différance虽然表面的存在形态是由不同的物理字母所构成的，包含某种相对稳定的词义，似乎与一般意义上的词或概念相去无几，但différance的真义绝不止于此。真正要对différance进行领悟要从概念思维和词语局限中走出来，把différance作为一种书写来理解，作为一种充满意味的书写活动来理解。

然而，我们首先仍须做的是，从词的角度对différance有所揭示，因为词是今天我们言说所难以绕开的。德里达本人也不得已这样做了。①

Différance是字典上从所未有过的"新词"。从词源学角度来看，différance的原法语词difference的动词形式differer，源于拉丁词differre，并同时包含原拉丁词的两个基本词义"区分"和"推迟"（英语与法语不同，英语是用两个词differ和defer来表示拉丁原词differre中的两个基本词义的）。然而，该法语词的名词形式difference没有如动词那样同时包含"区分"和"推迟"这两项词义。所以，différance的杜撰（用a换e）恐怕首先是德里达为解决这一语词所存问题的一部分。

当然，仅仅从词及词义的补失上来理解德里达的用意是远远不够的。德里达之所以造一个新词，其根本原因在于，不仅原词存有无法弥补的缺陷，而且德里达本人更想以此来表征他本人所特有的理论思路。Differ（ ）nce，在括号中填a而不填e，这种对固有词汇结构的大胆拆解本身就意味着一种不同寻常的解构。就该词作为词而言，a的大胆介入使该词具有了双重性质：音的相同与形的不同；就该词作为概念而言，-ence只存"区分"一义，而-ance则把"区分"和"推迟"合为一体。这"推迟"一义的补加对原来的difference实施了彻头

---

① 德里达曾这样说过："尽管différance既不是一个词语也不是一个概念，还是让我们试图作一次简要的和切近的语法分析，这将把我们带入到一个存亡攸关的视野。"（参见Jacques Derrida, *Margins of Philosophy*, trans. Alan Bass, the University of Chicago Press, 1982, p. 7.）

彻尾的改造。如卡勒（Jonathan Culler）所言："differer这一动词意味着区分和推迟。Différance在发音上与difference相同，但其结尾用ance，以生成动名词，使它获得一个新形式，意思是'差异—区分—推迟'。Différance既意指作为意义产生条件的已在的'被动的'差异，又意指产生诸差异的区分活动。"①这种改造从根本上提示了该词本身之外的东西。差异实质上有两种限制性含义：静态的区分和动态的推迟。

我们把问题推进一步。既然我们已知德里达的différance与difference关系密切，或者说différance是根据已有的difference一词改造而来，那么，德里达为什么要进行这种改造呢？已有的difference一词中有什么东西令德里达不满意甚至要造一个新词来替代它呢？

德里达是从符号学——包括他的书写学（grammatology）——这一角度拈出该词的。我们的分析也就从这里开始。Difference作为符号本身存在的一个基本特征是索绪尔在其符号学中充分加以表述的。在索绪尔之前，黑格尔（Georg Wilhelm Friedrich Hegel, 1970—1831）也在他的逻辑学中使用过该词。这两个人是德里达分析difference的关键人物，当然索绪尔表现得更为直接。他们在使用difference中所包含的思想不仅令德里达尤感兴趣，深受启迪，而且也成为德里达最好的解构对象。

黑格尔对差异的论述主要包含在他的《精神现象学》和《逻辑学》中。前者关于诸种历史关系（差异）等问题的论述这里暂不涉及，后者从符号（语言）作为一中项（middle term）的角度对差异以及从逻辑学角度对绝对差异和扬弃的辩证阐释需要格外注意。首先，黑格尔之所以关注语言，是因为语言是借助外在中介表现思想的理智之产物，②从这一基本立场出发，黑格尔视符号为两个完全在场（full present）之间的桥梁，仅在从一个在场到另一个在场的暂时表征中起作用。黑格尔以金字塔（pyramid）喻语言，语言成为一座存放思想的陵墓。这一陵墓是作为心灵的他者的身体、作为充满活力的心理和生命呼吸所寄托的身体之所，但这

---

① Jonathan Culler, *On Deconstruction: Theory and Criticism after Structuralism*, Routledge, 1989, p. 97.

② 参见Jacques Derrida, *Margins of Philosophy*, trans. Alan Bass, the University of Chicago Press, 1987, p. 90。

一陵墓同时遮蔽生命而把它保留在它的在别处的延续中。"作为意指之躯和所指之理想的结合物，符号成为一种化身。由此，心灵与肉体的对立以及类似的理智与感觉的对立，成为了所指与能指之间差异的条件，也成为了充满活力的意指意向和毫无活力的能指之躯之间差异的条件。"[①]这种关于符号的金字塔特性的构想实质上反映了形而上学历史中存在的一个基本问题，即通过强化符号差异中的理智、直觉等所指要素，把符号学视为心理学的一部分。这一点贯穿于从亚里士多德到黑格尔的思想之中，而且被认为是现代科学的(结构的)符号学的奠基人索绪尔对此也无异议。所以，问题的关键在于，黑格尔所构拟的符号的陵墓性把符号作为一种纯粹的为他的存在物，而符号在自我的否定形式中完成的却是肯定的使命，一种对绝对存在物的持存的使命，这实质上也把如德里达所指出的西方形而上学的心物迥异但物以心(灵)先的模式显露无余。

对黑格尔来说，任何具体的理论形态实际上都是抽象的逻辑学的展开和运用，确切地说，是一种依据同一模式的思维演绎。黑格尔的符号学所充满的辩证意味(一种辩证的符号学)无疑是他的辩证逻辑思想的具体显现。所谓辩证就是有分有合，或者说是分中有合、合中有分。分合的区分性和统一性是辩证思想的基本点。这里我想简要提示一下黑格尔的逻辑思想中的两个重要命题"绝对(或译纯粹)差异"和"扬弃"及其中隐含的问题。黑格尔认为，绝对差异是存在的，它是一种自身的差异，是一种在自在和自为基础上的差异；它首先通过对存在的有的否定而达到无，从根本上规定存在的质。绝对差异的否定不是由某种外在因素引起的，而是由自身引起的。黑格尔说：

> 自在的区别是自身相关的区别；所以它就是它自己的否定性，不是由一个他物而来的区别，乃是由它自身而来的区别；它不是它本身，而是它的他物。但是和区别相区别的东西就是同一。所以区别既是它本身，又是同一。两者一起构成区别；区别既是整体，又是其环节。——同样也可以

---

① Jacques Derrida, *Margins of Philosophy*, trans. Alan Bass, the Unviersity of Chicago Press, 1982, p. 82.

说，作为单纯区别那样的区别，并不是区别；它要在与同一的关系中才是区别；但不如说，作为区别，它既包含同一，又包含这种关系本身。①

我们可以从这段话中看到，黑格尔所谓的绝对区别的隐义在于：首先，绝对区别是自身的区别，是自身内在矛盾的逻辑展开，是有与无、是与非的既矛盾又关联的产物。绝对区别的对立面是绝对同一。这种区别和同一都从根本上与他物或外物无关，只能是自身中存在的不同形态。其次，也是最关键的一点，黑格尔在讨论绝对区别时，存在两个问题（特点）：一是在潜意识中没有放弃对某种先在之点的肯定，使其具有实体般的在场功能或始源功能；一是绝对区别中所存的矛盾或区别虽不是具有实体意义的他物与此物的差异，但所遵循的思维模式似如出一辙，是一种抽象的绝对空间意义上的区别。黑格尔这种考察问题的思维模式必然使他陷入如此境地。无论从哪个角度讲，区分是绝对的，同一是相对的；无论是同一中的区分还是区分中的同一，都是一种区分意义上的存在。或许我们能在扬弃中进一步理解黑格尔所谓的绝对区别。扬弃者何？黑格尔说，扬弃者非无，非一种直接性，而是一种带有中介意义的否定活动。被扬弃之物是非有之物，但却是从一个有出发的结果。"扬弃在语言中，有双重意义，它既意谓保存、保持，又意味停止、终结。保存自身已包括否定，因为要保持某物，就须去掉它的直接性，从而须去掉它的可以受外来影响的实有。——所以，被扬弃的东西同时即是被保存的东西，只是失去了直接性而已，但它并不因此而化为无。"②扬弃的意义在于它本身对有（在场）的承诺。通过扬弃，我们对绝对差异又多了一点认识。在黑格尔的差异中，始终是一种在扬弃意义上的差异，即是一种具有在更高阶段的综合的在场之义。扬弃是无对有的克服，但其结果有决不是无，而是一种在保持中的有、一种在无的意义上的有、一种在规定中存在的有。从这个意义上说，扬弃带有目的性的持存性，

---

① 黑格尔：《逻辑学》下卷，杨一之译，商务印书馆1991年版，第37页。
② 同上，第98页。

带有对在场的绝对依赖。斯皮瓦克 (Gayati C. Spivak) 就此指出:"扬弃是两个概念之间的一种关系,在这种关系中,第二个概念迅速瓦解第一个概念,并把它推入到存在的更高一级的层面;扬弃是一个等级化的概念,通常翻译为'否定',现在也有时翻译为'升华'。"① 黑格尔关于差异 (包括绝对差异) 和扬弃的理论以及在符号学中的延伸,从根本上把德里达推到了一个没有任何退路的境地,即他在黑格尔的理论中不仅发现了黑格尔对古典的二元对立的扬弃,通过把辩证法的作用理想化而从中构造一种经典意义上的发展观与和谐观,构造一种理想的存在形态和持存,而且黑格尔的这一思维模式在结构意义上不断地生成着令人向往的境界,即通过对立和矛盾达到一种根本意义上的或绝对意义上的解决。所以,德里达把différance的目标 (如果说它确实存在解构的目标的话) 定位在了对黑格尔的差异 (包括绝对差异) 和扬弃这一思维模式的反击上。"假如différance有定义,那么它一定对到处起作用的黑格尔的扬弃作了限制、中断和消解。"② "différance……必须标示出这一点,即它在此点上与'扬弃'系统和思辨辩证法相决裂。"③

黑格尔的差异模式作为一种古典理论形态的精髓,其影响是巨大的。在随后的索绪尔关于符号学所存的差异的分析中,可以看到黑格尔的某种深刻的影响痕迹。

我们已经知道,索绪尔符号学的一个基本出发点就是差异。首先值得注意的是索绪尔对符号这一概念的保留。按照索绪尔的本意,符号一词是应该被取消掉的,但由于难以找到其他更合适的术语来替代,④ 所以符号只能继续作为语言学中的一个基本概念,并占据重要的位置。符号的差异是符号内部的差异,这种差异的必要性在于它是语言意义生成的最起码的条件。符号的第一级差异是能指/所指之间的差异,是物/名的差异,索绪尔则进一步揭示为音响形象/概

---

① Jacques Derrida, *Of Grammatology*, trans. Gayatri Chakravorty Spivak, the Johns Hopkins University Press, 1974, Translator's Preface xi.

② Jacques Derrida, *Positions*, trans. Alan Bass, the University of Chicago Press, 1972, p. 40.

③ Ibid, p. 44.

④ 参见索绪尔:《普通语言学教程》,高名凯译,商务印书馆1980年版,第102页。

念的差异，但无论如何，这种差异的特征在于区别，即通过能指与所指之间联系的任意性把双方关系虚拟化，从而使差异具有绝对性。第二级差异可以说是存在于能指和所指各自之中的，即索绪尔所言的能指的线性特征，听觉能指在时间上的一线性；与之相对的是，所指存在中的连续性以及从更根本的意义上向一种终结和目的的逼近性。索绪尔设计的符号结构，从能指/所指到语音/字形再到感觉/概念，由于在书写形式上脱离不了空间化立体之维，能指与所指的出场总是有显有隐，这在无意中给人们灌输了根源观念乃至等级观念。两者之中何者为先何者为后，何者具于起源或根源之位何者只是展开或派生之位，何者是主导何者是从属，这种种二元对立之关系无疑是由差异生成的，是传统思维方式框定下符号学得以成立的不可或缺的条件。

索绪尔本人对符号差异特征的规定，在德里达看来，一方面具有同传统观念相左之处，但更重要的是，对符号概念的运用使得索绪尔难以摆脱符号自身所负载的传统意味，从而至少在以下三个方面落入了传统的窠臼：（一）对能指/所指之间的严格区分以及把所指与概念相等同，必然在自身中敞开思考概念所指的可能性，这一概念仅为思想存在，独立于语言，也就是独立于能指系统。这样一来，索绪尔潜在地引入了对"超验所指"的肯定。就其本质而言，超验所指在自身中没有能指需要，它将超越符号链，不作为能指起作用。（二）尽管认识到了把语音物质放入括号的必要性，但出于基本的乃至本质的形而上学的原因，索绪尔还是把特权赋予言说 (speech)，从而把符号与语音 (phone) 直接联系起来。他还提到思想与语音、意义与声音之间的"天然联系"，甚至提出所谓的"思想—声音"概念，使任意性 (abritrary) 这一主题离开了它的最富有成果之处而通向等级体系的目的论。（三）语音是被赋予意识的意指物质，这一意识与所指概念的思想具有最生动的联系。从这一点出发，人声 (voice) 就是意识本身。当我说话时，我不仅仅意识到我之所想的存在，而且我还意识到要尽可能地接近我的思想或概念，一个没有陷于这一世界的能指，一个一旦我把它说出来我就能听到的能指，它似乎依赖我的纯粹的和自由的自发性，不要求使用工具，不使用辅助手段，不使用来自世界的力量。能指的外在性的还原就是在符号实践中排除一切非心理因素。①

从德里达的以上分析中，我们可以看到，索绪尔之所以在对传统的批判中不知不觉地再次陷入形而上学，根源在于他的差异思想，这种思想从根本上说具有某种滑入形而上学的"天然"条件。这同样反映了黑格尔主义的影响。可以说，差异是黑格尔和索绪尔建构他们理论话语的一种最基本的思维模式。这一模式的特点大致可以归结如下：（一）二元对立观念。在黑格尔乃至索绪尔的符号学思想中，二元对立观念显而易见。二元对立作为一种思维模式可以说是一种最古老而且也是经典性的古典思维模式，它最初的起点我们臆测为来自诸如先民对人物、天地、日月、风雨、雷电、水火等的感性成对之物的认识，所以这种思维模式在索绪尔的语言学中大量存在是不足为奇的。令后人感叹的是，索绪尔本人对符号学中诸如能指/所指、共时/历时、动态/静态、横聚合/纵聚合等二元对立项的首次区分和阐释。（二）始源观念。始源观念是在二元对立的基础上建立起来的，或者说始源是二元的一个必然结果。始源意识中的二元观念，表现为始源与展开的对立，也可以演义为本质与现象的对立、前因与后果的对立等。它的目的在于确定一种始源的存在和决定作用，甚至确定某物的先在性和根源性，由此引出（三），即在始源的基础上产生等级观念。等级观念的确立是在一种对立中谋求主导和权威的意向，对立的双方总是处在一种不平等的关系中，其中一方必然居于根源性的统辖地位，它的时间的先在性和空间的中心性决定了它的特殊能量和权威，而对立中的另一方必然是处于从属和次要的地位，必然成为一种依附之物。

由此需要注意这样两个问题，或者说两个术语：一是在所指中对超验所指可能性的认定，即逻各斯中心主义；一是能指/所指区分中的能指绝对化，从而把能指等同于语音，即语音中心主义。这两者是不可分离的。或者我们进一步确定，所谓的超验所指就是一种绝对意义上的能指。语音中心主义就是逻各斯

---

① 关于这三点，参见Jacques Derrida, *Positions*, trans. Alan Bass, the University of Chicago Press, 1972, pp. 19–22。

中心主义之一种。语音中心主义在中世纪来自于对神（上帝）声音的需要，而在启蒙主义时期的卢梭那里则成为了原言说（original speech）。这种原言说是一种绝对意义上的超验之物，或者从另一意义上说就是一种超验所指，因为超验所指实质上就是一种绝对所指，在绝对的意义上，能指与所指是同一的。逻各斯中心主义与语音中心主义的同一性，其根本的特征在历时形态上是逻各斯（logos）本身内容的不断替换：从作为神言的逻各斯到作为自然言说的逻各斯再到作为语言的逻各斯。"然而，在逻各斯中心主义中，逻各斯的中心性是由于它的无所不在的弥漫（all-pervasiveness），从这一意义上讲，这正是所有被言说、表达和意指之物的参照点以及回归点。"[1]这种逻各斯的弥漫在黑格尔和索绪尔的语言思想中恰恰就显现在他们对差异的区分中，在区分中对中心的追寻和认可。

无论是黑格尔还是索绪尔，他们从根本上都在一种传统意义上来运作他们的思维观念，从而导致了形而上学的故辙。这一点正是德里达所不能容忍之处，也是德里达切入问题之处。Différance是差异的非同一范畴，是差异的多价的书写活动。与黑格尔把绝对区别视为事物的质的规定性相反，也与索绪尔把差异作为结构中心和超验所指相反，尽管德里达也称différance是一种矛盾，但这一"矛盾"是无前提的。他明确地指出："差异的作用实际上意味着综合和参照（referrals），它们在任何时候或任何意义上都禁止仅仅指向它本身的单一的要素在它本身之中在场。无论是在口头的或书写的话语秩序中，没有要素能够作为一个不参照其他符号——它本身不是单一的在场——的符号起作用。"[2]

二、différance的策略

黑格尔乃至索绪尔的语言学理论归于本体论或认识论范畴，这也是传统思维模式的最基本的特征。那么，我们是不是可以说，德里达对différence的解

---

[1] Hugh J. Silverman, *The Limits of Logocentrism, in Phenomenology and the Human Sciences*, ed. J. N. Mohanty, Martinus Nijhoff Publishers, 1985, p. 112.

[2] Jacques Derrida, *Positions*, trans. Alan Bass, the University of Chicago Press, 1972, p. 26.

构，用différance来替代difference，就是在力图打破传统的本体论和认识论，从而走出西方形而上学的困境呢？倘若从这一思路出发，德里达的所谓"经济学"思想足以引起我们的注意，但在这之前，我们还需提出德里达经常使用的另一个基本概念：踪迹（trace）。我认为，踪迹概念是通往différance的必由之路，或者说différance的策略意义的根基存在于此。

何谓踪迹？我们如何从踪迹走向différance？德里达提及踪迹的言论甚多，现录较典型的三段于此：

> 踪迹一般而言是最基本的向外在性的敞开，是生存者与他者以及内在与外在的不可思议的关系：空间化。[1]

> 只有当每一个所谓的"在场"的要素，每一个显现于在场景观中的要素，与它本身之外的某物相联系，并借助于此在它本身之内保留过去要素的标记，而且已经使它自身通过其与将来要素联系的标记被感染。这一踪迹与其说是与所谓的将来相联系，不如说是与过去相联系，而且构成了所谓的现在，借助于它所不是、所绝对不是、甚至不是作为修正的现在的过去和将来……[2]

> 关于踪迹的思想已经告诉我们，它不能简单地归结为本质的本体现象问题。踪迹是无（nothing）。它不是一个实体。它超越是什么这一问题并有条件地使其可能。这里，人们甚至可以不再相信事实与原则之间的对立，即在它的全部的形而上学的、本体论的和超验的形式中总是在起作用的是什么的系统。[3]

---

[1] Jacques Derrida, *Of Grammatology*, trans. Gayatri Chakravorty Spivak, the Johns Hopkins University Press, 1974, p. 70.

[2] Jacques Derrida, *Margins of Philosophy*, trans. Alan Bass, the University of Chicago Press, 1987, p. 13.

[3] Ibid, p. 47.

踪迹首先是一种敞开，确切地说，是一种空间化的敞开。这种敞开包含在与不在、自与他等对立要素。空间的展开性在于对立要素的设置。与自我同一只能是空间存在的一个点，它的纯粹性使其不具有任何展开的可能，所以，它只能是在一种假想的无差异的意义上存在，或者说是一种为我的存在。这种存在只具有抽象的意义。而踪迹从根本上打碎了纯粹空间化的梦想，在人们固有的逻辑思维模式之外提出一种看似矛盾的逻辑，即是与非是的逻辑。同一空间，是该空间又不是该空间。这种矛盾逻辑在德里达的前辈如黑格尔的逻辑学中也可以见到，也是黑格尔逻辑学的一个基本特点。说德里达的有关思想直接受到黑格尔的启发，是不无根据的。这里不妨插入一段黑格尔的有关言论。如黑格尔在论述"存在"时，提出"有"与"无"相统一的思想："有"即"无"，"无"即"有"。黑格尔的基本思路是，逻辑上的"有"是一种抽象物，从而也可以说是一种纯粹物；抽象或纯粹是指能指无具体所指而仅有能指自身，是一个无法确定规定性和表现的物，"这种纯有是纯粹的抽象，因此是绝对的否定。这种否定，直接地说来，也就是无。""只有就'有'作为纯粹无规定性来说，'有'才是'无'——一个不可言说之物；它与'无'的区别，只是一个单纯地指谓上的区别。"①所以，黑格尔的这种看似悖谬的逻辑实际上也存在把我们的思维引向一种多样的可能性，进而从根本上破除非此即彼的思维模式。当然，黑格尔的问题恐怕在于，他不仅在"有"与"无"之间设置了同一，而且还在这种同一之上设置了"存在"，也就是说，"存在"是对"有"和"无"的扬弃。这种所谓的扬弃设置出来的潜在的然而是最根本的意图是谋求一种"质"或"本质"。如果仅存"有"或"无"，"存在"将无法存在。只有通过扬弃，通过把"有"与"无"真正同一起来，才可能获得一个固定的可以称为"质"或"本质"的东西。可见，无论是黑格尔的"有"与"无"的同一或对立还是"扬弃"，都只能是空间化的思辨之物。

---

① 黑格尔：《小逻辑》，贺麟译，商务印书馆1982年版，第192—193页。

当然，如果我们的视野仅仅停留在黑格尔的矛盾之中，就不可能完全理解德里达关于踪迹的思想，因为德里达的根本意图是对黑格尔这一古典思维模式的超越，即对在场的思维模式的超越。所谓的在场，如斯特洛兹尔 (Robert M. Strozier) 所说："意指这样一种假设，即某物<u>从一开始</u>就作为一个给定之物在'那儿'。'作为在场的存在'——尽管德里达使用这一术语表示所有的西方思想——恰恰意味着这样一种假设，即某个物 (some thing) 以这种方式如同'在场'一样而存在；也就是说，西方形而上学包含着这样一个假设，即允许<u>它在那儿</u>，以便作为后来思想的起源和可能性。"① 可见，在场实质上是在一种实体的意义阈限内对终极的框定，它在表现形态上是整一的、绝对的、起源的。然而，从踪迹出发对任何存在的定位，则反映了对上述这一思维模式的克服企图。

从这个意义上说，我们就已经过渡到了踪迹的第二层内容，即踪迹从根本上涉及到德里达本人的彻底的时间意识，也即空间的彻底时间化。我们一时还难以确切地说，海德格尔关于存在的思想在何种程度上受到了黑格尔思想的启发，但海德格尔的一个与黑格尔很明显的不同是对时间的重视。他对存在的理解首先是时间化的。德里达说过，只有通过重复和质疑与时间问题的关系，才可能摧毁传统的本体论。这也可以说是海德格尔的一个基本思路。任何本体论确立的一个最基本的依据是存在着一种绝对 (抽象) 的时间之点，从而来定位本体之物存在，如存在、在场、现时、本质等等，所有这一切可以说都是为本体存在服务的。它们都是表现为时间上的一个点，也即完全 (纯粹) 的空间化。这种抽象的空间认知使得我们的思维和存在有了一个起始的基点、一个终结的基点，也是一个认知的基点、一个具有决定意义的 (抽象的) 基点。所以，从根本上说，这一基点是彻底排斥时间的，对任何时间化的企图都表示反对。为了这一基点的存在，它不仅制造了本质和现象的区分，把现象归属于时间之中，从而使得自我成为一种绝对的空间存在，而且还在现象的还原中把本质作为没有任何改变的东西乃至神的东西。所以，从时间切入是解构形而上学本体论的一条

---

① Robert M. Strozier, *Saussuer, Derrida, and the Metaphysics of Subjectivity*, Mouton de Gruyter, 1988, p. 185.

最有效的途径。任何存在都在时间中，这是讨论问题的基本前提。而时间的特点是在过程中肯定和否定的并存，是踪迹化。

海德格尔指出，按照黑格尔的思想，时间的无物性只有在存在的基础上才可理解。在存在已经被秘密地确立为在场以及存在作为在场的限度之时，存在是无时间，时间是非存在。黑格尔还试图搞清楚"时间"与"精神"之间的关系，以便借此弄明白为什么精神作为历史会"落入时间之中"。海氏得到启发后指出：

> "而后"与"当时"是着眼于"现在"而一道得到领会的；这就是说：当前化具有独特的分量。当前化诚然总是在与期备和居持的统一中到时的，虽然期备与居持可能改变其样式而成为无所期备的遗忘；在无所期备的遗忘这一样式中，时间被凝织在当前中，这个当前一味当前化，而主要说着"现在、现在"①。

> 烦忙活动借"而后"道出自己为之期备，借"当时"道出自己之为居持，借"现在"道出自己为之当前化。②

这里，海德格尔明显地表露出把精神带入时间的意图，从而诠释黑格尔所追问的精神如何落入时间之中的难题。这一"带入"本身已经具有把空间时间化的前提。海德格尔的思考在于，精神活动在时间中被分割并在分割的基础上又相互连接起来，从而形成了精神的烦忙活动，即在期待、遗忘和居持中的存在。"精神按其本质就必然在时间中显像"。③从而时间必然是根本性的东西，是一种前提，但这一前提应该说是无本源的。它不是一种起源性的抽象预设，不是一种纯存在，它的内涵的独特性在于处于有与无之间，处于与存在的持存中。

---

① 海德格尔：《存在与时间》，陈嘉映、王庆节译，生活·读书·新知三联书店1987年版，第477页。
② 同上，第477页。
③ 同上，第509页。

从以上黑格尔和海德格尔对时间问题的思考中，我们进一步明晰了德里达本人对这一问题的认识来源，明晰了德里达踪迹理论的可能性和基本容量。时间既不完全存在，也不是不存在，时间的一部分存在过而且已不存在，时间的一部分将来存在而且还未存在。这些成为时间的组成部分。①正是这种时间观把德里达的踪迹推到一个重要位置。踪迹是时间上的différance。踪迹的关键点在于，它不仅把始源的神话幻想从根本上消除，而且把终结也无限期地推向未来。所以，无物——在场的和非差异的存在——先于différance。没有任何主体是différance的代表，也没有任何主体最终和经验性地被différance所瓦解掉。différance中的a复活了空间的时间化，从迂回和推延中走向过程的无限性。踪迹经济学（economy of traces）就是对这一原则的恰当表述。

> 由于踪迹不是在场，而是使在场本身失序、误置、假委的在场的幻影，确切地说，踪迹没有安身之处——不断涂抹属于它的结构。涂抹不仅必须总是能够压倒它（缺此，它将不是踪迹而是一个不可毁灭的和里程碑式的物质），而且涂抹从一开始就构造了作为踪迹的它，把它设置为场所的不断变化，而且使它在显现中消失，使它在自己的产生中呈现出来。……在形而上学的语言中，这种结构矛盾是对形而上学概念的侵入，导致如下结果：在场成为了符号的符号，踪迹的踪迹。它不再是在最后的分析中每一个参照的所指之物，它成为总体化参照结构中的一个功能。它是一个踪迹，踪迹涂抹的踪迹。②

这种从踪迹意义上对différance的阐释已经从根本上把différance的意义揭示了出来。所以，我们在这里更可以把这种具有核心意义的踪迹思想解释为一种经济学——一个德里达非常喜欢用而且在德里达的文本中出现频率较高的词语。用经济学来解说德里达本人在différance中的基本策略是最恰当不过的了。

---

① 参见Jacques Derrida, *Margins of Philosophy*, trans. Alan Bass, the University of Chicago Press, 1987, p. 51。
② Ibid, p. 24.

"经济"观念历来在使用上是较严格地隶属于经济学范围和具体的经济活动的，它在基本点上与哲学和科学思维有着相当大的差异。这就给我们提出了一个问题：经济学模式能否被引入哲学或科学模式之中？经济学能否作为一种人文科学的研究方法或作为一种学术规范确立的基点？德里达的创意在于：他大胆地从经济学视角出发，用一种经济学意识来观察和解释哲学、科学乃至文学问题，从而试图构造出一套经济学意义上的人文科学模式，既是思想模式也是实践模式。关于德里达所用的"经济学"或"经济论"——economy［英］，economique［法］——这一术语，中国学者叶秀山已经指出其中的分量：关于différance的学问，"不是存在论和本体论，而是'经济论'——这是德里达的一个很特别的思想"。①德里达本人也确实使用过"différance经济学"这一概念。那么，这一"特别"表现在何处呢？德里达的"经济学"概念是具有真正的经济学意义，还是仅为说明问题而对经济学概念的借用、变通或隐喻的使用？

首先，我们需要对德里达使用"经济学"这一概念的初始语境进行简要的考察。德里达"经济学"的初始语境起码可以从两个方面展开：一是对胡塞尔 (Edmund Husserl, 1859—1938) 现象学本体论中排斥符号的批判。胡塞尔认为，对于单一存在来说，符号是无用的，因为在说话人自我和听话人自我之间不存在任何隔阂，所以也无物侵入到作为透明的中介这一纯粹的、内在的声音之中。然而，德里达指出，他者内在于在场这一事实，动摇了有关在自我关联 (self-relation) 中符号无用的争论的基础。由于德里达的思想从根本上打碎了在场的单一性和纯粹性，把对立引入其中，把在与不在、现存与推迟、可能与不可能等矛盾项引入其中，使得整一存在不再有效，保留和推迟成为需要和必然，从而为符号的介入提供了基本条件。这种初始语境何以引来"经济性"？"全天候雇佣"概念似可以作为这种经济形态的一个有效表述。卡普托 (John D. Caputo) 分析指出："能指这一生产力是指一种把意象对象系统、现象之在的延迟和保留系统编织在一起的强力。因此，德里达不仅伺机雇佣符号，而且还让它们围绕着内在时

---

① 叶秀山：《无尽的学与思》，云南大学出版社1995年版，第56页。

间意识之钟、在对象的在场和缺场中、在现象本体工业的核心部位、夜以继日地从事着高度安全的工作。"①德里达对符号的这一带有经济意味的理解,实际上指出了符号本身所具有的生产能力和潜力、它的经济行为的可能性和有效性,而这一点又从根本上表明différance联姻"经济学"的可能性和有效性。二是对黑格尔的辩证的扬弃观念的批判。黑格尔的唯心主义是由对古典唯心主义的二元对立的"扬弃"构成的,但必须看到的是,无论是古典的二元对立还是黑格尔的二元对立,其特点没有发生根本性的变化,即两者都是以对立双方的等级制关系为基础的。在黑格尔那里,矛盾的克服或解决即是将矛盾化为第三者,将它提升到本体神学、本体目的论的综合的自身在场的地位。对德里达来说,"令我感兴趣的是一种<u>解构的基本策略</u>。我正在试图追寻另外一些线索,也即'一般经济学'。它既避免简单地将形而上学的二元对立<u>中和化</u>,又避免简单地<u>停留</u>在这些对立的封闭领域内并坚持它"。②那么,作为解构基本策略的"一般经济学"又具有何种面貌呢?

德里达从经济学出发来思考人文科学问题的途径,在一定程度上来自于索绪尔的语言学,因为索绪尔是德里达直接批判的对象,索绪尔语言学中所包含的经济学思想必然会引起德里达的注意。索绪尔本人的经济学思想在语言学中的应用或许可以简约地归纳为如下两点:(一)在语言学中引入价值概念,把语言的价值理解为一种经济学中的等价系统。这涉及到语言内在要素的两个基本方面:一是"一种能与价值有待确定的物<u>交换</u>的<u>不同</u>的物",一是"一些能与价值有待确定的物<u>相比</u>的<u>类似</u>的物"。③也就是说,一个词之价值的确定不仅需要跟观念相交换,而且还需要跟其他的词相类比;同样,一种语言的价值也是由这两个基本的条件所确定的,能指与所指以及能指与能指之间的等价关系,

---

① John D. Caputo, "The Economy of Signs in Husserl and Derrida: From Uselessness to Full Employment", in *Deconstruction and Philosophy*, ed. John Sallis, the University of Chicago Press, 1987, p. 110.

② Jacques Derrida, *Positions*, trans. Alan Bass, the University of Chicago Press, 1972, p. 41.

③ 费尔迪南·德·索绪尔:《普通语言学教程》,高名凯译,商务印书馆1980年版,第161页。

决定它的价值大小。(二) 语言系统的价值规律是建立在任意和差异两项基本原则之上的，也就是说，语言与观念之间的任意性联系，把语言内在的差异推到了一个具有决定意义的地位。索绪尔说，差异是语言存在的决定性因素，差异造成特征，差异是语言自我增值的关键所在。可见，在索绪尔那里，差异是语言价值的根本所在，语言与观念和事物的兑换是任意的，语言在自我的分割和延续中获得价值的增值。应该说，德里达对索绪尔语言学中的这些思想是深得要领的。他通过把经济学中策略性的而非实体性的原则引入语言学乃至哲学研究，充分运用任意性的差异增值原则，把一种经济意义的非等价规律和灵活的交换意识引入语言学和哲学研究，从而把différance所包容的意义推到了极致。且看德里达的例说："'药'既非补药也非毒药，既非善又非恶，既非内又非外，既非声音也非文字；'替补'既非加也非减，既非对内也非对外的补充，既非偶然也非本质，等等；'处女膜'既非混沌也非区分，既非同一也非差异，既非圆满也非纯洁，既非遮掩也非显露，既非内也非外，等等；'书写物'既非能指也非所指，既非符号也非事物，既非在场也非缺席，既非肯定也非否定，等等；'间隔'既非空间也非时间，'切入'既非一个开端或一个简单插入的有裂口的整体也非简单地从属；既非/又非同时也是是/或是；记号也是边界的界限、边界，等等。"①德里达采用这种他所谓的踪迹经济学的思维模式从根本上打乱了黑格尔意义上的二元对立，从根本上不给思辨的辩证法留下任何解决问题的余地，从而把任意和差异的价值观念推上更合法而有力的地位。这里，所谓的经济学实际上已经表现为一种基本的解构策略，它从简单对立和非此即彼的逻辑框架中跳跃出来，也从扬弃意义上的黑格尔的神性综合观跳跃出来，在保留中延续非保留，在收益中考量非收益，在投入中期许投入本身。这就是德里达的经济学要义之所在，也就是différance的策略之所在。différance的经济学特征"决不意味着被推迟的在场能够总是被再次发现，也决不意味着我们在这里仅是一种暂时的和可计算的推迟了对它的收益的观察或对观察的收益的投资"。②Différance本身没有终

---

① Jacques Derrida, *Positions*, trans. Alan Bass, the University of Chicago Press, 1972, p. 43.
② Jacques Derrida, *Margins of Philosophy*, trans. Alan Bass, the University of Chicago Press, 1987, p. 20.

极，différance是无限的。

三、différance的意义

谈论différance的意义，我们需要进一步明晰的是，以上论及的德里达的经济学策略的根基是什么？或者说，他缘何来构造这种所谓的经济学？这一点需要我们先来分析一下德里达différance思想的出发点，即解构。

西方几千年来的哲学传统是形而上学的本体论和认识论。形而上学的本体论建立在一元论基础之上，是对物或人的单一存在性的肯定，是对某种根源性思维之物的肯定。这种被肯定的根源性的东西在古代是物（如火、数、原子），在中世纪是神（如上帝），在近代是理性，在现代是（非理性的）人或物（如结构）；而形而上学的认识论建立在二元论的基础上，是对存在的基本关系的认定，这种关系同时涉及对立的两项，如主观与客观、思维与存在、理性与物性等，认识论就是试图在这种二元思维模式中把两者关系确定和凝固下来。本体论所带给人的是绝对化的信仰观念，以及逻辑演绎的绝对起点观念；认识论所带给人的是思想的客观性以及对真理问题的确定。当然，无论从哪一点来说，它们都是一种本质上的形而上学思维，两者的关系实际上可以说是二而一的关系。当认识论把两者中的一项置于首位和决定地位之时，当由于这一决定性因素的突出而成为本质之时，本体论的东西已经蕴含其中了。德里达对这一问题的揭示道："形而上学的历史，与整个西方历史一样……就是把存在确定为全部意义上的在场。"[①]这种"在场"在黑格尔那里就是"绝对理念"，在胡塞尔那里就是纯粹客观之物，在海德格尔那里就是存在，在索绪尔那里就是符号的结构，等等。他们共同的特征在于，从认识论走向本体论，把本体论作为一种哲学意义上的终结之物。所以，在这里，他们的思维模式是一种循环性的，即可以从认识论到本体论，又可以从本体论到认识论。这种循环是把一种物理意义的点作为真而存在，作为一种无可辩驳和无可动摇的起点和终点而存在，也作为一种理论的目的和意义而存

---

① Jacques Derrida, *Writing and Différance*, trans. Alan Bass, the University of Chicago, 1978, p. 279.

在，所以德里达解构的价值就是要从根本上颠覆这种循环的思维模式，这种原点的思维模式，从而把人的思维引向一种差异性延伸和构造状态。

值得一提的是，1966年德里达发表了一篇被西方学界广为称道的文章《结构，符号，与人文科学话语中的游戏》。我在这里所关注的是该文所传达的如下三个要点：一是德里达在回答其他学者的提问时指出，"解构"这个字眼与"破坏"无关；二是德里达提出从本体到功能的思想，把本体的物之静推向了功能的物之动；三是德里达把"游戏"作为一种写作之道，从而在"游戏"中把结构转化为解构，化解形而上学之道为"经济"之道。

关于"解构"这一术语的涵义问题，德里达曾有过多次解释，旨在消除在他看来存在于人们心中的误解。首先，德里达指出，要注意把deconstruction和destruction区分开来，这一点是至关重要的。"在法语中，'destruction'非常明显地包含毁灭或否定性变化之义，它与其说接近于海德格尔的解释或我所提出的阅读方式，不如说可能更接近于尼采的'拆毁'。所以，我拒绝考虑这一术语。"[①]德里达发现，deconstruction一词具有把语法的、语言的和修辞的意义与物理的（mechanical）意义密切联系起来的特点：分解整体中的部分、解构诗句及重新整理、解构自身而丧失原义等。这种特征来自于风靡当时的结构主义思潮。所以，按照德里达的理解，解构是结构的产物，因为它在方向、问题乃至姿态上都是结构性的，但从另一面又可以说它是解构的，因为它是反结构主义的，是对结构的一种重新结构。结构在解构中被展开、被分解、被去积（desedimenting）。这与其说是"毁灭"，不如说是在了解一个"整体"是如何构造的，以及达到重构之目的。当然，这个术语中的"de-"把否定的意义加以公开化和表面化，也成为人们在心理惯性支配下的误解之源。其次，德里达把解构的基本点归结为一个根基问题，以及根基和构成根基的事物之间关系的问题，也是关于结构的关闭和整个哲学结构的问题。但是，解构在对这些问题的"解构"时，不是一种批判。"批判总是在判断之后或通过判断进行操作的，然而

[①] *A Derrida Reader: between the Blinds*, ed. with an Introduction and Notes by Peggy Kamuf, Columbia University Press, 1991, p. 271.

判断的权威或批评性的评估的权威对于解构并不是最后的权威。解构也是对批判的一种解构。这并不意味着所有的批评或批判都被贬低了价值，而是意味着人们试图在历史中思考批评事例的权威的含义。"[1]解构同样也不是一种分析，因为对结构的拆解不是要还原为一个单一的要素，还原为一个绝对稳定之源。解构是一种写作策略，是在抹擦去原有文本的基础上提供另一个写作文本。再次，游戏把在场推到了一个在与不在的境地。游戏是缺场和在场之间的相互作用。游戏必须在对在场与缺场做出非此即彼的选择之前就已设想出来，存在必须设想为始于游戏的可能性的在场或缺场。需要注意，这种对在场/缺场的同时并置是对在场之物的分解，也可以从历史的角度来进行有效的考察。历史就是一种在场与缺场相互交替的时间链，历史是运动的，任何历史之物都不可避免地湮没在这一运动之中。德里达认为，在列维-施特劳斯 (Claude Levi-Strauss, 1908—2009) 的著作中，对结构性的尊重，对结构的内在独创性的尊重，迫使时间和历史中立化。这其中已经暗含了对缺场的排斥，从而也就暗含了把在场永恒化的企图，有回到形而上学历史上的某个确定时刻的可能。德里达指出，存在着两种对结构、符号、游戏等的阐释：一种是致力于破译，或梦想去破译一种不受游戏和符号系统制约的真实或本源，又像一个被放逐者似的去经受必要的阐释；另一种则不再去追寻本源，它肯定游戏，试图超越人文主义；人的名称只是一种存在的名称，而这种存在在整个形而上学或本体神学的历史，亦即他的整个历史的历史中，都梦想着一种完满的在场、一种确定的基础、一种本源和游戏的终结。所以，解构的魅力不在于它对结构的背叛，而在于对结构的经济性的揭示，或一种根本意义上的经济学的立场，一种différance。

德里达说过，解构需要在语境中加以替换，需要由"他者"来定位，也就是说，解构需要在具体的层面上拥有实施操作的可能性和途径。différance把解构落到实处。这不仅反映出différance与解构的联系方式，而且也反映出différance的特征。从解构这一总的框架来探究différance的意义，自然就明了了

---

[1] 包亚明主编：《一种疯狂守护着思想——德里达访谈录》，何佩群译，上海人民出版社1997年版，第19页。

许多。倘若我们说différance表征一种解构,那是说différance不仅表征着一种解构的思维模式、一种分隔和推延的策略,而且德里达是把解构作为一种书写的方式、作为一种从古典的形而上学的传统写作方式向解构思维中的现代方式的转换。所以,diffferance实际上具有一种强烈的实践意义和效果。如果说解构本身具有鲜明的否定倾向的话,那么différance在德里达书写中的运用就是一种地地道道的建构,解构和建构在书写中分离,又在书写中相遇。

西方学者几乎一致注意到,德里达的文本之所以具有一种震撼力,就在于他的文本所呈现出来的那种难得的书写策略。德里达在哲学和文学之间、在人文与科学之间、在陈述和修辞之间、在隐喻和换喻之间,乃至在说与写之间、真与伪、是与非之间等等,所表现出来的复杂的认知和转换,把写作变成为一种书写。德里达的文本不能不说是一种书写之物,这种书写只能是différance的一种解构意义上的实践,也是一种différance在解构意义上的一种建构。这种建构的意义我们是否可以在这里用德里达本人的话来做结语呢?

> 我的这种方式的写作……这种对伟大的哲学话语的拼装,被认为是恶意中伤的或可憎的文本,这种对几种规范或几种写作的拼装,则被认为是施暴的行为,而且这一拼装意图,已经预先在"书页的版面编排"中设置好。但是,它也重新拼接或重新唤醒了一个非常古老的传统:对书的旧有段落和页码的拆解,和对书本旧有的理解和内部界线的消解的传统,进而由此产生出另一个空间,另一种解读、写作、注释的实践。这对于我是一种假定的方式……那些没有解读过这些文本的人有时会说,这是一种文学和哲学的融合,其实恰恰相反,这完全是另一种实践。①

(原载《思想文综》1998年第3辑)

---

① 包亚明主编:《一种疯狂守护着思想——德里达访谈录》,何佩群译,上海人民出版社1997年版,第38页。

语言革命与当代西方文本理论

上 "镜式"本质的终结与语言本体观

西方人文科学在20世纪发生的最重大的变化之一是传统的"镜式"本质观的终结。这种终结主要从两个维度展开：一是人的"镜式"本质被废弃，转而向人本身、人的生存状况掘进，这一转变从康德就初露端倪，在后来的哲人如尼采、弗洛伊德、海德格尔等人的不断追问下，形成了20世纪以来的一股强大的人本主义思潮；另一是在这种背景下语言的"镜式"本质的终结，这就是所谓的"语言学转向"(the linguistic turn)，[①]从语言工具论转向语言本体论，它是以分析哲学的出场为标志的，弗雷格、维特根斯坦等人是打碎语言"镜式"本质的关键人物。

那么，什么是"镜式"本质呢？这是我们需要回答的第一个问题。简单地说，"镜式"本质是在二分模式基础上设定的人与物或物与物之间的一种基本关系形态，这种关系形态对人或物的存在本身起着最起码的规范作用。"镜式"必然涉及两者之间的关系。关系中的双方相互联系、相互依存，但处于绝然对立的两极之上，而且他（它）们之间始终是一种非平等的关系，其中一方为主体，占据主导地位，另一方为主体的附属物，居于次要地位，一方以另一方的存在

[①] 关于20世纪出现的"语言学转向"，盛宁认为可分为两个阶段：一是20世纪初分析哲学的兴起，标志着哲学自身的探索方向转向了语言逻辑问题；一是20世纪60年代对索绪尔语言学的重新阐释和结构主义语言学的生成，标志着人文科学的认识方式的根本性改变（参见盛宁：《"语言学转向"》，《思想文综》1996年第1辑）。后一种"转向"拙著称之为"语言论转向"（王一川用语），以示区别。

为条件和目的。所以，两者之间从根本上是一种反映被反映、作用被作用乃至统治被统治的关系。

  对人的"镜式"本质的认识早在西方古代哲学中就已经存在了，早期的朴素唯物主义就是一种典型形式。从近代开始，这种"镜式"本质理论得到了进一步的强化和系统化。近代哲学的一个共同特点就是对主体与客体之间对立的设定，即对认识的心灵与它所面对并试图加以认识的外部世界之间对立的设定，这种二分性表明了人的存在特征以及人对自身存在的一种基本认识。恩格斯曾指出，近代哲学的基本问题就是回答思维与存在、精神与自然的关系问题，[①]也就是我们所说的主体与客体、主观与客观的关系问题。这种二分模式构成了"镜式"本质的直接基础。我们可以从有代表性的近代哲学家那里看到其中的基本情势，甚至无论是唯物主义还是唯心主义，因为"唯物"、"唯心"的区别其实仅在于二分模式中起主导作用的关系项不同而已。如笛卡尔的大陆理性主义、洛克的英国经验主义以及康德的德国古典哲学。笛卡尔的"我思故我在"这一名言，固然带有明显的理性主义痕迹，它把人作为"思"的主体引入哲学关注，但一个"思"字同时也潜在地把所"思"的对象引入进来。无对象之"思"是不可想象的，也是不可能的。至于"思"的内容、"思"的方式、"思"的目的，这里并不重要。可以"思"外界对象，也可以"思"心灵自身；可以怀疑一切"思"之经验的基础，也可以以天赋观念去"思"；可以以上帝存在为"思"的目的，也可以把"思"的确定性投向理性或自然界。总之，"思"把主体与客体同时提了出来，确立了一种主体基础上的"主"、"客"二分原则。洛克的"白板说"是经验主义的一个经典表述，它假设心灵最初仅仅是一块白板，那么它从哪里获得观念性的内容呢？洛克断言是从经验。经验包含内容的两方面来源，即感觉和反省，而"感觉"是"反省"的前提，"感觉"为"反省"提供原料。"感觉"一词实际上如同笛卡尔的"思"一样，把主观和客观同时囊括进来，同样是一种二分模式意义上的活动，只是感觉之"物"被

---

① 参见《马克思恩格斯选集》第四卷，人民出版社1972年版，第220页。

放到主导地位。至于康德，尽管他发动了被誉为哲学史上的"哥白尼革命"，但所面对的仍然是心灵与实在之关系这一认识论问题。康德同休谟以及经验主义者一样，认为一切知识来源于经验，但康德的不同之处在于，他给这种观点加了一条注释（这一注释又把康德推到了类似理性主义的位置），即把实际产生知识的东西与知识所采取的形式区别开来。所以，感性经验的知识是必要的，但是不充分的，心灵总是提供一些理性概念使经验形成知识。可见，康德所追问的仍然是诸如心灵在多大程度上能洞察实在、心灵的观念对于表现和揭示世界的本质有多恰当、心灵获得真理的限度是什么等问题，这些问题仍然离不开主客观二分，只不过是试图把理性与经验加以摆平而已。穆尼茨（M. K. Munitz）指出，近代哲学的主要问题是，"坚持把知识问题看成在作为心灵内容的观念和存在于观念之外的世界之间建立一种令人满意的关系的问题……这种模式要求我们把心灵看做一种容器、一种面对外在世界的实体，据说心灵'内部'具有某些观念，因此我们就需要找到某种方法来揭示这些观念，从而决定外部世界的性质"。①这段话非常真切地道出了近代认识论的基本特征，即主客二分原则。这一原则规定了作为主体的人必然和与之发生联系的客体打交道，必然形成一种两者相互印证、相互说明的关系，它规定了人作为主体的存在方式。由于人作为主体对自我心灵的认识和信心，使得心灵成为人的理性化的一个基本条件。对理性的强调使得人首先确立了自我的优先性，同时他也把心灵作为人的象征。"心"如同一面巨大的镜子，它反映着外界一切实物以及自我的感觉和思维，在把人引向对外界的把握和确定的同时，也引向了对自我的把握和确定。所以，罗蒂（Richard Rorty，1931—2007）说："如果没有类似于镜子的新的观念，作为准确再现的知识的观念就不会出现，没有后一种观念，笛卡尔和康德共同采用的研究策略——即通过审视/修理和磨光这面镜子以获得更准确的表象——就不会讲得通了。"②

---

① M. K. 穆尼茨：《当代分析哲学》，张汝伦、黄勇等译，复旦大学出版社1986年版，第6—7页。
② 参见理查·罗蒂：《哲学与自然之镜》，李幼蒸译，生活·读书·新知三联书店1987年版，"导论"部分。

"镜式"本质是近代认识论对人的本质的基本规定。然而，到了现代，由于提问方式的改变，近代认识论表现出向现代本体论的转换。康德晚年对"人是什么"的追问启示了后来的哲学思路。对人本身的认识，对人的生存状态的认识，构成一股强大的人本主义思潮。如叔本华的"意志冲动"、尼采的"生命力"、柏格森的"直觉"、海德格尔的"此在"等，似乎我们又回到"认识你自己"这一古老的命题之中。认识的本体化可以说是这一转换的基本特征。王岳川提出："认识论不应再是关于如何把握自然实在的学说，而是关于如何领会人自身的学说；认识论不再是对外部世界的精确、确定不变的复现和认识，而是具有了明显的'生命—历史相对主义'色彩。"[①]所以，"镜式"本质终结的关键在于，现代本体论完全放弃了近代认识论所持有的二分框架，它不再去研究人与外界之关系，研究主观与客观的认识与被认识之关系，而是思考人之存在本身，思考人之存在的价值、方式等；它不再去研究人的认识能力有多大，人如何才能更准确地把握事物，而是思考人之为人的本质特征；人在认识论中是一个先验的前提，在本体论中成为思考的对象。从认识的二分模式到人的一元论，人的"镜式"本质终结就在这种转化中实现了。

　　"镜式"本质终结的第二维度是语言的"镜式"本质的终结。第二维度与第一维度密切相关，也就是说，认识与语言是相互对应、相互影响的。如人的认识来源与语言意义来源的对应、人的认识能力与语言反映事物真相能力的对应、思维对存在的关系与语言对观念的关系的对应等，归结起来，就是认识的二分模式与语言的二分模式的对应。人的"镜式"本质的终结必然引起语言的"镜式"本质的终结。

　　语言是人所拥有的最基本的认识和交往的工具，语言的意义来自于人的观念或所反映的对象，这恐怕是现代"语言学转向"出现之前对语言本质的认识，也是语言哲学研究的基本论题。譬如，洛克认为，语言有两种主要功能，一是表达观念以使不同的心灵得以沟通，一是记录下我们的思想以便将来检

[①] 王岳川：《艺术本体论》，上海三联书店1994年版，第17页。

验。实际上,在这两种功能下面,无不包含了对语言本质的一种设定:语言是人之思维的一种表现。它反映了语言的工具性。在词与物的关系上,洛克设置了一种非直接的联系,即由词到观念,再由观念到物。"词语在它们最基本和最直接的意义上,仅仅是使用它们的人之心理的观念。……这些观念来自于它们所表现的事物。"①语言来源于物的观念,语言与观念既同一又分离,从而构成了一种基本的二分模式。唯理派哲学家莱布尼茨尽管在哲学观点上与洛克大不相同,但他们的语言观却是十分相近的。如莱布尼茨认为,语言是使人类结成社会的纽带,语词是用来代表人们的思想和观念的。图克(Tooke)在批评这种理论时指出,把我们的心理图示的变形视为是由于把已经变了形的语言图示植入心理所致;在我们观察复杂的词语之处,我们总是想象着与之对应的包含词语意义的复杂观念;在我们表明词语的不同类别之处,我们想象着与言说的不同部分——对应起来的不同的类别观念。这种把语言结构视为一面镜子、由心理结构所确定的理论,是理性主义神话(the rationalist myth)培育起来的一种幻觉。②可见,如同近代的二分认识模式,语言同样在二分模式的基础上构造了一种"镜式"语言观。这种"镜式"语言观的要义在于,它把语言作为一个被动的容器或一面镜子,它的内容是由人的心理观念和外界事物所决定的,它本身的意义也就在于对他物的表现和言说。由此,语言反映观念或事物的准确性成为了语言有效存在的基本条件。

20世纪开始的"语言学转向"从根本上意味着传统语言观的终结。新时代的分析哲学家们认为,他们这次的变革与历来所谓的哲学革命有一个根本的不同,那就是他们不是去争鸣旧有理论是否错误,而是认为它们没有意义,进而干脆拒绝它们。分析哲学家们把目光转向了语言本身。他们提出,哲学的唯一任务就是揭示语言使用中的错误,阐释语言的意义。③实际上,在他们的这些主

---

① 转引自Roy Harris and Talbot J. Taylor, *Landmarks in Linguistic Thought*, Routledge, 1989, p. 108。
② 参见Roy Harris and Talbot J. Taylor, *Landmarks in Linguistic Thought*, Roueledge, 1989, p. 141。
③ 徐友渔等:《语言与哲学》,生活·读书·新知三联书店1996年版,第41—42页。

张背后隐匿着他们解构二分模式的理论冲动。从关注语言与外物相符程度到关注语言自身逻辑的完整性，从关注语言的内容到关注语言的形式，从关注语言的目的到关注语言的存在，这一切表现出他们对形而上学语言本质观的唾弃，对形式与内容、现象与本质这种二分模式的存在价值的消解。

现代语言观就是在这种背景之下确立起来的。它的基本观点可以大致归纳为如下四点：（一）语言是一面反映外界事物的镜子，这是一个假问题。语言本身作为一种抽象符号不存在与外在世界的对应关系，语言对事物的命名并不表明语言的存在取决于事物的存在。语言命名是任意的而非必然的，是抽象的而非具体的，它实际上不过体现了人自身对事物把握的一种方式而已。这一认识从根本上把语言与外界隔绝开来，语言只存在于语言自身之中。这是从二元论走向一元论的关键。同样（二）语言与观念（或思想）之间的决定与被决定的关系也是假问题。语言不是一个容器，可以随便填装任何东西而不发生改变。实际上，语言与观念是直接同构的，没有语言的观念是不可想象的，反之亦然。由此（三）语言的意义不是由传统理论中所谓的观念或事物决定的，而是由语句出现于其中的语境决定的。弗雷格的名言就是："一个语词只有在语句的语境中才有意义。"①这种语言思想成为了现代语言观的一个核心思想，而且不仅是语言本身具有自在自决的特点，由语言构造的一切符号、概念、命题等的语言或语句形式都统统具有这种特点。进而（四）传统语言观认为的语言本身所表述的真理及其理性知识不复存在，真实与真理成为了一种虚构之物。卡西尔曾指出："那种声称语言具有真理内容的幻想业已完全破灭；所谓的真理内容只不过是一些心灵的幻影，……不仅神话、艺术、语言是幻影，就连理论知识本身也是幻影；因为，即使是知识也永远无法按照原样来复现事物的真实性质，而必须用'概念'来框定事物的性质。'概念'又是什么东西呢？概念只不过是思维的表述，只不过是思维创造出来的东西罢了；概念根本无法向我们提供客体的

---

① 转引自涂纪亮主编：《语言哲学名著选辑》，生活·读书·新知三联书店1988年版，第35页。

真实形态，概念向我们展现的只是思维自身的形式而已。"①所以，现代语言观把语言不再视为一种工具，而是视为一种独立的有价值的存在。

60年代西方学界出现的"语言论转向"对语言问题作了进一步的拓展，其中一个关键性环节就是对索绪尔语言学理论的重新阐释。索绪尔是生活在20世纪初的一位瑞士语言学家。他的语言学思想反映在由他的学生根据笔记编辑整理、在他死后出版的《普通语言学教程》一书中。在沉寂了近半个世纪之后，索绪尔被巴尔特、德里达等人发掘出来，在他们的至关重要的阐释中，索绪尔的语言学开始在新的意义上播散开来。如巴尔特对语言学地位的突出强调，德里达从意义生成及批判西方形而上学思维模式的角度对语言差异的关注，从不同侧面揭示乃至引申了索绪尔的语言学思想，从而也把语言问题进一步推向了人文科学的中心。②索绪尔对当代的影响已经在西方学界获得了广泛的共识。他的意义和地位正如罗比所说："索绪尔的语言理论是使语言学改变发展方向的最重要的因素，它的强大影响使现代语言学在文学研究中的作用超越了纯粹文学语言问题而产生出有关整个文学甚至整个社会和文化生活的性质和组织的新理论。"③如果说本世纪初的"语言学转向"只是语言学或语言哲学内部的一种转向，那么"语言论转向"则波及到整个人文科学。

索绪尔语言学的一个重要思想是要建立科学的符号学。他说："我们可以设想有一门研究社会生活中符号生命的科学……，它将告诉我们符号是什么构成的，受什么规律支配"。并说"语言学不过是这门一般科学的一部分"，"语言学家的任务是要确定究竟是什么使得语言在全部符号事实中成为一个特殊系

---

① 恩斯特·卡西尔：《语言与神话》，于晓等译，生活·读书·新知三联书店1988年版，第35页。

② 巴尔特、德里达等人对索绪尔语言学的阐释是非常丰富和复杂的，这里只是就本文论题举其要者作一介绍。关于他们各自对索绪尔的论述可具体参见他们的有关著作。如巴特的《符号学原理》、德里达的《论文字学》和《立场》等。除了巴尔特和德里达之外，还有不少学者对索绪尔的语言学进行过富有启发性的讨论，如卡勒、杰姆逊等。

③ 安纳·杰弗森、戴维·罗比等：《西方现代文学理论概述与比较》，陈昭全等译，湖南文艺出版社1986年版，第32页。

统。……如果我们能够在各门科学中第一次为语言学指定一个地位，那是因为我们已把它归属于符号学。"①然而，巴尔特对语言学和符号学关系的阐释离开了索绪尔的初衷。巴尔特提出："现在，我们必须面对这样一种可能性，即颠倒索绪尔的断言：语言学不是一般符号科学的一部分，甚至也不是具有范导性的一部分，而恰恰是，符号学是语言学的一部分。"②巴尔特还从符号的诸种系统的语言学特征方面，如服装系统、食物系统、家具系统、汽车系统等，对语言学的主导地位进行了分析和强调。巴尔特的这一置换和阐释确立了语言学模式的权威地位，开创了语言学模式一统天下的局面，使语言学方法最终成为了整个人文科学的一种带有普遍意义的方法。德里达则是从关注索绪尔的语言差异 (différance) 问题入手的。语言差异问题是索绪尔语言学理论重点考察的一个问题，也是索绪尔理论的一个关于语言的意义如何产生和语言如何存在的关键性问题。索绪尔说："如果我们从符号的整体去考察，就会看到在它的秩序里有某种积极的东西。语言系统是一系列声音差别和一系列观念差别的结合，但是把一定数目的音响符号和同样多的思想片段相配合就会产生一个价值系统。"③所以，确定语言内部的差异是索绪尔寻求语言意义的一个基本条件，也是独立的语言系统得以存在的一个基本条件。德里达对索绪尔的差异概念进行了改造和发挥，由此提出了他的分延 (différance) 概念。分延不仅包含了索绪尔差异概念的基本内涵，而且更加深入和丰富。德里达把符号的差异问题从符号本身的声音和概念、能指和所指以及它们的序列存在之间的差异推进到了符号在空间和时间的存在之中，推进到了符号内在的历史语境（"踪迹"、"补替"）之中。德里达说："只有认为'到场'的 (呈现于在场阶段的) 每一个组成部分，既联系于它本身之外的某物，又保留着过去的组成部分的记号，并被与其相关的未来的组成部分的记号所掏空时，分延才使意义的运作成为可能。……为了使在场成立，间隔必

---

① 费尔迪南·德·索绪尔：《普通语言学教程》，高名凯译，商务印书馆1980年版，第38页。
② 转引自Annette Lavers, *Roland Barthes: Structuralism and After*, Methuen & Co. Ltd., 1982, p. 138.
③ 费尔迪南·德·索绪尔：《普通语言学教程》，高名凯译，商务印书馆1980年版，第167页。

须把它与非它分割开来,但是在在场里构造在场的间隔,还必须同样地分割在场本身,并随在场一起分割一切在其基础上可能被设想之物,即任何存在——尤其是我们的形而上学语言所说的物质和主体。"① 在索绪尔看来,意义来源于同一系统内部一个组成部分与其他组成部分之间的差异,来源于符号的"整个此在"(杰姆逊语),而德里达认为意义在于符号此在的空间和时间的空隙,这是内在的历史性空隙,它浓缩于差异性的符号结构之中,构成一个张力场:在/非在、它/非它、过去/现在/未来,在这里相互作用;索绪尔表明差异是符号本身的一种基本特征,德里达则指出分延不仅如此,分延还是根除形而上学符号观的有效手段:对在场的分隔无疑是对语言本质始源的分隔。形而上学通常坚持存在某物 (res) 或所指,先于语言或被语言所表达,这是构成形而上学语言的各种显现的根基。"正是德里达等人所主张的把能指和所指分隔开来的这一新的文本性功能,使得所指不是也不可能成为始源。"② 从而,德里达用分延把差异的索绪尔式的意义生成功能推进到了对西方形而上学的批判,推进到了对逻各斯中心主义的消解。从差异到分延给整个的人文科学带来了一场革命。

索绪尔在巴尔特、德里达等人的阐释中的复活以及这种复活的被借用,反映了当代西方学界的一种普遍的理论动向,即对人文科学的结构问题以及通过结构对意义问题的关注,对语言学模式和语言学模式对非语言学模式进行消解的关注。③ 在这种关注中,一方面语言学获得了独立性和中心地位,获得了它在整个人文科学中的普遍的方法论意义,另一方面还从"语言学转向"所形成的

---

① 转引自G. Douglas Atkins, *Reading Deconstruction/Deconstruction Reading*, the University Press of Kentucky, 1983, p. 18。

② Robert M. Strozier, *Saussure, Derrida, and the Metaphysics of Subjectivity*, Mouton de Gruyter, 1988, p. 218.

③ 我在这里之所以选择巴尔特和德里达作为当代西方语言问题和索绪尔复活的典型阐释者,是因为他们实际上表现出了两种不尽相同的倾向,巴尔特更注重语言学模式在整个人文科学中的主导作用和方法论意义,而德里达则更多地强调语言解构形而上学在场的价值;前者是结构主义,后者属解构主义。但两者尚有根本性的相通之处:无论是结构还是解构,它们都承认语言在人文科学中的基础性地位,都承认语言的自在性和自足性,都承认语言泛化对文化存在的符码化影响。这一问题甚是复杂,也从整体上超出了本文的范围,故仅在这里作一简要的提示。

形式与内容之间的争执中解脱出来，把具有前提意义的作品形式主义研究推进到了实质阶段的文本研究。所以，仅从文本理论出台的背景来看，文本理论所涉及的就不仅是一个文学问题，而更是一个如罗比所说的"整个社会和文化"问题，更是一个文本如何涵盖、规范乃至支配非语言事物、世界乃至人的问题，是文本构造对象的存在方式和意义的问题。

下　文本理论的建构与基本策略

我们之所以在讨论文本理论之前，用比较大的篇幅来考察语言学和语言哲学问题，其根本原因在于，文本理论的建构首先是从文学领域开始的，而文学文本与语言之间又无疑具有天然的联系。(文学)文本是语言的产物，是语言的一种存在形式，但众所周知，在语言革命和语言本体观确立之前，(文学)文本与语言的这种天然联系所形成的不是文本 (text) 理论，而是作品 (work) 理论。作品理论是以古代和近代的语言工具论为基础的，文本理论则是以现代语言本体论为基础的。巴尔特曾对作品、文本与语言的关系进行过这样的描述："如果说作品可以根据它与语言的异质关系加以定义的话(从书的版式到社会历史决定因素等的一切)，那么文本，就它本身而言，与语言是一种彻头彻尾的同质关系。除了语言，它什么也不是；它只能通过语言而存在。"[①]文本与语言的这种同构性导致了文本与语言之间相互认同。文本把语言符码 (code) 作为自我特征的内在根据，它自身则是这一符码的展开和语境化。如果说"语言学转向"所变革的只是文学研究中形式与内容的关系，即形式和内容哪一个对文学更具有本质意义，从而导致了对文学形式的关注大大超过了对文学内容的关注，对文学客体的关注大大超过了对文学主体(包括作者和读者)的关注，而文学观念的这一变化可以看成是文本理论建构的一个前奏，那么，"语言论转向"对语言与文本的同构性的确定则暗含了一种更为本质意义上的变革，即语言本体论与语言和文本同构论的结合把

[①] 转引自Jeremy Hawthorn, *A Concise Glossary of Contemporary Literary Theory*, Edward Arnold, 1992, p. 188。

文本本身也推到了与语言同样的高度。这一变革在20世纪60年代之后充分地表现出来。文本理论从昔日的文学形式和内容的纠缠中解脱出来，转向了文本的地位、意义和功能等方面的讨论，进而构造了一种普及于整个人文科学的方法论原则。

一般而言，文本一词有狭义和广义之分。狭义的文本通常是指语言的具体存在形态，与作品或作品中的形式意思相近，常通用，它所强调的是语言本身的形式性；广义的文本则不限于语言和语言构成的作品，而是可以更加宽泛地指涉一切符号现象，它所强调的是文本符号的普遍性、文本符号的人为性，广义的文本更真切地构成了文本理论的范围。这时的文本不仅限于文学形式，而在更加深入的层次上涉及了与语言、与符号的关系；文本不仅结构语言本身，而且还对非语言事物进行意义化建构；文本不仅把语言的言说方式、把语言意义背后的人的存在充分地表现出来了，而且还把意义输入到一切可言说的对象之中。

文本作为一个文学概念大抵始于英美新批评，但这时的文本实际上只具有与作品或作品的形式相似的意义，常常与作品或形式一词替换使用。文本概念真正获得它自己的相对独立的内涵和意义，是在随后而来的作品结构化和结构文本化的浪潮中。作品结构化把作品的具体问题引向了作品的抽象问题，引向了作品的类型和形式上所体现的结构性，从而成为文学研究的一种新策略。如弗莱的《批评的解剖》就是把作品进行结构化研究的一个先例。在这部被西方视为结构主义的前驱性著作中，弗莱指出，所有的文学作品说到底可以分为四种类型：喜剧的、浪漫的、悲剧的、嘲讽的；这四种类型可以视为与春、夏、秋、冬有着象征性的对应关系。"所有的文学表达被很少的几个永久性的最一般的文学概念所制约，'四个叙述的前发生的'范畴，它们'逻辑地先于'普通的文学类别。"[①]弗莱的这种研究模式无疑是结构化的，它使我们不是再去面对具体的文学作品而是开始面对抽象结构。当然，他还没有达到结构文本化的

---

① Frank Lentricchia, *After the New Criticism*, the University of Chicago Press, 1980, p. 8.

程度,也就是说,还没有在语言结构的意义上来研究文本结构问题,但对抽象结构的关注从根本上为语言模式总体介入作品分析奠定了基础,从而也就潜在地为文本理论的真正形成奠定了基础。60年代是结构文本化的时代。叙事学继续开拓弗莱的思路,不仅去寻找作品的深层结构,如托多罗夫对诗学的定位,诗学"不同于对个别作品的解释,它不是要揭示个别作品的涵义,而是要获得关于统辖每一部作品产生的最一般法则的知识;但是,与心理学、社会学等科学不同,它是在文学自身内部寻找这些法则。因此,诗学是一种文学的'抽象的'和'内在的'方法"。[1]而且文学研究还更多地表现出对语言学模式的归附和演义,从语言的基本结构和模式出发来寻找文本的模式和范型,寻求对文本的解释。如托多罗夫的《从〈十日谈〉看叙事作品语法》一文,就试图从叙事作品与语法之间的对应关系入手,从词类的划分以及体现出同类划分的语态、语体、语式和时态入手,来分析文本的语言学特征。"对叙事作品的分析,能使我们划分出专有名词、动词、形容词这些具体单位,它们与词类划分有着惊人的相似之处。"[2]其实,在巴尔特、格雷马斯、热奈特、布雷蒙等人的叙述学研究中,托多罗夫的倾向是他们普遍的倾向,只不过他们的分析更加曲折而已。巴尔特甚至说:"文学不再是关于'人类心灵'而是关于人类语言的科学的或起码的知识,它所研究的不再是第二位的作为修辞对象的形式和人物,而是语言的基本范畴。"[3]这里,语言学模式不仅主宰了对叙事作品的结构分析,而且是从根本上表现出了语言本身被置于了一个高于叙事作品的具有决定意义的地位。我们说,这正是文本理论在文学研究中的基本表现形态。

---

[1] Tzvetan Todorov, *Definition of Poetics*, in *Twentieth-Century Literary Theory: A Reader*, ed K. M. Newton, Macmillan Education, 1988, p. 134.

[2] 兹维坦·托多罗夫:《从〈十日谈〉看叙事作品语法》,张寅德选编:《叙事学研究》,中国社会科学出版社1989年版,第181页。

[3] Roland Barthes, "To Write: An Intransitive Verb?" in *the Structuralist Controversy: the Language of Criticism and the Sciences of Man*, eds. Richard Macksey and Eugen' o Donato, the Johns Hopkins University Press, 1970, p. 45.

在文学研究之外,文本理论更有效地运用了语言学模式的垄断权力。就文本与语言的关系而言,语言学的任何变化都会影响到文本观念的变化。在20世纪60年代的"语言论转向"的催化下,语言已经从语言学的既定轨道上脱离出来。按照结构主义和解构主义的观点,语言已经具有了赋予有形对象以形式的能力。语言预构对象,把对象明白无误地显示在一个既定的结构里。其结构和显现对象的方式就是通过语言的文化符码。巴尔特指出,所谓符码是指语言构造现实的所有形式,从而预示了我们对现实和我们自身的知觉。例如,用于句子语法形式的句法符码、描述一定因果逻辑的叙述符码、制约我们所观察的决定文化意义的语义符码,等等。[①]恰恰就是这种对象的符码化,我们对卡勒(Culler)的如下描述有了切实的认识:"我们生活其中的和与之相关的不是物理的客体和事件,它们是有意义的客体和事件:不是复杂的木结构而是桌椅;不是物理姿势而是礼貌或敌视行为。""倘若我们去理解我们的社会和文化世界,我们必须不是将其视为独立客体而是意义结构、关系系统,这一结构和系统通过使客体和行为拥有意义而创造了人的世界"。[②]这种意义无疑是来自符码化。这种符码化的结果就是我们所说的文本性(textuality)。文本性把外界包容在文本自我的规则中,给外界赋予意义,反映了文本地位和强力。这一特点把文本的范围推到了它的极点,它把一切事物(无论是文本的还是非文本的、语言的还是非语言的)统统视为文本或文本的表现对象,这就潜在地承认了主体与对象始终只能是一种文本性的关系。不仅对象的存在是一种文本性的存在,就连主体的存在也是一种文本性的存在,人不可能在文本之外涉及事物。离开文本,一切均不可想象。德里达说过:"没有任何东西在文本之外。"[③]尽管德里达的出发点是欲揭示

---

① 参见Irena R. Makaryk, General Editer and Compiler, *Encyclopedia of Contemporary Literary Theory: Approaches, Scholars, Terms*, the University of Toronto Press, 1993, p. 640。

② Jonathan Culler, *The Pursuit of Signs: Semiotics, Literature, Deconstruction*, the University Cornell University Press, 1981, p. 25.

③ Jacques Derrida, *Of Grammatology*, trans. Gayatri Chakravorty Spivak, the Johns Hopkins University Press, 1974, p. 158.

形而上学本身的虚妄性，即他把可识之物统统包括在文本之内，而把如本质、终极之类的形而上学东西去掉，但这一表述同时也说明了文本的能量。任何对象都可以被视为有待破译和解释的文本，意义只能停留在文本的全部的此在之上。

从这里，我们进入了文本的语境（context）之中。语境是文本的一个重要方面，它不仅暗示文本所蕴含的背景，更主要的是把背景作为了文本构造的有机环节，而不是与文本疏离的独立外物。它要说明的是，文本意义的可能性以及这种意义的深层形态。语境如同一个大文本。正如西尔沃曼（Silverman）所说："语境不是文本的一部分，也不同于文本，但它构造文本。语境可以是政治的、历史的、文学的、社会的、文化的等等，尽管其中的许多特点完全被认为是与文本相异的、外在于文本的、与文本不同的。然而，它们与文本相伴随并被文本化了（texted）"。① 文本性与语境互为表里。文本性指文本的向外扩张，表明了文本的同化能力，构造对象的能力；而语境则是文本性的内在内容，表明了文本的内在视野。语境之所以与我们通常所谓的"背景"或"条件"不同，就在于它是显现在文本之中的，是经过文本化处理过的，而不是外在于文本的一种"客观的"东西。所以，语境的基本特征在于它对文本意义可能性的限制及其限度。与语境有关的另一个概念"互文性"（intertextuality）则从不同的角度对文本意义问题进行了进一步的揭示。"互文性"是由美国学者克里斯蒂娃（kristeva）提出并加以阐发的。在文本性泛义地强调外界文本化之际，"互文性"却把文本化进一步嵌入了具体范围和操作之中。"互文性"据说与巴赫金的"对话"理论关系密切。在巴赫金看来，文本存在着横向（主体—接受者）和纵向（文本—语境）两条轴线，由此形成了对话（dialogue）和互渗（ambivalence）两种关系。对话指的是语言本身固有的语言不同层次之间的关系，"是语言生活可能性的领域"；而互渗则指的是"把历史嵌入文本，把文本嵌入历史"。这两条轴线的功能意味着，如克里斯蒂娃所说，"人和文本的建构都是引语拼合的结果，任何文本都是对其他文本的

---

① Hugh J. Silverman, *Textualities: between Hermeneutics and Deconstruction*, Routledge, 1994, p. 85.

吸收和转化"。所以，文本的意义问题可以说就是一个文本与文本的关系问题，是一个先在文本（包括共时的和历时的文本）对后在文本的启示和规范以及后在文本对先在文本的阐释、借鉴和延伸的问题。在《诗歌语言中的革命》一书中，克里斯蒂娃进一步指出："互文性 (inter-textuality) 意味着一个（或几个）符号系统与其他的符号系统之间的互换，因为这个词不能在'起源研究'这一平庸的意义上加以理解，所以我们选用了互换 (transposition) 一词，它恰当地说明了从一个意指系统到另一个意指系统这一过渡所需要的一种新的规定性联结——阐释的和指示的立场。"① 可见，"互文性"具有双重焦点：一方面，文本之所以有意义是因为有其他文本的存在，因为某事已经被先在地书写了，也就是说，一文本从一开始就在其他文本的控制之下，这种控制决不是我们通常理解的那种历史起源式的决定关系，而是一种后者在克服前者的决定性中不断用阐释来完成自我的过程；另一方面，"互文性"把文本放入历史和社会之中，这种历史和社会同样是文本性的，是作者和读者通过把自我植入其中而加以重写的产物，文本在这里起到了一种标志作用。从这个意义上说，"互文性"与其说是对文本与它先前的某一特定文本之间的关系的命名，不如说是文本参与不断变换的文化空间的一种标示。语境通过"互文性"揭示了文本意义的建构方式。

文本理论从根本上为当代西方文学理论和人文科学提供了新的基础，即我们已经粗略讨论过的文本性和语境问题。此外，文本理论的修辞泛化策略也是我们需要加以注意的。在文本理论中，修辞问题已经不仅局限在文学文本之中，而是扩展到了整个人文科学文本，从而形成了整个人文科学文本的修辞化特征。② 从修辞化角度来讨论人文科学的一个基本含义是，任何文本都是修辞性的也只能是修辞性的，其中暗含着或隐或显的非本真性和虚拟性。关于这一点，怀特 (Hayden White) 所提出的语言转义论 (tropology) 就是一个重要的论证。转义论的一个基本前提是对历史事实的真实性和科学性提出质疑。传统认为，事实

---

① 转引自 Susan Stanford Friedman, *Weavings Intertextuality and the (Re)birth of the Author*。
② 注意，这里所谓的"修辞"不是指语句意义上的修辞，而且指一种具有文体风格意义的修辞。

构成历史话语的"身体"而文体只构成它的多少具有吸引力但绝非根本的"衣衫";现代则认识到,写实性文本与想象文本一样,其中的语言既是形式也是内容。所以,历史本身的叙述性成为了决定历史特点的东西。这种叙述性,据怀特所说,可以从两个方面来加以展开:一是它在"外展"方面,即(一)事件固然是在时间中发生的,但把它们整理为特定时间单位所使用的编年代码却不是自然形成的,而是具有特定的文化意义;(二)把事件转化为故事(或故事的集合体),需要在历史学家的文化传统所提供的许多种不同情节结构中进行选择;(三)历史学家的任何论证不仅涉及到事件本身,而且涉及到把事件编写成某一类故事所使用的情节,所以,历史话语的论证是第二级的虚构物。另一是它在"内含"方面,这包括修辞学所提出的"隐喻"、"借喻"、"提喻"和"反讽"等4种比喻,它们与4种基本的文本情节类型相互联系,即(上面提到的弗莱的)传奇、悲剧、喜剧和讽刺。"它们也使我们能更清楚地看到,历史话语无论在它给事件赋予意义时所使用的策略方面,还是在它所涉及的真实性的类型方面,是如何与虚构性叙述相似或实际上相汇集的。"①这种修辞泛化可以说是文本理论是一个必然结果,它潜在地反映了语言和人的存在的泛化,与我们"上篇"论述的两个"转化"密切相关。

由于修辞泛化,文本也必然表现出自身的多样性特征。文本的多样性包含这样两个基本方面:一是文本结构的开放多样性,一是文本阐释的多样可能性。关于前者,文本理论首先解除了传统意义上文学和非文学的界限。尽管卡勒认为,解构所倡导的文本理论并不谋求消除哲学和文学之间的界限,建构一种一般的无差别的文本性,而是强调"对哲学作品的真正的哲学化阅读,……就是把它视为文学,视为一种虚构的、修辞性的结构,它的要素和秩序是由不同的文本需要确定的;相反,对文学作品的最有力和最恰当的阅读就是把它作

---

① 海登·怀特:《"描绘逝去时代的性质":文学理论与历史写作》,拉尔夫·科恩主编:《文学理论的未来》,程锡麟等译,中国社会科学出版社1993年版。关于怀特的"转义论",可参见该文全文。由于篇幅关系,这里只能作如此简要的提示。

为一种哲学的姿态，以取得支撑它的它们所涉及到的哲学对立的意义"①。在我看来，这一解释无论从哪个角度都不能说明哲学与文学之间的不是混淆而是区分的关系。实际上，这一现象充分地反映在整个西方的人文科学的文本中。譬如，在福柯的历史理论中一个最基本的观念就是，摒弃历史知识的传统阐释观念。如怀特指出："他（福柯——引者）拒绝了一切传统历史和科学论述中被当作阐释的'还原'策略，因为在福柯看来，'人文科学一直为话语的修辞所控制，在其中这些修辞构造（不仅仅意指）它们假装研究的对象'。"②拉康的精神分析学具有同样的性质。拉康不同意无意识先于语言，而认为"无意识的原料与语言的原料是相同的，无意识是结构化了的语言"③。所以，在拉康那里，精神分析转化为一种语言分析，从而导致了一种分析的结构化。文本理论的这一特点实际上是在语言与文本同构基础上对文学与非文学界限的抹杀，是以解析意义的方式来理解一切的文本存在。从而，无论是何种文本，只要它是文本，就难以摆脱语言本身的风格气息，即它的修辞特征。哈贝马斯曾指出："字面意义与隐喻意义之间的界线，逻辑意义与修辞之间的界线，以及严肃言语与虚构言语之间的界线，这一切在一场广泛的文本的浪涛中被冲洗掉了。"所以，晚期海德格尔"对阿那克西曼和亚里士多德的文本与对荷尔德林和特拉克的文本并非不同。保罗·德·曼将卢梭与普罗斯特和里尔克的著作不作区分地阅读。德里达对胡塞尔和索绪尔的研究与对阿尔托的研究也并未作出刻意的区分。"④

关于后者，一种文本，它的解释是单一的还是多样的，是存在某种权威的解释，还是各种解释都具有一定的可能性和合理性，这是一个普遍受人关注的

---

① Jonathan Culler, *On Deconstruction: Theory and Criticism after Structuralism*, Routledge, 1989, p. 150.

② 海登·怀特：《解码福柯：地下笔记》，张京媛主编：《新历史主义和文学批评》，北京大学出版社1993年版，第111、116页。

③ Jacques Lacan, "Of Structure as an Inmixing of an Otherness Prerequisite to Any Subject Whatever", in *the Structuralist Controversy*, eds. Richard Macksey & Eugenio Donato, the Johns Hopkins University Press, 1972, p. 188.

④ 包亚明主编：《现代性的地平线——哈贝马斯访谈录》，李安东、段怀清译，上海人民出版社1997年版，第200页。

问题。文本理论的回答是,任何一部作品,一个文本,无论它是文学的、历史的、宗教的、哲学的、伦理的、甚至科学的,都不可能具有某种统一的标准,都不存在客观的权威。因为索绪尔和德里达对于语言本质的揭示,已经从根本上把文本的终极本质根除了。[①]在一个本质虚无的文本中,也就不存在如何寻求文本的真理性问题,也就不可能有一个终极的内涵在等待人们去寻找和发掘。例如,德里达在解构施特劳斯的神话学文本时,就指出过"神话没有统一性和绝对本源,神话的焦点或本源总是闪烁不定、不可实现,是并不存在的影子和虚像。……这种无中心结构的话语,亦即神话,其本身是不会有一个绝对的主体或绝对的中心的"。[②]这里所谓的无中心、无本源也就是把神话放到了一个漂浮的境地,所以人们不可能从神话的背后寻找到什么绝对不变和恒定的东西作为客观标准的基础,从而也就不可能存在所谓的客观标准。文本的这种本质真空,从另一面说,就是语言修辞化的必然结果。因为在对语言的终极本质意义的拆解中,它的最基本的语言表述就是一种非逻辑式的、非"科学式"的修辞性表述。修辞使得语言与表述对象形成了一种虚拟的和想象的关系,一切"真实的"、"确定的"联系都在"隐喻"中被遮蔽乃至埋葬掉了。与此同时,关于文本阐释的合法性必然成为一个根本性问题。合法性的提出暗示着合法性危机的出现。合法性建构是今日西方人文科学的一个最基本的特点和诉求,因为在所谓的本质主义发生危机之后,如罗蒂所言,这种本质或本体可能是某种像上帝、或柏拉图的善的形式、或黑格尔的绝对精神、或实用主义的物理实在本

[①] 德里达认为,海德格尔想表达不可表达的东西的企图,乃是一种想通过发现其意义直接得自世界、得自非语言的词语来摆脱语言的最近的、最疯狂的形式。这种企图自古希腊以来就一直继续着,但却注定要失败。因为语言,正如索绪尔所说,乃是各种差别的表演。这就是说,语词的意义只能来自与其他词的反差效果。例如,"红"只能通过与"蓝"、"绿"等比较才能有其所指的意义。"存在"如果不与"存在物"比较,不与"自然"、"上帝"和"人类",甚至事实上不与语言中所有其他的词比较,就没有任何意义。没有一个词获得其意义的方式是自亚里士多德到罗素为止的哲学家所期望的:成为某种非语言的东西(如情绪、感觉材料、物理对象、理念或柏拉图的形式)的直接表达(参见理查德·罗蒂:《后文化哲学》,黄勇编译,上海译文出版社1992年版,第104—105页)。

[②] Jacques Derrida, *Writing and Différance*, trans. Alan Bass, Rouledge, 1978, pp. 279-280.

身、或康德的道德律这样的东西,也就是德里达所谓的"出场的形而上学",即希望发现某种固定不变的、使我们有可能用认识来替代意见的东西。①在本质主义遭到普遍怀疑之后,人如何在一种空前的没有本质的真空中来确立文本的意义,来确立自我言说的"正确性",这确实成为了一个最基本的又是最令人头疼的问题。尽管这一问题在当代西方解释学中有所思考和解释,但问题的复杂性和难度并没有因此而减少,甚至在纷争中变得更加困难不堪。

整个20世纪是西方人文科学的一个"礼崩乐坏"的时代,从这一宏观的角度来考察文本理论,文本理论在语言本体观的支撑下构造了文学研究和人文科学研究的基本领域,之后又把本体模式用于具体实践,形成了人文科学中最强有力的和最具普遍意义的方法。这实际上在本体与方法之间完成了一场复杂转换。当然,人文科学中是否需要一种本体论,是否需要一种某物之所以为某种的追问,这恐怕需要思考下去,提问下去,尽管这一问题无疑已经超出了文本理论自身的范围,但文本理论所给予我们的无论是本体意义上的还是方法意义上的提示,都是不应该忽视和回避的,也是不能忽视和回避的。

(原载《天津社会科学》1998年第4期,转载人大复印书报资料《文艺理论》1998年第11期、《外国哲学》1998年第9期)

---

① 理查德·罗蒂:《后哲学文化》,上海译文出版社1992年版,"作者序"。

第二编

补替中的缺失
——当代西方文论走势管窥

一、人/语言：救赎与言说

记得艾耶尔(Ayer)说过，整个西方现代哲学是从背离黑格尔开始的。这一断语给了我们一个有力的启示，那就是我们是否可以把黑格尔理解为一种象征、一种传统的象征？或者理解为一面旗帜、一面在整体上与20世纪的理论精神相左的旗帜？在与黑格尔的对照下，我们是否可以更加确切地理解当代人文科学的基本精神？

无论如何，黑格尔的理论具有集大成式的典范意义。加达默尔(Gadamer)指出："黑格尔的哲学代表了试图把科学和哲学作为一个统一体来把握的最后的巨大努力。"[①]黑格尔的理论逻辑表征着唯有科学思想才可能具有的整体性原则、

[①] 加达默尔：《哲学解释学》，夏镇平译，上海译文出版社1994年版，第119页。

严格的逻辑分类原则、明晰的主客观辩证统一的原则，这种对科学精神的把握是通过人来完成的，是人的理性力量的结果。所以，黑格尔的唯心主义精神从根本上暗示着一种人对自身的自恋和自信。在黑格尔背后，我们不难发现站立着一个人，一个十分自信的人，这种自信不仅表现在他已经把这个世界安排得井井有条，而且表现在他坚信人的理性可以包容一切，涵盖一切，人的理性具有全知全能性和不证自明性。那么，人何以这般从容不迫、傲岸一切？这里固然早已没有了中世纪年代里那种神的意志和辉光，但神的启示犹在，"灵魂不死"的自慰和"绝对理念"的自足犹在，而且现世中，人始终处于一种主宰和超越的地位，他拥有着无与伦比的科学所赋予、所支撑的理性、信心和能力。人在科学中走向他本身的哲学境界。倘若用"背离"二字来形容黑格尔身后，黑格尔的幽灵确实已经远离了我们，因为今天的人已经奄奄一息了。

胡塞尔 (Husserl) 在分析20世纪哲学危机时说，哲学危机实际上反映了人的危机，反映了"对理性信仰的崩溃"[①]。尼采 (Nietzsche) 和弗洛伊德 (Freud) 是我们再熟悉不过的两个名字了，他们一个是诗人兼哲人，一个是精神分析学家兼哲学家，他们对20世纪人文科学的影响是举足轻重的。他们把昔日包裹在理性光辉中的人还原为一种永恒的生命冲动和一种无意识的生命暗区。尼采说，我们的宗教、道德和哲学是人的颓废形式，只有艺术真正表征着人，因为人的本质在于它的生命冲动，因为"艺术使我们想起动物活力的状态；它一方面是旺盛的肉体活力向形象世界和意愿世界的涌流喷射，另一方面是借助崇高生活的形象和意愿对动物性机能的诱发；它是生命感的高涨，也是生命感的激发"[②]。尼采认为人沉醉的极致是"裸舞"，这也是艺术的最高境界。尼采对人之本质的认识的生理学和生物学的企图是明显的，他欲把人本体、艺术本体都生理化和生物化，让它们统统返回到最初的生命本能上去。关于弗洛伊德的思想，马尔库塞 (Marcus) 说过这样一段话，弗洛伊德眼中的人的历史"就是人被压抑的历史。文

[①] 参见胡塞尔：《欧洲科学危机与超验现象学》，张庆熊译，上海译文出版社1988年版，第14页。
[②] 尼采：《悲剧的诞生》，周国平译，生活·读书·新知三联书店1986年版，第351页。

化不仅压制了人的社会生存，还压制了人的生物生存；不仅压制了人的一般方面，还压制了人的本能结构"。①文明的缺憾就在于对人的本性（本能）的抑制。弗氏的这种认识是与他对人的本质结构（本能结构）的认识联系在一起的，他对人的本质的分析突出强调了人的生物学、病理学方面，即所谓的"伊得"（id），它是人的本能的中心所在，从种族遗传史中都可以看到它的影子，它是一切心理能的基本源泉，它的唯一机能就是实现生命的第一原则，快乐原则。②人类的一切艺术活动不过是"伊得"的升华而已。所以，尼采和弗洛伊德对传统的人的观念进行了强有力的颠覆。在他们眼里，人的大写意义已经不复存在。人连他自己都难以认识、难以抑制、难以存放，又有什么资格获得唯我独尊的特权和地位呢？当人本身变得扑朔迷离之时，与他相关的一切必然变得晦暗不明，人又如何从自身出发去获得一种科学真理性的价值评判呢？20世纪人性的危机其影响不仅仅在于人本身遭到解构，而且意味着与之密切联系的一切价值观均遭到不同程度的质疑。

当然，人的弱点、人的可悲之处就在于，他是一种追求终极的动物，终极是他的安身立命之本。对人之确定的怀疑、对人之理性的绝望，并没有阻止人对终极的向往。自亚当、夏娃被逐出伊甸家园之后，人无时无刻不在寻求一个梦，那就是家园之梦。人时刻需要一个稳定的家来保存自我、确证自我。这种对终极目的和终极价值的认定和追求使得今日焦虑之人把对确定性的寻找从自我身上挪开，投向了一个新的场所、一个貌似稳定的客观之物——语言。利科（Ricoeur）指出："对语言的兴趣，是今日哲学最主要的特征之一。"③实际上，人的衰微与语言的崛起不仅是当代哲学的主题，而且构成了西方当代文论走势的一个强有力的背景。正是由于语言被置于前景，才可能真正形成文学向文本的

---

① 马尔库塞：《爱欲与文明》，黄勇、薛民译，上海译文出版社1987年版，第3页。参阅弗洛伊德：《文明及其缺憾》，傅雅芳、郝冬瑾译，安徽文艺出版社1987年版。
② 参见弗洛伊德：《精神分析引论新编》第3章，高觉敷译，商务印书馆1987年版。
③ 保罗·利科主编：《哲学主要趋向》，李幼蒸、徐奕春译，商务印书馆1988年版，第337页。

转换、创作向写作的转换，才可能生成由结构而解构的当代西方文论基本思维模式的转换。

确切地说，语言对当代西方文论的根本性影响始于20世纪60年代发生的所谓的"语言学转向"(the linguistic turn)[①]。"转向"的一个基本内容就是对索绪尔语言学思想的重新阐释，这种阐释一方面强调了索绪尔语言中能指/所指的二分学说，能指即是音响意像，所指即是概念，从而把语言的现实对象排斥在语言参照之外，使语言的意义停留在语言内部的差异性之上，表现出一种语言本体倾向；另一方面强调了索绪尔语言学中共时/历时的二分学说，提出共时生成了语言的结构性特点，共时中的纵聚合与横聚合赋予语言以意义，从而语言成为了一种缺乏历史深度的符号系统，流露出形而上学痕迹。在此基础上，当代西方哲学把语言与人的关系进行了历史性颠倒，强调语言的独立性和自主性，强调语言对人存在的先在性。海德格尔有一段名言："是语言在言说。人只是在倾听语言的呼唤并回答语言的呼唤的时候才言说。在我们人类存在物可以从自身而来并和自身一道成为言说的全部呼唤中，语言是至高无上的。语言召唤我们。"[②]语言成为人自我救赎的一棵新的救命稻草。那么，语言真能解救人存在的危机吗？我们如何在语言中挽回人的价值体系的颓势呢？可以说，当代西方文论走势就在这种哲学背景下深深地卷入了人所面临的危机和拯救之中，卷入了意义的寻找和飘零之中。

[①] 关于"语言学转向"，可参见盛宁的《"语言学转向"》(《思想文综》1996年第1辑)一文。他认为"语言学转向"实际分为两个阶段，第一阶段是"语言转向"，它包括分析哲学把传统的哲学问题重新加以表述为"语言逻辑"问题，使"语言"取代了传统哲学中的"思维""意识"以及"经验"所占据的中心位置；也包括存在主义现象学对"语言"与"存在"关系的反思。而真正意义上的"语言学转向"，是我们在60年代以后所看到的，它的基本内容是把语言学作为一种新的认知模式应用于整个人文科学。

[②] 海德格尔：《诗·语言·思》，彭富春译，文化艺术出版社1991年版，第187页。

二、文学/文本：弥漫与悬搁

我们把文学退场作为一个话题提出来，显得有点不可思议。文学，这一延续了几千年的艺术观念，何以会退场？它那旺盛的生命力、奔涌不息的血脉，何以会在今天戛然而止？是危言耸听？还是确有其事？

文学意味着什么？这并不是一个难题，因为我们从历史上承接下来的文学概念足以使我们对文学本身的把握一目了然。首先，作品是作者的产物，作者不仅赋予作品以形式，而且赋予作品以意义，作者对作品拥有至高无上的主导权。所以，韦勒克(Wellek)和沃伦(Warren)说："从作家的个性和生平来解释作品，是一种最古老和最有基础的研究方法。"① 其次，作品与对象的"镜式"关系把文学推到了一个不断追求真实的境地。这种"镜式"关系既存在于作品与作者之间，又存在于作品与观照的对象之间，它规定文学获取意义的途径，规定文学的真实本质。再次，语言作为工具的从属性，使得作品内容上升到主宰地位，即使在雄辩术十分发达的古罗马时期，语言也只能是作为一种突出内容的修辞技巧，形式(语言)的从属地位从未动摇过。内容决定形式，形式服从内容，这既是合情合理的，又是天经地义的。总之，传统文学观念具有一套公认的完整而统一的规则，它以真实为核心，强调现象与本质的统一，强调主体在发挥自我的真实本性中对真实的服从，强调主体的力量在于能够发现和传达真实的信念。它的意义在于人与自然的有效对话中。

然而，背景的转换导致了一种传统观念的式微。卡勒(Culler)说，今日文学之危机，"其主因在于文学本身已经完全被哲学、语言学、人类学、精神分析、马克思主义等占有，同时今日之文学放弃了对文学真义的发掘，而视一切文学

---

① 韦勒克、沃伦：《文学理论》，刘象愚等译，生活·读书·新知三联书店1986年版，第68页。

阐释为均等有效"。①卡勒已经触到问题的实质，即文学的文本化。文本是当代西方文论的一个与背景转换相呼应的替代性的核心概念。然而，要问文本意味着什么？这却是一个并不轻松的问题，因为我们感到，与充实、固定、统一的文学相比，文本简直就是一个空洞、一个万花筒似的想象空间。文本 (text) 取代作品 (works) 耐人寻味。作品的字义简单明确，即指作家的产品；而文本的字义出入甚多，语境也复杂得多。艾布拉姆斯 (Abrams) 说，在"新批评派"的眼里，文本中的作者只是一个无人称的媒介，文字释义只是一个无人称的阅读过程。②由此开始，对文本的挖掘一步步展开，不仅涉及到了主体的权威性，而且对文本与现实的对象性关系，对文本意义的生成机制等统统进行了拓展。如克里斯蒂娃 (Kristeva) 提出的互文性概念，设定了一文本与他文本的互鉴关系，把文学的根源推到文本间 (包括不同质的文本) 的联系之中，把传统文学中的对象性关系冻结起来。克氏说，互文性"在社会和历史中设置文本，这一社会和历史通常被视为作家所阅读的文本，并且通过对它们的重写，作家把自我镶嵌进去。历时转化为共时，由于这一转化，线性历史表现为一种抽象。作家参与历史的唯一方式就是通过一种读写过程，即通过对一个意指结构与另一个与之相连或相对的结构的读写，超越这种抽象"③。克氏的表述与传统文学的表述极为不同，她首先设计了一种文本的优先性，社会和历史也是文本化的，是一种文学书写和印刷的社会和历史。其次人只能通过读写有条件地"镶嵌"其中，这意味着结构生成结构，文本生成文本，人与历史的关系已经成为了一种文本对文本的关系，从而封杀了人的主导性和现实存在的价值。德里达 (Derrida) 则把文本完全封闭起来，对意义的操作只能在文本内部进行。他称，在文本中，"没有其他的要素作参照，任何要素都不可能作为符号起作用。这种相互交织导致了每一个要

---

① Jonathan Culler, *On Deconstruction: Theory and Criticism after Structuralism*, Routledge, 1982, p. 19.

② 参见 M. H. Abrams, *A Glossary of Literary Terms*, Holt, Rinehart and Winston, 1981, "Text and Writing"条目。

③ Julia Kristeva, *Desire in Language: A Semiotic Approach to Literature and Art*, Columbia University Press, 1980, p. 65.

素都是在这一基础上构成的,即在它之内的该系统和链条的其他要素的踪迹上构成的。这种交织所形成的文本是另一个文本转换的结果"。[①]所以,文本成为了在场和缺场不断变幻的场所,是一条永无止境的在差异中分延意义的链条。那么,文本到底是什么呢?在结构主义眼里,文本是一套特定的书写规则,任何主观的东西陷入其中都会泥牛入海;在解构主义眼里,文本是一个相互矛盾的无休止的阅读场所,任何阐释的可能都难以为继;在读者反应批评眼里,文本是一个开放的结构,每一个读者都可以从中找到自己认可的意义,文本决不是只有一种正确的意义……或许,这个名单还可以继续开下去,但这些已经足够了。无论我们怎样去寻找,其结果看来只能是越来越纷繁、越来越难以把握。我们在这种纷繁中所能辨认的恐怕只有一条,即文本就是文本,文本就是一切。

文本的这种特性决定了它对一切书写形式的有效性,文学必然消解在文本的汪洋大海中。文本弥漫而导致的意义悬搁,这一走势已经定格于今日的当代西方文论。

三、创作/写作:缺场与游戏

创作与写作之间的张力是当代西方文论的又一个焦点,也是我们所论的走势的一个更为内在的层面。倘若说,文学文本化从客体的角度揭示了文学存在方式的变化,那么创作写作化则从主体的角度表现了文学主体在审美、体验乃至存在方面的变化。创作与写作,两者虽只有一字之差,但内涵大相径庭。前者表征着一种深刻的文论传统,后者则是对这种传统的否定,一种颇费心思的掏空。

创作的意义通常展示在这样三个层面上,即美学的、历史的、哲学的。创作的美学层面集中表现为风格。巴尔特 (Barthes) 曾对创作中的风格要素进行过精

---

① Jacques Derrida, *Positions*, trans, Alan Bass, the University of Chicago Press, 1981, p. 26.

彩描述。他说，风格是一种自足的语言，它浸入到作家个人的和隐私的神话学中，浸入到这样的一种言语的形而上学中，在这里形成语言与事物之间最初的对偶性关系。风格是一种冲动的而非一种意图性的产物，它很像是思想的垂直的和单一的维面。风格的所指物存在于一种生物学的或个人经历的水平上，而不是存在于历史的水平上，它是作家的事物、光彩和牢房。风格永远是一种隐喻，是作家的文学意向和身体结构之间的一种等价关系。[①]所以，风格构成了创作的基础，创作的一切内涵都会不同程度地折射在风格之上。创作的历史层面集中表现为一种规范和责任。首先，创作所运用的语言结构是某一时代作家共同遵守的一套规则和习惯，它像是一种自然，贯穿于作家的言语表达之中，却又不留任何痕迹。语言结构是一种行为的场所，是一种可能性的确定和期待。它与其说是创作的基础，不如说是它的极限，因为语言结构是一种历史凝聚的结果，具有文化的规约性。其次，创作意味着一种历史的责任。就如同福克纳所言："人之所以不朽，不仅因为在所有生物中只有他才能发出难以忍受的声音，而且因为他有灵魂，富于同情心、自我牺牲和忍耐的精神。诗人和作家的责任就是描写这种精神。"[②]创作的最高的哲学层面证明了人的存在。创作始终是以人的存在为根本目的和旨归的，没有创作中所表现出来的人性因素和人格魅力，文学就难以获得它应有的价值。创作反映了作家的人格力量，它是人所特有的，它把人对事物的理解与人的审美冲动联系起来，把人的美感与人的悟性联系起来，同时，人每时每刻又通过一种目的的设定把自我与外界融合起来，把人的社会价值和社会利益潜在地纳如到自我的存在中，从而不断地创造出创作存在的形而上意义。总之，创作意味人的力量和人的特性，创作把人强化为真正的人的存在。

[①] 参见罗兰·巴尔特：《写作的零度》，《符号学原理——结构主义文学理论文选》，李幼蒸译，生活·读书·新知三联书店1988年版，第68页。

[②] 惠特曼、杰克·伦敦、托马斯·沃尔夫等：《美国作家论文学》，刘宝瑞等译，生活·读书·新知三联书店1984年版，第368页。

人的缺场意味着文学主体意识的丧失，意味着一种文学信念的丧失，创作随之衰落。

那么，在今日的所有文论书刊中充当主角的写作又是怎样一番情形呢？写作一词来自巴尔特。霍桑(Hawthorn)说过，尽管写作在日常法语中很普通，用来指一种"书写"或"写作的艺术"，但是巴尔特旨在提出一个新概念，使之与传统的文学(litterature)(我在这里着重强调的是创作)相对立。[①]这或许从动机方面提示了写作产生的某种原因。我们不妨先来看一下写作出场的革命性意义，这就是巴尔特所谓的"零度写作"论。零度写作"根本上是一种直陈式写作，或者说，是非语式写作"，"是一种毫不动心的写作，或者说是一种纯洁的写作……它完成了一种'不在'的风格"，于是写作"被归结为一种否定的形式，在其中一种语言的社会性或神话性被消除了，而代之以一种中性的和惰性的形式状态"。[②]可见，写作是一种无色的创作。它通过把人的命运委托给一种基本言说来摆脱创作，同时把写作从正统的文学语言程式中解放出来。班菲尔德(Banfield)说："写作意味着一种缺场，一种文学标志的缺场，一种人的能力的缺场……今日之写作是与人、与人的活动离异的产物。"[③]班菲尔德的这一分析乍一看让人有点不解，因为离开了人，文学能够存在吗？实际上，班氏指出的是这样一种情形，即人在写作中已经丧失了昔日之精神以及由此焕发出来的人格力量，所以写作中人的缺场确切地说是一种至高至上的大写的人的缺场，是一种人的理性精神的缺场，人在场如同缺场。基于这一点，写作超越创作，写作解构创作。

德里达对写作的解释也是颇有意味的。表面看来，德里达垂青写作是着眼于根除索绪尔扬语言、抑书写的痼疾，据说这是恣虐西方几千年的形而上学的典型形态之一，这一点与本文所讨论的论题似乎相去甚远。然而，我总觉得这

[①] 参见Jeremy Hawthorn, *A Concise Glossary of Contemporary Literary Theory*, Edward Arnold, 1992, p. 53。

[②] 罗兰·巴尔特：《写作的零度》，《符号学原理——结构主义文学理论文选》，李幼蒸译，生活·读书·新知三联书店1988年版，第68页。

[③] 转引自Jeremy Hawthorn, *A Concise Glossary of Contemporary Literary Theory*, Edward Arnold, 1992, p. 54。

里暗藏着某种东西需要挖掘出来，它与本文的论题存在着某种联系。这种东西又该是什么呢？德里达笔下的写作意味着一种分延，一种踪迹，一种游戏。写作是一种时间里的符号排列，它通过索绪尔所谓的差异把符号的意义一点一点地向后推移，作家也就在这种推移中获得它的快乐；写作中的每一个符号都具有一种垂直的暗示性，它可以不断地在自己的垂直轴上寻求替换，而每一个符号又都是一种历史的凝聚，有着过去、现在和未来所共同作用的混杂不清的意义，作家操纵每一个符号都是在进行一次历史的冒险，都是在一种琢磨不定中自由驰骋。从根本上说，写作是一种游戏，是一种作家参与其中但无从把握自我的游戏。作家迷失在自我设置的游戏中，作家也在这种游戏中走向缺场，因为游戏不是我们传统理解的人做游戏，而是人在游戏，人被游戏。游戏使写作失去了创作的风格意义，失去了创作的历史规范和责任，从而也就失去了人的存在。

四、结构/解构：多极与断裂

在当代西方学界，结构和解构作为一种历史思潮已经成为过去。我们这里重新提起，不仅是指它们的过去，而且是指由具体的历史形态演化而来的一种最基本的理论精神、一种不可磨灭的历史踪迹、一种思想影响力。实际上，是它们表征着今日文论基本走势的思维特征。

把结构主义与当时科学上出现的新方法论，如信息论、系统论、控制论相联系是理解结构意义的一个重要方面，把结构思想如霍克斯 (Hawkes) 那样一直追溯到17世纪的维科 (Vico) 时代也不能说是离奇古怪。对于结构主义，许多大师如皮亚杰 (Piaget)、巴尔特、列维-施特劳斯 (Levi-Strauss)、雅格布森 (Jakobson)、杰姆逊 (Jameson)、卡勒等都进行过大量论述。但是，我相信巴尔特的一段话："我们必须追溯到诸如能指/所指、共时/历时这样一些对立，才能接近到结构主义之所以与其他思维模式相区别的根源。"[①]杰姆逊则进一步表述了类似的意思："结构

[①] 罗兰·巴尔特：《结构主义活动》，王逢振等编：《最新西方论文选》，漓江出版社1991年版，第105页。

主义的独创性在于对能指的关注，它的最基本的操作是把作为研究对象的能指与所指区分开来，结构的基本场所就在能指本身的结构中。"① 应该说，把结构主义本身套在索绪尔头上是欠妥的，但我们可以把它视为是对索绪尔思想的一种现代包装。杰姆逊已经指出过，索绪尔之所以把共时观念突出地提出来，是因为要以此来克服当时流行的新语法学派词源学中所表现出来的唯历时观念，但真正把共时本身作为一种确定的方法，使它获得一种方法论意义，则是当代人的一种需要所致。我相信，结构主义的兴起一方面反映了人文科学中人们对于不确定状态的一种焦虑情绪，萌发出对确定性的需求和寻找；另一方面则反映出科学对整个社会当然包括对人文科学的影响，反映出随着科学技术的发展，人对自我能力的信心。恰恰就是这种焦虑和信心再次搅动起古老的形而上学之活力，再次使其成为了一种人类神圣的目标。那种整体的、中心的、明晰的结构意识无疑就是德里达所说的"逻各斯中心主义"的现代翻版。

结构的力量在对索绪尔的重新阐释中弥漫于几乎所有领域，普洛普（Propp）的民间故事研究，雅格布森的诗学研究，列维-施特劳斯的神话研究，拉康（Lacan）的精神分析学的研究，格雷马斯（Greimas）、托多洛夫（Todorov）、巴尔特的叙事学研究，等等，都成为结构活动的一部分。他们的一个共同的特点就是对具有普遍的意义结构的寻找，就是对一种中心结构的寻找。托多罗夫说："不仅一切语言，而且一切指示系统都具有同一种语法。这种语法之所以带有普遍性，不仅因为它决定着世上的一切语言，而且因为它于世界本身的结构是相通的。"② 巴尔特试图把服装、汽车、菜肴、行为、电影、音乐、广告、家具、报纸标题等这些异质之物统统归于符号结构之下，因为它们都具有统一的符号特性。③ 我们仅以格雷马斯的一项结构操作为例做一个简单的分析，以此来领略一

---

① Fredric Jameson, *The Prison-House of Language: A Critical Account of Structuralism and Russian Formalism*, Princeton University Press, 1972, p. 111.

② 转引自特伦斯·霍克斯：《结构主义和符号学》，瞿铁鹏译，上海译文出版社1987年版，第97页。

③ 参见Roland Barthes, *The Semiotic Challenge*, trans. Richard Howard, Basil Blackwell, 1988, p. 157。

下结构的基本思路和思维模式。格雷马斯在普洛普关注单一要素的基础上，试图进一步归纳出一种普遍的叙事"语法"。他把普洛普的七种"行动项"（1. 反面角色；2. 捐献者［施主］；3. 助手；4. 公主［被寻找者］和她的父亲；5. 送信者；6. 英雄；7. 假英雄）简化成三对相互对立的组合，即主体/客体、送件人/收件人、帮手/对手；这三对组合描述了可能出现在所有叙述中的三种基本程式：（1）愿望、搜索或目的（主体/客体）；（2）交流（送件人/收件人）；（3）辅助的支持/阻碍（帮手/对手）。以此来分析索福克勒斯（Sophocles）的《俄狄浦斯王》，比起普洛普的范畴无疑具有更大的穿透力。（1）俄狄浦斯寻找杀死路易斯的凶手，具有讽刺意味的是，他寻到的确是他自己（他既是主体又是客体）。（2）阿波罗的预言预示了俄狄浦斯的罪恶。特莱萨额斯、尧卡斯塔，送件人和牧人，无论知道与否，都承认它是事实。这幕剧就是关于俄狄浦斯对信息的误解。（3）特莱萨额斯、尧卡斯塔试图阻止俄狄浦斯发现凶手。送件人和牧人无意帮助他寻找。俄狄浦斯本人妨碍了对信息的正确理解。[1]通过以上的分析我们可以看到，格雷马斯研究的一个特点就是采用归纳概括的方法把叙事抽象为几种简洁的组合规则，寻求和确立一种普遍法则。这与列维-施特劳斯所寻找的神话素、巴尔特寻找的符号通则异曲同工。结构的这种对结构性的强调表现出了十足的反人道倾向，西方学者对此多有论述。如塞尔登（Selden）就提出结构主义抛弃了文学作品是作家之"子"的观念，抛弃了我们可以通过作品进入作家的思想和情感世界的观念，还抛弃了一部好的作品讲述人类生活的真实的观念。结构主义主张作者已经"死"了，文学话语并不具有真实性等。[2]结构主义的反历史倾向也是昭然若揭的。兰蒂里夏（Lentricchia）说："结构主义所遵循的是索绪尔系统概念的反历史主义一面，它反复强调的是产生具体叙述的具有普遍意义的叙述模式，这一模式不仅超越了个人意志，而且

---

[1] 这里的分析取自Raman Selden, *A Reader's Guide To Contemporary Literary Theory*, University Press of Kentucky, 1985, pp. 59-60。

[2] 参见Raman Selden, *A Readers's Guide to Contemporary Literary Theory*, University Press of Kentvcky, 1985, p. 52。

超越了文化差异和历史变迁。"①

任何理论范式都是一种历史精神（其核心是哲学精神）的凝聚。在黑格尔及其以前的时代，文学观念囿于一种形而上学的本体观，即崇尚权威，追求终极。它作为文学范式的最基本内涵规范了文学自身的和谐、统一、秩序、明晰的特点。这无疑是历史上存在的科学精神和理性精神直接影响的结果。然而，今天的理论语境已经发生根本性变化：一是科学的发展，爱因斯坦的相对论代替了牛顿力学，海森伯格的"测不准原理"在微观领域强化了爱因斯坦的思想，这就从科学基础上对那种凝固的、单极的思维模式给予了毁灭性打击；二是达尔文、马克思、弗洛伊德对人本身的还原以及对人的异化本质的揭示，把人及其理性从至上的神圣地位拉了下来，撕毁了人的一切面具；三是两次世界大战的爆发从根本上动摇了人的一切传统价值观念，导致了一种普遍蔓延的人性虚无、理性虚无、真理虚无的怀疑主义情绪。显而易见，由笛卡尔提出并在牛顿力学中得以发展的哲学范式已经不再适应现代经验。布来奇（Bleich）指出："库恩的研究表明，我们可能要放弃向前的进化以及绝对真理的观念，因为科学的历史证明，新的范式被设计出来，就是为了满足当前的认识需要，或者是创造出这一范式的那个时代的认识需要。范式的形成是有机体适应性的人类形式，其目的是使人类在任何历史时期都能作为一种生物而更好地生存下去，对于这一目的来说，客观真理的想法是多余的，把人类发展视为趋向完美的进步的观念是多余的。"②这段话非常关键地道出了形成今日理论范式的特点：多极性替代单极性，灵活性替代凝固性，策略替代战略，纷杂替代秩序，等等。鉴于此，昔日的结构主义那种公理式的观念必然难逃解构的命运。

于是，当我们从这里走向解构之时，就已经明白了解构的意义和价值，也就对发生在当代西方文论中这一十分重要转折，它的理论特点、它的思维模式的架构方式，以及未来的发展趋向，有了一个起码的认识。解构首先是对结构

---

① Frank Lentricchia, *After the New Criticism*, the Ahtlone Press, 1980, p. 115.
② 大卫·布莱奇：《主观范式》，周宪等编：《当代西方文化艺术学》，北京大学出版社1988年版，第143页。

开刀的,是以德里达对列维-施特劳斯提出的挑战为开端的。德里达对结构的理论特点和思维方式进行了鞭辟入里的分析。他指出,结构是一种先验模式,一种写作秩序,它的中心的中心性地位决定了结构的存在方式。中心的作用在于引导、平衡和组织结构,无中心的结构在今天看来仍然是不可想象的。然而,也恰恰就是这一中心不仅主宰着结构,而且又逃离了结构,这样一来,在结构之外就存在了一个不受结构控制的绝对物,"所有与本质原则,或与中心有关的命名,总是标明了一种此在的恒量——理念,元始,终结,势能,实在(本质,存在,实质,主体),真实,超验性,知觉,或良知,上帝,人,等等"。[①]这就构成了所谓的形而上学。可见形而上学的历史就是一系列中心对中心的替换,是由这些隐喻和换喻构成的。列维-施特劳斯的神话学研究就表现出这种对结构的信赖。然而,德里达就是在列维-施特劳斯的神话话语中发现了摧毁神话结构的力量:"神话没有统一性或绝对本源。神话的焦点或本源总是闪烁不定、不可实现、并不存在的影子和虚像……这种无中心结构的话语,亦即神话,其本身是不会有一个绝对的主体或绝对的中心的。"[②]德里达对结构的解构还从语言的层面上进一步展开。语言是结构的根基,也是现当代西方文论的根基,解构结构必然解构语言。语言的结构性肇始于索绪尔的语言学革命。德里达对索绪尔的分析复杂而曲折,非本文所能引述,但是诚如斯特加尔(Strozier)所言,德里达把索绪尔的《普通语言学教程》与形而上学紧密地联系起来。[③]面对索绪尔,德里达起码做了两件事:一是颠覆"语音中心主义",一是粉碎语言单义性幻想。所谓"语音中心主义"就是极力强调语音的重要性,视语音(言语)为意义的最直接、最可靠、最完整的表征,而文字则是一种语音的替代品,如同柏拉图"床"的比喻,与真理隔了两层,处于一种被放逐的边缘地位。由于对文字

[①] Jacques Derrida, *Writing and Différance*, trans. Alan Bass, Rouledge, 1978, pp. 279-280. 中文采自盛宁译文。

[②] Ibid, p. 286. 中文采自盛宁译文。

[③] 参见Robert M. Strozier, *Saussure, Derrida, and the Metaphysics of Subjectivity*, Mouton de Gruyter, 1988, p. 161。

的排斥，哲学将自身构造成了一种关于思想和理性的学科，而言语成为了它的直接的表现。正是这种言语的中心性、权威性使得它本身与形而上学的"逻各斯中心主义"难解难分。因为"逻各斯中心主义"把思想、真理、理性、逻辑都视为是自生自在的，具有根本意义上的自明性，所以它们时刻处于哲学的中心地位。阿特肯斯 (Atkins) 分析说，"逻各斯中心主义"设定了一套二元对立的把戏，"如真理/谬误、在场/缺场、相同/差异、言语/书写、存在/虚无、生/死、自然/文明、心灵/物质、灵魂/肉体、男人/女人、好/坏、主人/奴隶等等，竖杠左侧是处于高一等级的命题，从属逻各斯，居于优先地位，而竖杠右侧则标示一种堕落，它是前者的泛化、否定、显形或瓦解"。[①] 德里达在《立场》中表示："要想推翻逻各斯中心主义，就必须颠覆这种等级秩序。"[②] 可见，等级秩序是德里达解构的焦点，中心是德里达瓦解的目标。他正是通过分延、踪迹、补替等概念的阐释彻底摧毁了"等级秩序"的根基、事物的二分架构。至于逻辑中心论，按照德里达的说法，是把单义性作为语言的本质，或者更确切地说，作为语言的目标。没有任何哲学放弃过这种亚里士多德的理想，所以要用某种放弃这种理想的方式来从事阅读和写作。美国的两位文论家德·曼 (de Man) 和米勒 (Miller) 对此做出了决定性的演示和推进，这里无法展示。[③] 但是，我们所应该把握的是，一旦语言的单义性的理想破灭，我们又从何处寻找所谓的中心呢？对中心的放逐从根本上表明了对一种思维模式的放逐。德里达的意义和力量到这里就可以说完全显现出来了。解构使我们获得的是一种平等、一种多元、一种交融、一种互浸，乃至一种无序、一种难解、一种危机，等等。

塞尔登说："如果把结构主义视为一次企图控制人造的符号世界的冒险行为的话，那么，解构主义就是在拒绝这种承诺中上演的一场反冒险的喜剧。"[④] 所

[①] G. Douglas Atkins, *Reading Deconstruction / Deconstructive Reading*, University Press of Kentucky, 1983, p. 20.

[②] Jacques Derrida, *Positions*, trans. Alan Bass, the University of Chicago Press, 1972, p. 41.

[③] 参见盛宁：《二十世纪美国文论》第4部分第6节，北京大学出版社1994年版。

[④] Raman Selden, *A Reader's Guide To Contemporary Literary Theory*, University Press of Kentucky, 1985, p. 72.

以，在解构的理论思路和思维模式余音袅袅的今日，一种主潮文化的时代已经寿终正寝了。在我们眼前所呈现的是一幅斑驳、众声喧哗的景观。赵毅衡在谈到当代西方文论的这种走向时，指出了西方"后学"（后结构主义、后现代主义、后殖民主义）是一种集团利益的体现，是"部族化"的产物的见解。①尽管他对此之嗤之以鼻，但可以说他已经道出了其中的要旨。其实，在当代的西方何止是这"三后"，西方马克思主义、女权主义、少数民族主义、东方主义等都可以说是解构精神的产物，都从解构那里秉承了一种无中心、无权威、多极化的精神实质。这一理论思维模式已经把结构远远地甩在了后面，构成了当代西方文论的奇观。

一百多年前，当尼采宣布"上帝死了"的时候，谁也不会知道没有上帝的日子将来会是什么样子的，又该怎样过。上帝消亡后，它的幽灵和气息在相当长的一段时间里依然存在，尽管已是落花流水，人却还在按照上帝的意志制造着一个又一个中心、高峰、理想、目标，但它们的存在又都不断地"灰飞烟灭"了，留下一个又一个深深浅浅的历史踪迹，它们的存在仍然启示后人的一种欲望。我们固然还可以追问，德里达的"英雄主义"精神还能维持多久？但这一问题的最终答案只能是在人的两种存在方式上寻求，即人的家园式的生活方式和人对现实需要的响应。

（原载《外国文学》1996年第6期，转载人大复印资料《外国文学研究》1997年第1期）

---

① 赵毅衡：《"后学"与中国的新保守主义》，《二十一世纪》1995年2月号。

知识传统批判与后知识话语之可能

西方当代知识景观之一是知识传统观念的式微和全新知识观念的勃兴。这一所谓的全新知识形态,我在此姑且称为"后知识话语"(post-knowledge discourse)[①]。作为一个颠覆性概念,后知识话语的革命性意义不容忽视。本文在简括清理知识传统观念的基础上,试图审辨"后知识话语"之可能及其若干问题。

一、知识传统危机与语言修辞的打造

传统意义上的修辞是语文学的一项内容,指文辞运用技巧,属具体方法范畴。在后知识话语中,语言修辞被提升为知识话语存在的基本方式,这一变化对知识本身固有之性质造成了致命的冲击。

理查德·罗蒂在阐发自我的实用主义后哲学文化之时,把西方知识传统称之为"大写的哲学",认为这种"大写的哲学"在历史上具有两种形态:一是所谓的"先验哲学",一是所谓的"经验哲学"。值得注意的是,罗蒂认为,"重要的一点是要认识到,经验哲学家,即实证主义者,还在从事(大写的)哲学"[②]。也就是说,不仅先验主义属于"大写的哲学",就连经验主义这种表面看似完全不同的东西也被框置于"大写的哲学"之内。我认为,罗蒂的这一思想值得注

[①] 首先需要指出的是,在我看来,由知识到后知识话语是一场具有革命意义的知识变革。知识传统不是由语言构成的,也不是由语言言说构成的,尽管它本身的存在和传播离不开语言,语言本身在知识传统中仅仅是一个游离在外的空洞的工具,对知识本身的性质不具有任何影响力。但话语意义上的"后知识"就大相径庭了。后知识话语是语言地位发生了根本性改变的结果,语言由此成为了知识构建的一部分,语言的陈述和理解对知识的形态和内涵产生着根本性影响。从这个意义上说,知识蜕变为后知识话语,无疑应该引起当今学界的格外关注。

[②] 理查德·罗蒂:《后哲学文化》,黄勇编译,上海译文出版社1992年版,第4页。

意,他给我们指出了一条如何认识知识传统的路径。

在传统知识观念中,形而上学一直占据着重要地位。形而上学的一个最大特点就是它的先验特征,也就是说,它的对象在时空界限之外,在感觉和意识之外,具有非实在性,是一种终极意义上的存在,比如真理、根源、上帝、本质,等等;它的研究方法是在抽象基础上的逻辑演绎和思辨。当代的一大批学者都对形而上学有过类似的不同程度的反思。[①]而经验与先验相对,性质完全

[①] 比如,胡塞尔指出:"对形而上学可能性的怀疑,对作为一代新人的指导者的普遍哲学的信仰的崩溃,实际上意味着对理性信仰的崩溃,这可以被理解为类似古希腊人那里的可靠的知识与广泛流行的意见之间的对立。是理性给予一切被认为'存有者'的东西,即一切事物、价值和目的以及最终的意义。这也就是说,理性刻画了自有哲学以来的'真理'——'自在的真理'——这个词和其相关的词'存有者'……之间的规范的关系。与这种对理性的信仰的崩溃相关联,对赋予世界以意义的'绝对'理性的信仰,对历史意义的信仰,对人的意义的信仰,对自由的信仰,即对为个别的和一般的人生存在赋予理性意义的人的能力的信仰,都统统失去了。"从这个意义上说,后知识话语首先是一种对传统知识采取怀疑乃至否定的态度。胡塞尔说:"怀疑论一再坚持,日常经验到的世界即实际经验的世界的有效性,坚持在这一世界中不能发现理性和他的观念。"(参阅埃德蒙德·胡塞尔:《欧洲科学危机与超验现象学》,张庆熊译,上海译文出版社1988年版,第12-16页。)再如,哈贝马斯对形而上学的基本特征有过这样的描述:首先,形而上学是一种"同一性思想",即"古代哲学继承了神话的整体概念,但有所不同的是,它在抽象的水平上把万物归'一'。起源不再是生动的叙事所呈现的历史谱系的初始场面的开端,即世界的始基;相反,这些开端被剥夺了空间和时间的维度,抽象成了始基,作为无限物,它相对于有限世界,或作为有限世界的基础。这种始基无论是作为凌驾于世界之上的创世主,还是作为自然的本质原因,或再抽象一步作为存在,都形成了一种视角,由此看来,世界内部的事物和事件尽管丰富多彩,但还是能够整齐划一,成为特殊的实体,同时也可以理解为整体的各个部分"。其次,形而上学是一种"唯心论",即"一和全是思想不懈努力的结果……自从巴门尼德以来,抽象的思想同其结果即存在之间便建立起了一种内在联系……理想的抽象本质赋予了存在其他一些特征,诸如普遍性、必然性和永恒性等"。"自笛卡尔以来,自我意识,即认知主体与自身的关系,提供了一把打开我们对于对象的内在绝对想象领域的钥匙。因此,形而上学思想在德国唯心论那里表现为主体性理论"。再次,形而上学是一种"强大的理论概念","到了近代,理论概念失去了同神圣事件的这种联系,从而也就失去了原有的精英特征,逐步退化为一种社会特权。理论所剩下的只有远离日常经验和兴趣的唯心论解释。那种使科学免受地域偏见影响的方法论立场,在德国高校传统中,直到胡塞尔还十分强盛,形成了一种重理论、轻实践的倾向,并有其内在根据。在轻视唯物论和实用论之际,逐渐形成了一种绝对主义的理论观,它不仅凌驾于经验和个别科学之上,而且剔除了其世俗源头所遗留下来的蛛丝马迹,变得十分'纯粹'。这样,同一性思想便自成一个体系,它把自己融入它所把握的整体性,想以此来满足一切前提由自己加以证明的要求。在现代意识哲学中,理论生活的独立性升华成为了一种绝对自明的理论"(参见尤尔根·哈贝马斯:《后形而上学思想》,曹卫东、付德根译,译林出版社2001年版,第29-33页)。

不同。经验在知识传统中之所以具有意义取决于经验科学本身的发展，实证科学的诞生和被广泛认可使得经验本身成为了知识关注的基本对象之一。经验对象是有限的，物质性的，经验通常通过人的感觉和意识来确认对象的存在。初始经验强调的是感觉的可重复性，而后来不断发展的经验则在科学实证性上找到了可信的依据，实证科学通过实验很好地解决了经验领域里存在的确定性问题。这样一来，问题的关键就在于，为何罗蒂把经验这个性质完全不同的概念也归于所谓的"大写的哲学"之中呢？或者说，我们应在何种意义上来认识经验的形而上性质呢？在罗蒂看来，经验主义传统"特别是自伽利略表明可以怎样把时空中的事件置于以前柏拉图认为可能只是对另一个世界有效的优美的数学规律之下以来，还有一些像霍布士和马克思这样的（大写的）哲学家，他们坚持认为，时空构成了唯一存在的实在，而真理就是与这个实在的符合。在19世纪……，站在经验主义一边，也就是认为，自然科学，即关于时空中的事物如何运作的事实，就是所存在的所有真理"。①简言之，经验之所以可以与先验相提并论，经验主义之所以被提到了与先验主义并驾齐驱的地位，其根本原因在于，经验尽管没有采用纯粹逻辑演绎和思辨的方法，没有认定超时空界限之神秘性的根源性意义，但它对所谓的真、善的迷恋，它对事物表面背后本质的渴求，对事物自身发展逻辑和科学还原能力的坚信，无不表明它在思维模式上、在认知架构上与先验思维如出一辙。从这个意义上说，经验哲学的致思方式并没有脱离形而上学的套路，由此成为形而上学"大写的哲学"之一种也就不奇怪了。罗蒂把经验与先验视为知识传统的两种基本形态不乏其深刻的洞察力。

应该说，罗蒂对西方知识传统的分析在某种程度上影响了当代西方学界的致思倾向，从而成为一种比较普遍地被接受的基本观点，也正是由此，学界开始了对自我知识传统的批判性审视和解构，后知识话语应运而生。

罗蒂本人在后知识话语的建构上就不乏实绩。他一直试图在詹姆斯、杜威等学界前辈的知识理论的基础上发展出一套全新的知识话语，并称之为"实用

---

① 理查德·罗蒂：《后哲学文化》，黄勇编译，上海译文出版社1992年版，第4页。

主义"，或可称之为"新"实用主义。罗蒂指出，实用主义只有通过反对"大写的哲学"，从柏拉图主义和实证主义的问题中退出来，才可能找到自己应有的位置。比如，罗蒂通过对知识传统中真理问题的质疑，试图跳出先验和经验所共同拥有的致思模式，从而开拓出后知识话语存在之可能：

> 对于实用主义者来说，真的句子之为真不是由于与实在相符合，因此我们就无须费心去问，一个给定的句子是与哪一部分实在符合（如果是与实在相符合的话），我们就无须费心去问，是什么把它"造成"为真的（正如一旦一个人决定应做什么，他就无须费心去问，在实在中是否有什么东西使这个行为成为履行的正确的行为）。因此实用主义者感到无须费心去问，柏拉图或康德在认为有某个非时空的东西使道德判断为真时是否对，也无须去问是否缺之这样一种东西就意味着这样的判断就成为"纯粹表达情绪的"，或是"纯粹约定的"，或是"纯粹主观的"。①

显然，就实用主义而言，思考这一类问题是毫无疑义的。那么，在撇开知识传统的基本问题之后，什么样的问题构成了后知识话语的问题呢？后知识话语应该用一种什么样的思路来思考问题呢？罗蒂提出了戴维森视域。②罗蒂分析说："戴维森主义看待语言的方式，使我们可以不像笛卡尔的认识论传统，特别是以康德为基础的唯心主义传统把思想实体化那样把语言实体化。因为它使我们不再把语言看作主体与客体之间的中间物，也不是我们用于形成实在图画

---

① 理查德·罗蒂：《后哲学文化》，黄勇编译，上海译文出版社1992年版，第5页。
② 罗蒂指出："戴维森对模式与内容的区分的攻击概括和综合了维特根斯坦对自己的《逻辑哲学论》的嘲笑、蒯因对卡尔纳普的批评和塞拉斯对经验主义的'给予的神话'的攻击。"戴维森的整体论和融贯论表明，"一旦我们把脱离了（大写的）哲学的基本前提，即应把真实的句子分成较高的部分和较低的部分（与某个东西相符合的句子和只是因为礼貌和约定才为'真'的句子）的看法，语用将会是什么样子"（参见理查德·罗蒂：《后哲学文化》，上海译文出版社1992年版，第8—9页）。

的手段，而是作为人类行为的一部分。"①人类行为本身没有一个终极的目的论的东西在起作用，它本身既不具有实体意义，也不构成什么。所以，实用主义的问题意识首先是语言的存在意识，对这种存在意识所设定的价值尺度是功能主义的。用罗蒂自己的话来说，实用主义的标准是"为了某个特别的功能主义目的而构造的暂时支点"。"一个标准（从公理中得来的东西、指针所指向的东西、法律所规定的东西）之所以是标准，是因为需要某些特定的社会实践来封住研究的道路、阻止解释的回归，以便做好某件事情。"②这种对研究道路的封堵，对解释回归的阻碍，成为了实用主义知识话语的基本建构方式，暗示了后知识话语的基本特征。

从这种功能主义的视角，从对研究道路和解释回归的阻塞，后知识话语有了一个比较清晰的致思方式：它首先不需要一种文化和历史的介入和流连，也不需要一种对知识传统中真正本质或实体价值的呼唤。这样一来，知识话语的语用特征首先会被语言修辞所笼罩，因为修辞在相当的程度上把后知识话语的基本特点展露出来了。

在知识传统视野之外对语言进行较早思考的当属尼采，应该说，尼采给后知识话语的打造留下了相当富有启发性的遗产。尼采认为，修辞不应理解为一种语言装饰，也不应理解为从固有本义命名中衍生出来的引申意义。修辞不是语言所派生的或者畸变的一种形式，而是"优秀的语言学范式"。

> 所谓可以用于指涉用途的、非修辞的"自然"语言的事物，是根本不存在的。语言本身就是纯粹的修辞诡计所产生的结果。……语言就是修辞，因为，它的意图只是传达一种观点，而不是一个真理。……转义不能在语言中随意增减。它们是语言最真实的本质。诸如只在某些特定情形下

---

① 理查德·罗蒂：《后哲学文化》，黄勇编译，上海译文出版社1992年版，第9页。
② 同上，第19页。

才能表达其本义的东西是绝对没有的。①

尼采的语言洞见揭示出几千年来西方知识传统对语言性质的误解。德曼指出，尼采对形而上学批判的关键就在于对语言修辞性质的认定。关于修辞问题，罗蒂在论及戴维森的语言理论时也有重要提示。比如，戴维森一反知识传统，明确提出，隐喻除了其字面上的涵义或意义之外不存在另外的涵义或意义。他说："我赞同这样一种看法，即无法对隐喻作出释义，但我认为，这并不是因为隐喻说出了某种就字面上的表达而言过于新奇的内容，而是因为隐喻中根本就没有要去进行释义的东西。""隐喻仅仅属于语言使用的范围，隐喻是通过对语词和语句的富于想象力的运用而造就出的某种东西，隐喻完全依赖于这些语词的通常意义，从而完全依赖于由这些语词所组成的语句的通常意义。"②从这个意义上说，隐喻并不是一个游离于语言之外并对语言的语义产生影响的东西，而只是语言本身必然的一种性质，或者说，语言本身就是一种隐喻。

后知识话语的另一个重要的修辞特质是对语义整体论的强调。弗雷格有一句颇为流行的名言：一个语词只有在语句的语境中才具有意义。这一命题又可以引申出另外两个重要命题：（一）始终不要在孤立的语词中，而只能在命题的语境中去询问语词的意义；（二）始终不要忽视概念与对象之间的区别。彼得·哈克对这两个引申出来的基本命题的解释是：首先，一个表达式代表着什么样的实体，这取决于它的逻辑形式，而其逻辑形式又是由该表达式在语句中出现的模式所决定的。表达式脱离了语句的语境就没有任何逻辑形式，就不会代表任何东西。可见，在表达式的表意中，逻辑形式及其运用模式成为一个关键的东西，而所表达的所谓的对象性实体并不起任何作用。其次，在引入概念语词时，应该注意明确审辨其定义，这样才可能确保表达式具有意义，也就是

---

① 转引自保罗·德曼：《解构之图》，李自修等译，中国社会科学出版社1998年版，第147页。
② D. 戴维森：《隐喻的含意》，A. P. 马蒂尼奇编：《语言哲学》，牟博等译，商务印书馆1998年版，第844—845页。

说，概念不一定是某一对象的表达者，概念的意义来源于表达式的整体关系。[①] 实质上，弗雷格关于语言性质的贡献把知识传统中的语言工具论倾向一扫而光，使得语言背后所谓的实体存在成为虚假之物，语言意义成为一种自身建构的结果。弗雷格的整体性语言观对维特根斯坦的语境论语用哲学产生了重要影响。这里略加一笔。维特根斯坦的独特之处在于，他始终是从语句本身来介入语言的理解和使用的。当然，维特根斯坦对语句意义的理解始终是在整体语用论的基础上进行的。关于维特根斯坦的语用学思想，彼得·哈克做出了如下阐释：

> 对于一个语句的理解并非独立于对于其他相似的语句的理解。一个人可能知道一串汉字符号是一个语句，并且可能像鹦鹉学舌般地那样知道，那个特定的汉字串意谓某某物。尽管如此，我们仍可能否认他理解那个语句，即使他知道这个语句的含义。因为，理解一个给定的语句需要人们理解在语言阶梯式结构中相同"层次"以及较低"层次"的许多相似的语句。在可以说某人理解一个给定语句之前所必须掌握的语言片断的广泛程度，依赖于该语句的复杂程度和该语句所处的"层次"。[②]

可见，语用并非是知识传统中所谓的反映和观照，也并非是一种外在意志的独断。就语言本身的修辞特性而言，语用是一种修辞过程，也就是意义本身。这种全新的语言学思想无疑为后知识话语的可能性打开了一扇充满风景的窗子。在知识传统已经危机之时，在全新的语用修辞观完成了自我的建构之时，寻求后知识话语的合法化之途是必然的，也是可能的。

[①] 参见彼得·哈克：《语义整体论：弗雷格与维特根斯坦》，涂纪亮主编：《语言哲学名著选编》，生活·读书·新知三联书店1988年版，第40—42页。

[②] 同上，第63页。

二、合法化重构与后知识话语之特质

后知识话语在摒弃了知识传统中的真理、本质、上帝等权威性基础之后，它的一切必然包含罗蒂所谓的功能主义性质，这一点也在它为自我建构的语言形态中充分地显现出来。那么，随之而来的问题是，后知识话语如何来确立自己的话语权威呢？换句话说，后知识话语如何在语用中确立自我的合法化依据呢？

合法化重构是后知识话语存在的必要条件之一。[①]利奥塔尔曾就知识合法化指供了这样一个事实：自柏拉图开始，科学合法化的问题就与立法者合法化的问题密不可分。从这个角度看，判断真理的权利与判断正义的权利是相互依存的，由此，科学语言和伦理政治语言也是相互依存的。"知识和权力是同一个问

[①] 关于重新合法化问题，利奥塔尔着重指出了合法化危机的当下语境，即大叙事（包括思辨大叙事和解放大叙事）失去了可信性，知识合法性内在原则受到侵蚀。合法化危机主要表现在：（一）各科学领域的传统界限重新受到质疑：一些学科消失了，学科之间的重迭出现了，由此产生了新的领域；（二）来自"启蒙运动"的解放机制把科学的合法性和真理建立在那些投身于伦理、社会和政治实践的对话者的自律上，而忽视了认知价值的指示性陈述和一个具有实践价值的规定性陈述之间的差异，也就是说，科学话语有自己的游戏规则，但它不可能去统辖实践游戏规则；（三）社会主体本身在这种语言游戏的扩散中瓦解了，因为把这些语言归于一种共同的元语言之下是失败的，用利奥塔尔的话说就是，我们陷入了这种或那种特殊知识的实证主义，学者变成科学家，高产出的研究任务变成无人能全面控制的分散任务。当然，这种对非合法化的批判，实质上来自于谋求合法化的内在动力（参阅让—弗朗索瓦·利奥塔尔：《后现代状态》，车槿山译，生活·读书·新知三联书店1997年版，第82—85页）。此外，合法化概念首先是由韦伯在其社会学研究中提出来的。韦伯从理性统治观念出发，认为一种统治至少要满足两个条件才可以说是合法的。这两个条件是：（一）必须从正面建立规范秩序；（二）在法律共同体中，人们必须相信规范秩序的正当性，即必须相信立法形式和执法形式的正确程序。哈贝马斯由此指出，韦伯关于合法统治的概念，把我们的注意力引向对秩序的合法性信念，以及论证潜力同秩序的实际有效性之间的联系（参阅尤尔根·哈贝马斯：《合法化危机》，刘北成、曹卫东译，上海人民出版社2000年版，第124—128页）。

题的两个方面：谁决定知识是什么？谁知道应该决定什么？"①利奥塔尔对西方知识传统这一特征的揭示无疑是一种具有现代意义的观照，是一种对知识本质在后知识氛围下的认定。与利奥塔尔对知识特质深入发掘十分相近的西方学者福柯，马上也在这里进入了后知识话语的视野。路易丝·麦克尼就曾说过，福柯的知识考古学指出："先于语言而存在并且是全部意义之起源的主体观念是一种产生于结构规则的幻想，这种结构规则支配了'话语构成'。"②也就是在这个意义上，福柯创造了他的所谓的"知识型"概念。③通过知识型概念，福柯为知识话语的存在方式探求出了一种隐蔽的权力型。以监狱为例。18世纪末的西方最终决定把监禁作为惩罚的基本模式，这一模式把人固定在某个特定的区域，强制他们做出特定的姿势，服从特定的习惯，也就是说，通过发展出一整套统治技巧来寻求知识话语的合法性，这就是知识伪饰下的权力，它把监禁的知识话语转换为一种成功的权力化程序。遵循这一思路，福柯指出他本人的真正兴趣是"分析欧洲怎样被制度化为权力"的。仅就科学而言，"如果把科学仅仅看成一系列程序，通过这些程序可以对命题进行证伪，指明谬误，揭穿神话的真相，这样是远远不够的。科学同样也施行权力，这种权力迫使你说某些话，如果你不想被人认为持有谬见，甚至被人认作骗子的话。科学之被制度化为权力，是通过大学制度，通过实验室、科学实验这类抑制性的设置"。④连知识传

---

① 参阅让-弗朗索瓦·利奥塔尔：《后现代状态》，车槿山译，生活·读书·新知三联书店1997年版，第13—14页。

② 路易丝·麦克尼：《福科》，贾缇译，黑龙江人民出版社1999年版，第44页。

③ 福柯分析了他所谓的古典知识和现代知识型的基本特征。关于古典知识型，福柯认为，古典时期的主要问题是，一种符号体系如何以精确的记述和普遍真实性的方式正确地再现世界的本质。因为古典思想假定，组成社会世界和自然世界的基本因素是可以计算的，是能够被理解的，从这一意义上讲，知识完全能够拥有自我的确定性。关于现代知识型，福柯认为，现代知识型的基本特点是，概念本身开始溢出或超出知识作为可见物之表象的古典观念，有序表象的同一性领域的消解，导致了现代思想专注于表象的根源和起源；这时的语言也丧失了它的表象功能，知识在语言所提供的原本是透明的网格中被组织起来，语言不再完全受它的表象性束缚，而是凭借自身的权利获得了一种自我参照和自我存在的性质。(参阅路易丝·麦克尼：《福科》，贾缇译，黑龙江人民出版社1999年版，第53—58页。)

④ 包亚明主编：《权力的眼睛——福科访谈录》，严锋译，上海人民出版社1997年版，第32页。

统中象征着真理和自由的科学都笼罩在权力的阴影之下，难道还能找到任何不被权力异化的知识吗？由此可见，福柯对权力在知识话语中所占据的重要地位的揭示，这不仅是他个人的研究兴趣所致，而是为整个知识存在奠定了一种权力结构。所以，后知识话语之可能也正是在这种权力结构基础上的合法化过程之可能。

让我们把视野再回到利奥塔尔所关注的具体问题上来。利奥塔尔指出，后知识话语的合法化与语言游戏概念是密切相关的。语言游戏是维特根斯坦对语言存在性质的一种隐喻性描述。语用如同游戏，这里的游戏也就意味着规则，一种隐含着权力运作的规则。在语用学中，话语的各种陈述类型[①]都是由一定的具体规则加以确定的。首先，游戏规则在相当程度上是游戏者之间的契约；其次，没有规则便没有游戏，即使改变哪怕一条规则也将改变游戏的性质；再次，任何陈述都应该被看成是游戏中使用的"招数"，而可观察的社会关系就是由语言的"招数"构成的。[②]这最后一条十分重要，因为由此语用问题介入到了整个的社会语境之中，在这种语境中，我们不仅可以观察到规则变化所带来的语用实践的变化，也可以观察到语用合法化祈求中权力的深刻影响力。利奥塔尔对语用合法化和语言游戏概念的分析，实际上包含了这样一个基本的矛盾，即我们如何来理解语用与（权力化）规则之间的关系，两者是通过什么机制来达到彼此的互动和平衡的。语用与语用之语境之间始终存有不可分离的关系，语用之语境，如体制，始终对语用产生积极或消极的影响。利奥塔尔指出：

> 体制需要额外的限制，以使陈述在体制的内部被宣布为是可以接受的。这些限制像过滤器一样影响话语的潜能，阻碍交流网络上可能的连

[①] 话语的陈述类型大致可分为"指示性的、规定性的、评价性的、言有所为性的等等"。参阅让-弗朗索瓦·利奥塔尔：《后现代状态》，车槿山译，生活·读书·新知三联书店1997年版，第34页。

[②] 参见让-弗朗索瓦·利奥塔尔：《后现代状态》，车槿山译，生活·读书·新知三联书店1997年版，第18—19页。

接：一些事情是不应该说的。而且这些限制让某些类别的陈述（有时只是一个类比的陈述）享有特权，这些陈述的主导地位构成了体制话语的特征：一些话语应该说的，一些说话方式是应该采用的。①

从这一视角，我们可以比较清楚地看到，语用中权力机制的重要作用。当然，语用本身作为语言本身的一种存在方式，它也在时刻保持着自我应有的形态，传达着自我应有的信息，也就是说，语用本身时刻都在试图克服语用中权力机制的限制，在具体规则中利用好规则，把自我的潜能充分发挥出来。

当然，问题本身还要复杂。即使语用在自我语境中时刻防范着外在的体制性影响，但语用本身的陷阱也无时无刻不存在。②比如，利奥塔尔提示过的语用中所谓的元叙事问题。元叙事在后知识话语中仍然起着不可低估的作用。利氏指出："真实的知识永远是一种由转引的陈述构成的间接知识，这些转引的陈述被并入某个主体的元叙事，这个元叙事保证知识的合法性。"③应该说，元叙事是形而上学知识传统的遗留物，它在后知识话语中的形态和作用方式已经发生不小的改变，即一方面它在某种程度上与语用的外部机制达成了某种谋合，另一方面它对自我形象进行了相当出色的包装。而这一切则涉及到如何在具体的语用过程处理好两个技术性问题，即论证的丰富性和举证的复杂性。关于论证的丰富性，利奥塔尔认为，为了让后知识话语具有合法性，让受众在共识的基础上接受某套话语，首先需要建构一个语用语境中的公理系统，实质上也就是一种元话语。如果说"元"字思维在知识传统中无须进行任何怀疑的话，在当代后知识话语的语境里，"元"本身就变成可疑之物了，由此也马上会引发一系

---

① 让-弗朗索瓦·利奥塔尔：《后现代状态》，车槿山译，生活·读书·新知三联书店1997年版，第36页。
② 必须提示的是，不论是来自外在的影响还是来自内部的陷阱，这本身都可以说是知识话语生成的必不可少的条件，是一种合理的存在，不具有任何消极的意义。
③ 让-弗朗索瓦·利奥塔尔：《后现代状态》，车槿山译，生活·读书·新知三联书店1997年版，第73页。

列问题：比如，公理系统的标准是根据什么来确定的？是否存在着一个科学的语用模式？公理基础之上的语用是否可以得到有效的检验？利奥塔尔也正是通过对这一系列问题的追问，才引出了他的关于后知识话语合法化的如下结论的：

> 为了让人们接受一个科学陈述而进行的论证，要求人们"首先"接受（事实上根据循环性原则，这种接受在不断地重新开始）那些确定论证方法的规则。由此出现了这种知识的两个显著特征：一是它在方法上的灵活性，即它在语言上的多样性；二是它的语用学游戏性质，游戏中采用的"招数"（引入的新命题）的可接受性取决于对话者之间建立的契约。①

牵强地说，尽管"元"字思维朦胧存在，但也只是一个影子罢了，或者说在形态上发生了根本性改变。这里至少告诉了我们两条信息：首先，后知识话语的合法化是一种语用方式多样性运作的结果，这与我们上一节里提及的语用修辞不无关联；其次，发话人与受话人之间在语言游戏规则上建立起来的契约关系是不可缺失的根本性条件，也就是说，合法化的获取是一种契约约定的结果。关于举证的复杂性问题，利奥塔尔提出了一个与之相关的重要概念，即"性能优化原则"。举证之所以复杂恐怕就在于性能优化原则的介入。所谓的性能优化原则是指"为了获得性能而增加输出（获得的信息或变化），减少输入（消耗的能量）。因此它们是一些游戏，与这些游戏相关的不是真善美，而是高效：当一个技术'招数'获得更多、消耗更少时，它就是'好的'"。②这又意味着什么呢？应该说，语用语境中的举证不是出于知识本身合理性的需要，而是一种技术等外在之物运作的结果。它所遵循的原则不是合理的真善美的原则，而是权力和金钱的原则，是效率和利润原则。由此，利奥塔尔深刻地指出：

---

① 让-弗朗索瓦·利奥塔尔：《后现代状态》，车槿山译，生活·读书·新知三联书店1997年版，第73页。

② 同上，第93页。

> 如果没有金钱,就没有证据,没有对陈述的检验,没有真理。科学语言游戏将变成富人的游戏。最富的人最有可能有理。财富、效能和真理之间出现了一个方程式。①

本来举证在原则上只不过是为了得到科学信息受话者的赞同而进行的论证的一部分,但是它却受到另一种游戏规则的制约,这种游戏的赌注不是真理,而是效能。所以,利奥塔尔也是深有感触地说,人强化了技术,也就强化了现实,因此也就强化了公正和有理的可能性。力量的合法化不仅使性能具有正面意义,而且检验和裁决也都成为其中的游戏。这也不能不说是后知识话语的一个不可剥离的特点。

一旦我们在利奥塔尔对后知识话语合法化的洞见之上反思后知识话语,或许会情不自禁地形成一种真理和公正意义上感叹,当然,这样说并不是要从根本上否认后知识话语的价值所在。从知识话语到后知识话语,这一过程就已经是极其艰难的了,后知识话语本身需要的不仅仅是批判,而且还需要认真地转换、解释和游戏。

三、伦理诉求与后知识主体

在后知识话语与知识传统发生决裂之后,知识生产者的角色也发生了不同寻常的变化。这一点最明显的表现就在于,知识生产者由过去的真理的发现者和代言人身份走向了对知识话语的想象性建构,也恰恰就是这种想象性建构又引发了另一个当代知识界难以回避且越发突出的问题,即知识伦理问题。我们知道,昔日的知识生产者的一个最大特点是,他本身没有主体问题,他本身不

---

① 让-弗朗索瓦·利奥塔尔:《后现代状态》,车槿山译,生活·读书·新知三联书店1997年版,第94页。

占据主体地位，而更多地是把自我融入到他所崇拜、维护和代言的上帝、真理、本质和群体之中，所以，他所诠释、所宣传乃至所领悟的知识都是有终极根据的，其真理性也是不容怀疑的。然而，在知识传统观念式微之后，我们如何来确定知识话语的价值，如何来判别知识话语的有效性，如何来重新建构知识话语的合法化，就不能不为整个知识界所面对，伦理诉求也越发显现出它的重要地位。

塞利姆·阿布指出，在康德赋予理性在道德领域行使自由支配权之时，科学主义则预设了一个所谓的"推理者共同体"，就是说，任何个体必须寻求共同体的认可才可能在相互承认的基础上获得共识，共同体意识在某种意义上成为了科学话语的一项最基本的准则。这也是哈贝马斯所不断关注的理论焦点。哈贝马斯充分注意到了黑格尔的先验主体在本质上是主体间性的观念，因此提出道德推理必须在所有参与者中间寻求一致的规范才会有效。[①]可以说，一致的有效性既覆盖了事实性真理的领域，也覆盖了价值性陈述的领域。哈贝马斯指出，对真理要求的偿还和兑现是不能靠把表达与现实进行直接对比来实现的。命题不像图画，图画与它所表达的东西多少有些相像，但真理与现实不存在可比性，它们之间的联系只能在陈述中表现出来。所以，所谓的真理只能以人们之间见解的一致来加以定义。当然，哈贝马斯已经充分地意识到，建构所谓的合理共识是相当困难的，因为共识本身就已经在某种程度上包含或认可了不同的受社会存在制约的立场，包含了社会制度和文化秩序的相关的正当性论证。而且更为值得关注的是，承担社会制度和文化秩序之正当性论证的所谓的知识生产者都已经在某种意义上变成了不问价值关切的技术性专家。这样一来，人们不禁要问，社会制度的自由，公义程度和文化秩序善的程度，交给谁来料理？知识话语如何通过建构必要的伦理机制履行好自我应有的社会职能？

其实，知识传统中关于知识性质的论争就一直没有停止过，它们从不同的

[①] 参阅塞利姆·阿布：《伦理学的自然和哲学基础》，雅克·施兰格等：《哲学家和他的假面具》，徐友渔选编，社会科学文献出版社1999年版，第161—164页。

角度涉及了知识性质和知识建构的伦理问题。关于世界观与知识伦理的关系问题就是比较重要的一个理论视角。据刘小枫提示，世界观理论是由洪堡最先引入知识界的，狄尔泰把这一概念用于考察历史哲学，舍勒则把它变成了一个知识社会学问题。当然，其中的问题相当复杂，非三言两语能道明。我所感兴趣的是，狄尔泰和舍勒关于这一问题的思考对哈贝马斯知识话语的伦理思想所产生的影响，或者说，他们对知识伦理的奠基作用。与马克思基于知识演化的进步论，强调意识形态结构中的阶级冲突性因素，由此引申出关于进步或反动的社会批判性理论不同，狄尔泰关于世界观类型的思想排除了思想史观的进步独断论，从而使各种世界观的历史冲突不再是进步与落后或真实与虚假的冲突，而是类型的冲突，也就是说，狄尔泰的世界观理论既包含着生命欲求的心理学层面，也包含着历史和社会的人类学层面，每一种世界观表达的只是整体的一个片断。这种类型冲突的基础或许就是维柯所说的"所有的真理都是制造出来的"，永恒真实的理念并不存在，有的只能是与社会生活的实在结构相适应的历史相对的真实理念。狄尔泰的知识论思想为舍勒提供了一个致思路径。舍勒在自我的知识伦理学思想中总是不断地摒弃知识传统中根深蒂固的终极冥想。比如舍勒在狄尔泰的启示下抵制马克思主义的意识形态论，因为马克思的失当之处在于，他把无产阶级群体利益视为具有普遍意义的历史绝对性诉求。舍勒则从存在于历史和社会空间的不同群体类型中发掘出他们本身具有的结构价值。[①]

也正是这种舍勒所谓的群体类型的公共历史和社会空间成为知识伦理学存在的可能之地。哈贝马斯认为，在主体间性的框架之内，陈述的真理性条件是其他人的潜在的同意，也就是说，规范的有效性或表达主体情感的真诚性尽管不能与命题真理相混淆，但道德与真诚对事实陈述的介入是不容忽视的。从哈贝马斯的交往理论着眼，语言行为具有内外两部分：内部是指语言行为的可理解性、正确性、真诚性等原则，外部则涉及诸如谁有权参与和按什么程序参与等问题。显然，后知识话语的伦理问题在哈贝马斯那里首先是如何达到内部原

---

① 参阅刘小枫：《现代性社会理论绪论》，上海三联书店1998年版，第257—270页。

则与外部原则的契合,其次需要进一步考虑主体知识活动的基本立场。

我在前面已经提及语义学向语用学的转换,这种转换在哈贝马斯那里可以得出如下的结论:"命题有效性问题不再是一个有关语言与世界的客观关系问题。言说者依靠有效性要求提出了它的表达的有效性条件,但有效性要求同样也不能只从言说者的视角加以定义。有效性要求的目的是要通过言说者与听众建立起主体间性的承认关系;它们只能用各种理由,即话语来获得兑现,而听众则是用具有合理动机的立场来对它们做出反应。"[1]从语用的意义上说,陈述的可理解性、正确性和真诚性都是主体间性的一种有效契约。这种有效契约的伦理内涵在于:一是陈述中的命题从以言行事的空间中脱离开来,有效性条件放弃了对命题的依附,这样一来,有效性问题所面对的也就不可能是昔日的语言与客观世界之关系之类的问题了;一是个别的陈述行为与以合理性为基准的有效性结构联系起来,主体间性达成了一种互动的交往模式,也就是说,互动的参与者就他们之间的言说行为的有效性达成一致,他们作为主体彼此承认可以批判检验的有效性要求。应该说,有效性概念展露出主体间性的伦理意味,但在公共交往机制方面还暗伏着一个不应忽视的问题。哈贝马斯也有所注意。比如,他就说过这样的话,主体通常具有某种本体论前提,他必须面对一个客观世界,在此世界中,他才能认识事物,才能有目的地参与到这个世界中来。

更重要的是,依赖于文化价值观的那种有效性要求不能像真理性要求那样超越地区性的局限。文化价值观不具有普遍性,就像其名称所表明的,它们只能在特殊群体的文化和生活世界的范围内有效。一种价值观仅仅在特殊形式的生活途径中才是合理的。[2]

---

[1] 尤尔根·哈贝马斯:《后形而上学思想》,曹卫东、傅德根译,译林出版社2001年版,第123—124页。

[2] 转引自威廉斯·奥斯维特:《哈贝马斯》,沈亚生译,黑龙江人民出版社1999年版,第45页。

正是从这个意义上，后知识话语的伦理立场还必须考虑主体自身的位置和主体间性建构的可能性：主体如何在语用交往活动中进入自己的给定角色，主体如何在参与交往的过程中把自我的理解、真诚等转换为一种公共空间，达到语用的一致有效性，主体如何在文化价值的差异中保持一种彼此的可理解性，这些无疑都是后知识话语的伦理学难题。当然，哈贝马斯对这样的问题提出了不少设想。①比如，他认为，任何语用的交往行为都不可避免地要建立某种合理性概念作为基础，尽管合理性概念的提出本身具有某种危险性，因为理论的有限性通常被它的普遍性所遮蔽。但无论如何，交往经验的共同设定还是不可或缺的，意义的理解以经验为前提，经验通过对交往行为采取的态度而获得理解的可能，主体也总是可以通过经验交流和某种共通性寻求到公共空间中的应有之意。所以，相互连接的语用性交往在具有文化和历史背景的主体的可理解性中完成了一次伦理意义的整合，后知识主体也在这种整合中完成了自我的伦理义务和责任。哈贝马斯的这样两段话还是具有启示性的：

  对于交往行动模式来说，语言只有按照实用主义的观点才是重要的。发言者在符合理解的原则下运用句子时，与世界发生了关系，……他们不再直接地与客观世界、社会世界或主观世界上的事物发生关系，而是按照他们运用的表达被其他行动者所驳斥的可能性，相对地进行表达。理解，只是按照内部活动参与者，对所要求运用的他们的表达意见一致，就是说，在主体内部承认他们相互提出的运用要求，才作为行动合法化的机制，发挥作用。②

---

① 应该说，社会交往理论是哈贝马斯努力建构的后知识话语形态，他的厚厚的两卷本的《交往行动理论》正是他的这一思想的阐释和说明，由此，他把后知识形态由语义型发展成为语用实践型。我在这里无法重复哈贝马斯相当复杂的理论构想，而只能是就我所设问的思路来十分简要地提及哈贝马斯有关思想的若干要点。

② 哈贝马斯：《交往行动理论》第一卷，洪佩郁、蔺青译，重庆出版社1994年版，第140页。

一种状况规定制定一种秩序。借助这种秩序，交往参与者往往把行动状况的不同因素安置于三种世界之中的一种世界，并且从而包括了他们以前所解释的生活世界的现实的行动状况。一个对手的状况，乍看起来与自己的状况规定不同，但却提出了自己类型的问题，因为在合作的解释过程中，没有任何参与者可以占有解释的垄断地位。对于两方面来说，都存在着解释的任务，就是说，都要把其他人的状况解释，变成自己的状况解释，并且是安置修正了的观点，按"他的"外部世界和"我的"外部世界置于"我们的生活世界"的背景之前，而与"世界"相对照，从而可以充分地掩饰相互不同的状况规定。①

我愿意把哈贝马斯的这两段引文作为本文的一个临时性结语。后知识话语中的伦理诉求应该说仍然是一个需要不断思考的问题，它与后知识话语在今天的建构和发展有着相互制约的作用，因为无论从何种意义上说，操持后知识话语言说的后知识主体都应该有一种自觉的伦理意识，有一种重构后知识话语合法化的立足之点，从而为一种理论的思考开拓出更加坚实的基础和空间。

（原载《文史哲》2004年第6期；转载人大复印报刊资料《外国哲学》2005年第2期；收入王学典主编《知识论与后形而上学：西方哲学新趋向》，商务印书馆2011年版）

---

① 哈贝马斯：《交往行动理论》第一卷，洪佩郁、蔺青译，重庆出版社1994年版，第142页。

后现代科学发现的人文意义

1985年，中国学术界发生了一件在当时并没有引起特别注意但其后影响深远的事。这一年杰姆逊教授应北京大学比较文学研究中心和国际政治系的邀请在北京大学开设了三个月的专题讲座，授课内容如后来出版著作的标题，"后现代主义与文化理论"。其时的后现代主义在西方学术界（尤其是美国学术界）也还刚刚成型，作为美国后现代主义研究的重要立法者之一的杰姆逊来到改革开放起步不久的中国，传授西方学术前沿的新的"真经"，其超前性是可想而知的。其实，比人文后现代登陆中国稍早，科学领域的后现代观念也被中国学术界捕捉到了，只不过当时还没有意识到要与后现代这一术语挂起钩来。

我的印象是，20世纪80年代有两位西方科学家（或科学哲学家）在中国学术界有点火，一个叫库恩，一个叫海森堡（或译海森伯格）。库恩因为提出"范式"（paradigm）理论而引起中国学人的重视，[①]而海森堡则是因为所谓的量子力学而变得耳熟能详起来。如果说库恩的思想还属于现代语境下的结构主义的话，海森堡则可以说是比较典型的后现代科学哲学家。量子力学是一门非常专门化的学科，是一门挺高深的学问，非一般人所能企及和理解，可当时在中国搞人文学科的人偏偏对此产生了兴趣，而且试图通过它来解决当时中国人文科学发展所面临的危机。这一点说明量子力学确实会有比较实在的跨学科的用处，能够跨越科学与人文之间的鸿沟而对新的人文观念的确立提供难得的帮助。那么，这实在的用处又是什么呢？随手翻一下金观涛当年出版的一本小册子就可以领略

[①] 库恩的《科学革命的结构》一书早在1980年就由上海科学技术出版社出版了中译本，由李宝恒、纪树立翻译。

其中的些许奥秘。金观涛以"人的哲学"作为书名,非常敏感且充满意味地站在革故鼎新的立场上,颠覆性地反思流行于西方乃至中国的思维观念,尤其是认识论传统,也就是说,对客观性和独立于人而存在的纯粹客体提出质疑。这样一来,他的视野里就出现了海森堡的名字。海森堡成为他确立人的哲学的一个重要的来自科学的实例。他在谈及海森堡是这样说的:"海森堡解释的关键在于:他认为当人们不观察电子时,专谈电子是什么是没有意义的。也就是说他在哲学上取主观唯心主义的立场,即电子的存在是因为我们观察到它,我们不能离开人的感知(包括使用眼、手和各种感官的延长——仪器)来谈事物的性质。那种独立于我们感觉和意识之外的客体或性质只是一个古老的幻梦。"①这一说法意味着什么?我想至少可以从两个方面加以诠释。金观涛的用意首先是以此来动摇传统的客观化思维模式,因为在海森堡的量子力学的理论预设中,外界无法具有所谓的客观性和独立性,事物的性质与人密切相关,确切地说,离开了人的存在和感觉,谈不上事物的存在。其次是动摇传统的认识论思维模式,认为传统认识论对象的独立性和客观性是虚幻的,人没有必要也不可能去确认对象的客观性,对象的存在是人的存在的一种结果。人与对象的认识关系只能是一种人参与其中的建构关系。当然说到人的问题,涉及到唯理主义和唯心主义的问题,事情本身还相当复杂,非我在这里所能一一说明。问题在于,从科学发现的立场出发来动摇人类传统的思维模式,这一思路的获取从表面看来是最有说服力的,尤其是对人文学科来说。当时中国学术界是认识论一统天下的时代,尤其是在马克思主义的旗帜下加上科学修辞的叙述,使得认识论和在认识论基础上建立的真理观根深蒂固。通过新的科学发现来反对既定的"科学"观念,这不能不说是当时一部分中国学人不得已而为之的行为。现在看来,量子力学属于西方后现代的科学观,而中国学人在当时把它作为批判的武器运用于中国学术界的革命,实质上已经开始不自觉地用后现代立场来反对和瓦解现代性,只不过问题是中国化的,语境是中国式的。

---

① 金观涛:《人的哲学》,四川人民出版社1988年版,第6—7页。

在中国人文学界转向科学后现代去寻求打破传统理论之际，西方发生了一件非常类似的但引起巨大轰动的学案。事情是这样的。1994年11月，美国著名的人文科学杂志《社会文本》收到一篇来自索卡尔(Alan Sokal)的文章，题目是《超越界线：走向量子引力的超形式的解释学》。据说索卡尔是美国的一位物理学家，搞量子力学的。他宣称："在这篇文章中，我的目的是通过解释量子引力的最新发展，更进一步发展上述分析：在这一物理学中的新兴分支——量子引力中，海森堡的量子力学和爱因斯坦广义相对论被综合和替代了，正如我们将会看到，时空的流形终止了作为客观物理实在的存在；几何变成了相对的和语境式的，以往的科学的基本的概念范畴(其中，包括存在自身)已经变成尚存疑问的和相对的。我将会证明，这种观念上的革命，对于一种未来的后现代和具有解放意义的科学的内容来说，具有深刻的意义。"[①]我想任何一位人文学者尤其是持有后现代立场的人文学者在读到这样一篇文章之后都会眼睛一亮，因为文章的内容太具有吸引力了。一方面，文章本身所涉及的问题是人文学界近20年来一直在讨论的问题，或者说，人文学界的后现代话语的基本逻辑前提和理论思路在相当大的程度上都是建构在索卡尔还想继续推进的后牛顿时代的自然科学理论预设之上的；另一方面更具有吸引力的是，这是一篇直接来自科学家的文章。以往自然科学的新理论和新发现能够旅行到人文学界，都是人文学者本身努力采集的结果，其中所跨越的科学障碍是非常艰难的，也常常会出现理解和应用上的疏漏，而且也缺乏应有的理论说服力。而这一次真的是让《社会文本》的编辑们大感开心了。他们所提倡和建构的人文后现代的观念和理论又一次得到了来自科学领域的科学家的直接而有力的支持。《社会文本》副主编安德鲁·罗斯(Andrew Ross)很快就代表编辑部给索卡尔发去了一个电子邮件，称这是一篇"十分有趣的文章"。据说索卡尔和罗斯都是纽约大学的教授。纽约大学的物理学系并不出名，但罗斯在文化研究领域却很有影响，在某种意义上是后

[①] 索卡尔等：《"索卡尔事件"与科学大战——后现代视野中的科学与人文的冲突》，蔡祥等译，南京大学出版社2002年版，第3页。

现代主义文化思潮的一位代表。《社会文本》1979年创刊，由斯坦利·阿诺罗维兹(Stanley Aronowitz)、约翰·布伦克曼(John Brenkman)、弗雷德里克·杰姆逊(Fredric Jameson)等人主编。发展到1990年，《社会文本》已经成为文化研究学者最向往的杂志之一，在文化研究界享有很高的声誉。如美联社称之为"一份受人尊敬的社会科学杂志"。《纽约时报》称之为"善于在文化论战领域中创造一种趋势的杂志"。《华盛顿邮报》称之为"一种后现代社会科学杂志"。《波士顿太阳报》称之为"一个左翼批判研究的代言人"。[①]《社会文本》在人文学界如此高的地位，使得索卡尔把自己的目光定位其上，索卡尔的文章在《社会文本》上发表成为"索卡尔事件"的开端。

《社会文本》的编辑们完全没有想到的是，索卡尔的文章是一篇如他自己所说的"诈文"。在随后发表的《曝光：一个物理学家的文化研究实验》一文中，索卡尔道出了自己撰写这样一篇文章的动机，即对当前人文学界日益盛行的相对主义和主观主义的担心。他对自己的这篇"诈文"的剖白也十分令人震惊：

> 我的文章的最基本的愚弄之处不在于它那大量的错误，而在于其中心论题的可疑性以及引证来支持它的"推理"。我声称量子引力——在1厘米的1/10的尺度上的一个猜测性理论——有着深刻的政治意义(当然是进步的)。为了证明这一不可靠的命题，我引用了现在还有争议的海森堡与玻尔的哲学观点，断言(并没有论据)量子物理学与"后现代认识论"存在着深刻的一致性。其次，通过含糊的"非线性"、"流量"和"相互联通性"等花言巧语，把德里达与广义相对论、拉康和拓扑学、伊里伽莱和量子力学拼凑成一个大杂烩。最后，我一下子得出(再次毫无根据地)"后现代科学"已经抛弃了客观实在性的观念的判断。所有这一切都不是思维的逻辑结果；人们只能发现权威的引言、诙谐双关语、牵强附会的类比和毫无根据的大胆断言。

[①] 参见索卡尔等：《"索卡尔事件"与科学大战——后现代视野中的科学与人文的冲突》，蔡祥等译，南京大学出版社2002年版，"编者前言"。

在其结论中，我的结论是异常得惊人，由于抛弃了作为对科学限制的一种实在，我继续（再次毫无根据地）提出，科学为了具有"解放的意义"，必须服从于政治的计谋。①

索卡尔看来是这样一位物理学家，或者说是这样一位科学哲学家，他有比较宽阔的人文视野，更有比较深厚的知识来整合科学与人文之间的分离，使得两者的联系起码具有表面的合理性，符合人们的认知常识和期待，也使人们相信他提供的后现代科学观念确实能够作为人文后现代的最坚实、最可信赖的基础。索卡尔本人也解释了为什么他的文章会如此强烈地吸引《社会文本》的编辑们，或者说，《社会文本》的编辑们为什么会如此轻易地被他的"花言巧语"所蒙蔽。索卡尔认为，他的这篇"诈文"有两个诱人的特点："(a)它听上去很不错；(b)它迎合了编辑们在意识形态上的偏见。"②这两条理由看似简单，实际上包含了非常深刻的含义。关于第一条理由，索卡尔所说的"听上去不错"，我的理解是索文给人的感觉是科学性十足。一个最直接的证明是，索文之后所附的参考文献的篇幅超过了正文。当罗斯请索卡尔对此进行必要的删节时，他拒绝了。拒绝的理由也是非常地不容置疑。索卡尔说，如果这些参考文献被部分删除，那么就"敞开了被有某种倾向的科学家进行无情的攻击的大门"。言外之意是，参考文献与正文构成了一个有机的整体，它不仅为文章中的观点和论证提供了非常重要的学术背景，成为学理和观点的资源，而且在相当程度上也体现了一种治学精神、一种非常严谨的科学态度。科学性在这里又一次以公正、真理的形象成为征服人的力量。(注意这里存在的悖论：一方面《社会文本》杂志的编辑们鼓吹和追求的是后现代主义，另一方面他们的潜意识里仍然被"科学"形式所凝固、所左右。)关于第二条理由，所谓的"编辑们在意识形态上的偏见"又是怎样的一种意味呢？在后来索卡尔

---

① 参见索卡尔等：《"索卡尔事件"与科学大战——后现代视野中的科学与人文的冲突》，蔡祥等译，南京大学出版社2002年版，第59页。

② 同上，第57页。

与比利时物理学家布里克蒙特(J. Bricmont)合作发表的一篇文章中，他们明确道出了这种意识形态偏见的内涵。他们指出，在一些学术圈中(这些学术圈包括人文科学、人类学以及科学社会学的相当部分)泛滥着某种哲学，"这类哲学认为：所有的事实都是'社会性建构出来的'，科学理论不过是各种'神话'或'叙事'，科学争论最终可以借助'修辞学'或'结成同盟'得以解决，真理仅仅是主体之间的相互一致的见解"[①]。应该说，从19世纪末以来，相对论、量子力学、混沌理论等后现代科学理论和观念的诞生从根本上冲击了培根、笛卡尔、牛顿等人建立起来的传统的科学观念。"后现代科学更多地转向了可能性和统计学规律，并且脱离了绝对的确定性；它拒绝了有关一种固定的不可变动的秩序和绝对真理的观念，从而支持了关于演化着的复杂性和可能性的概念；它打破了机械主义和机器隐喻，肯定了有机论和生物学模式，从而从一种自我封闭的和不可改变的宇宙观转向了一种始终存在着变化和演化的开放的、自组织的、动力学的宇宙观。"[②]这种来自科学内部的变化得到了整个社会的时代性变迁的支持和强化。科学不能不与现行体制、政治权力、支配范式等密切相关。这或也就是被贝斯特等人称为"三人帮"之一的索卡尔所谓的科学的意识形态偏见的基本内涵。这是一种离奇怪诞的激进相对主义思潮！《社会文本》杂志和编辑们应该说在这一思潮中充当着相当重要的角色，他们不仅是传播这一思潮的有利工具，而且也是激进反传统的急先锋，是人文后现代的一个堡垒。作为一位以探索科学真理、探索世界本真为己任的科学家，我想索卡尔最不能容忍的就是任何怀疑主义、相对主义的理论倾向，而这一倾向是笼罩在科学和人文后现代名义之下的。

索卡尔的立场十分清楚。他坚决反对所谓的后现代科学观，反对把科学庸俗化为一种论证后现代主义合理性的工具。他作为一位科学家对科学相对主义的忧虑、对传统真理观被瓦解的担心、对自然和客观实在丧失的迷茫，是否应

[①] 索卡尔等：《"索卡尔事件"与科学大战——后现代视野中的科学与人文的冲突》，蔡祥等译，南京大学出版社2002年版，第65页。

[②] 斯帝芬·贝斯特等：《后现代转向》，陈刚译，南京大学出版社2002年版，第296页。

该引起持后现代立场的科学家和人文学者的警觉和反思呢？更为重要的是，索卡尔的文章不是发表在科学类的杂志上，而是发表在人文科学的杂志上。当他把目光从科学本身移开而投向人文，他不能不感到一种作为科学家的压力，因为今日的后现代人文科学正在（后现代）科学的旗帜下建构着自己的理论殿堂。后现代人文科学对传统人文观念的任何一次解构，都是在后现代科学所提供的强有力证据的名义下进行的，更有甚者，人文科学家的这种后现代的建构企图正在整个的科学领域（包括自然科学领域）产生着日益严重的影响。科学真的要担起这样的"荣誉"吗？科学能够担得起这样的"荣誉"吗？索卡尔挑战的意义不在于他所采取的形式，也不在于他对后现代科学观念的深恶痛绝，而在于这一挑战直接跨越了学科界限，在人文科学领域引起了极大的反响。西方人文领域的学者们之所以对科学如此感兴趣，之所以把科学作为自己进行理论思考和变革的支撑点和杠杆，如同20世纪80年代的中国人文学界，不仅在于科学在人们的心目中具有举足轻重的地位，科学真理性的惯性至今还左右着人们的思维无意识，更在于西方科学经过几个世纪的发展，在20世纪前后出现了重大变化，而这一变化对人文科学新观念的确立具有重要的作用。从这一点出发，我们撇开索卡尔提出挑战的具体内容，以及索卡尔挑战的具体语境，"索卡尔事件"本身引申出的问题是，我们到底应该如何来估价后现代科学发现对人文科学所具有的意义，或者说，我们有什么权力来利用后现代的科学发现为人文科学的更新提供保障。

人文与科学，尽管我们可以说在西方近代以来一直处于相互交织、相互促进的状态，但实质上科学技术的进步使得科学一词逐步成为了一个具有包容性且占据主导地位的概念，也就是说，在人文与科学两者之间的关系中，科学长期以来一直处于至高无上的地位，具有君权神授般的权威。由于研究对象的不同，科学与人文有所区别，但科学主宰着致思模式和致思目的，人文的存在最终只是从具体学科上为科学的合理性提供证明。科学使人想到的是确定性、连续性、稳定性、真理、实在、绝对、唯一等的概念。科学概念不仅是历史性的数学和机械的产物，也是人们从自身的理想出发，希望通过思维中概念的确定来确定对象，来控制我们身外的自然和社会的愿望。所以，在科学和技术获得高速发展的几个世纪里,在人们成为自然主人的梦想一步步走向实现时(实质上是永远也不可能实现的),人们开始觉得自己有理由和有能力把自然纳入到自我的世界中,纳入到人的精神世界中,并通过人对自然和社会的影响和改造获得人的意义上的成功和胜利。人需要一种秩序,需要一种人认识外界的方法。它们就是确定性,它们就是连续性,它们就是稳定性……说实在的,今天无论从哪个意义上说,我们都没有权利要求过去的科学不是这样来教育人们认识和控制世界的。实质上,这从根本上反映出一种人的本能的实现欲望,反映出人的生存的乌托邦冲动。在这样的一种科学观念的生成和向往中,人的任何思想和行为都难以脱离科学的标准和目的。

德国学者李凯尔特(Von Heinrchi Rickert)曾指出,17世纪是自然科学的时代,这时的哲学几乎难以与自然科学分开。哲学一直在卓有成效地致力于说明自然科学的方法。这一状况大约持续到18世纪末,康德的出现使情况发生了根本性的变化。康德在按照一般规律所规定的范围内确定了一个对方法论具有规定性意义的、作为事物的实存的自然概念,从而在哲学中结束了自然概念的独霸地位。也就是说,他在理论上把自然科学的"世界观"从一种自以为绝对合法的地位下降到一种相对合法的地位,从而把自然科学的方法限制于专门研究。自然科学地位的下降和范围的被规范,为其他学科的生存和发展提供了空间。但实际上,康德的贡献并不一定如此之大,因为其后的狄尔泰和文德尔班,他们确实相继提出了自然科学与精神科学之间的区分问题,但他们思考这一问题的特点却难以脱离科学范畴,也就是说,无论是狄尔泰还是文德尔班,他们都是在科学范畴下审视分类问题的,审视精神科学的基本性质的。那么,精神科学如何从科学的规范中获得自己的合法性,如何充分认可和满足科学的强制性要求,就成为其中的一个核心问题。李凯尔特关于文化科学与自然科学的区分也与狄尔泰和文德尔班异曲同工。李凯尔特的历史哲学理论首先是围绕着科学分类问题展开的。在他看来,由于科学既可以从它所研究的对象的角度,也可以从它所采用的方法的角度而相互区别,因此既可以从质料的观点,也可以从形式的观点来对科学进行分类。鉴于此,他提出两种基本的对立观念:自然和文化的对立,自然科学与历史的文化科学的对立。可是李凯尔特的科学之心没有泯灭,他的理论目的仍然是传统科学所设置的目的。可以说,在后现代科学观念出现之前,在后现代科学观念对科学传统构成挑战之前,科学始终以一种替代上帝的身份和地位统治着一切人的活动和观念,它与同样具有科学身份的理性构成了西方文明发展的两块基石。实际上,当理性主义把科学理想作为一种恒定的和主宰的模式、作为一种认知一切和阐释一切的基础之时,科学主义轻而易举地房获了其他一切学科。这是20世纪及其以前西方科学发展的一个背影。

当然,我们也应该看到,人文与科学之间的斗争始终没有停止过。倘若我们从考古意义上进行发掘,后现代观念的萌芽早在西方近代科学的发展中就已经存在了。在科学漫长发展的数个世纪里,怀疑论其实一直伴随我们左右,但它始终被压抑、被批判。历史在20世纪确实进入了一个不同凡响的阶段。后现代主义既是对资本主义现实的直接抵抗,又是对西方文化传统的挑战。通过否定历史进化论(福柯)、客观真实(鲍德里亚)、宏大叙事(利奥塔)、意义确定性(德里达)等,后现代主义视野中的社会存在发生了根本性的断裂和改变。而在他们之前,尼采对上帝死亡的宣判,弗洛伊德对无意识的发现,索绪尔对语言任意性的建构,俄国形式主义对真实再现论的瓦解等等,都从不同的侧面揭示了后来解构所确立的非确定性原则,这一原则不仅是一种实践原则,更是一种思维原则。上述两股势力的合力把人文科学的"科学"性消解殆尽,人文科学成为了一种完全不同于传统意义的"科学",它的一个更合适的名字在今天就是"后现代主义"。伊格尔顿是这样评价后现代主义的:"后现代性是一种思想风格,它怀疑关于真理、理性、同一性和客观性的经典概念,怀疑关于普遍进步和解放的观念,怀疑单一体系、大叙事或者解释的最终根据。与这些启蒙主义规范相对立,它把世界看作是偶然的、没有根据的、多样的、易变的和不确定的,是一系列分离的文化或者释义,这些文化或者释义孕育了对于真理、历史和规范的客观性、天性的规定性和身份的一致性的一定程度的怀疑。"[①]无论我们对后现

[①] 伊格尔顿:《后现代主义的幻象》,华明译,商务印书馆2000年版,第1页。伊格尔顿具体区分了"后现代性"和"后现代主义",前者是指后现代文化,后者是指后现代艺术。我在这里只是有所强调地把伊格尔顿的"后现代性"概念作为与后现代思潮等同的概念。

代主义持何种态度，伊格尔顿的上述描述已被普遍接受。这里，人文科学终于从科学的战车上逃离下来，开始与科学分道扬镳，尽管这种努力几个世纪以来一直在进行着，但始终缺乏更为深入而具有支撑力的理论基础。后现代主义的理论成就使人文获得了自己的特征和地位。

当然，这里的一个更为深入的问题是，不仅在后现代的人文科学中出现了反传统的浪潮，而且更有甚者，在科学的后现代中也出现了反传统的浪潮，并且出现了两者相互呼应、相互支持的局面。科学的传统根据动摇了，它的一切带有后现代色彩的新理论和新学说都受到来自人文科学方面的欢呼和应用。人文科学几乎是一夜之间发现，实际上以自身特性建构起来的人文性，在科学内部也是普遍存在的，甚至可以说是科学本身的某种特性，因为它完全是人类本身的一种特性的发掘和展示。确定性在哪里？连续性在哪里？起源在哪里？目的在哪里？在后现代的氛围里，一切仿佛都无从谈起，一切又仿佛都命中注定。人文是这样，科学也同样逃脱不了这样的后现代命运。于是，我们发现，后现代的科学发现不仅削弱了自身的基础，而且还巩固了人文的大厦。于是，引发了当代西方学界的一场论战，尽管当代的科学发现在中国的人文科学的理论话语中频繁出现，已经成为人文科学建构的一个不可或缺的根据，但却没有引起人们的怀疑和批判，这大抵是因为中国的人文学界太需要一种外在的力量来推动中国人文科学的发展了。外部的力量在东方主义和后殖民主义日益盛行的今天显然已经受到更多地质疑而最终难以发挥有效的作用，而来自其他学科尤其是科学领域的支持才日益显得更加有力，这是正是科学的魅力所在。

80年代的金观涛在运用科学发现的后现代成果时显然踌躇满志，而科学哲学家索卡尔却在90年代对科学发现在西方人文科学上的运用忧心忡忡。表面看来，作为一个现代精神的代表，他的所作所为是要对历史负责，要捍卫科学精神，难以容忍后现代主义对真理、理性、客观等观念的根本性动摇。但20世纪确实发生了令人意想不到的变革，它不仅发生在与自然科学比邻的人文科学领域，解构主义、新历史主义、解释学和接受美学、后殖民主义等话语潮流已经尝试建构一系列具有奠基意义的新的学术理念和思维模式，而且也正是在这样的一个大的语境里，20世纪以来的科学发现也使得人文科学能够在科学身上寻找到自我安身立命的东西。人们习惯中的最具权威性的科学和科学精神出现了后现代征兆，这不能不说是对后现代人文学界的一种最大的安慰和最有力的支持。这种支持不仅显现在思维的层次上，它使人文科学更加理直气壮地宣称一种非终极性的思维诞生的价值，而且在具体概念运作的层次上，它把非确定的、非连续的、没有深度的、无起源的东西放到了一个至高无上的位置。从这一意义上，我们再来看索卡尔的所谓的"欺诈"，实在是为科学发现的人文意义提供了一个生动的脚注。

后现代的科学发现对于人文科学来说，绝不会因为索卡尔的担忧和恶作剧而终止或改变方向。后现代的科学发现在最终的意义上是与人文科学殊途同归的，如同当年人文对科学性本身的追求一样。

（原载《南京师范大学文学院学报》2006年第1期）

大众文化：一曲文化的挽歌？

迄今为止，我们对大众文化的考察更多地植根于一种弥漫性的大众文化焦虑，这种焦虑来源于两个既定的理论话语体系：一是西方学者从20世纪中叶以来对大众文化的一系列理论批判，一是中国传统的中心化意识模式。这两种理论话语对大众文化的崛起和流行均表现出不同程度的担忧乃至警惕，并试图实施有效地阻击。然而，尽管理论批判不时遮蔽大众文化对文化本身挑战的意义，但是我们越来越无法回避的是，大众文化在当今中国呈现出来的方兴未艾之势，这本身就已经构成迫切的理论课题：我们是否需要大众文化？我们如何重新审视大众文化的价值？甚至我们还会进一步追问：21世纪的中国文化向何处去？

一

早在一百多年前，黑格尔曾提出关于艺术终结的观点，这一断语不时启迪后来的人们对艺术及其文化的命运保持经久不衰的关注。在当代西方学者的文化理论中，大众文化正是作为反叛文化、摧毁艺术的力量被揭示和批判的。这种反叛和摧毁的策略，一方面表现在技术对文化的浸透和占有，另一方面则表现在文化对意识形态的疏离。

我们知道，文化概念是与文明概念相比较而规范的。倘若说，文明是一种以改善和更新人类的物质生存状况为根本目的的物质性活动，是在遵循自然规律的前提下维系人类有效地控制自然、获取自我发展实力和机会的技术性成就，那么，文化则是在相当程度上撇开自然规律的制约而在理性指导下从事的超物质性的符号化活动，它是人类寻找自我生存意义的场所，是人类的知识、信仰、道德、价值等的诸精神形态集合的场所。文化的存在价值不仅在于它时刻展现人类历史过程中的生存取向，而且在于它始终具有一种把人类自身从物化世界中解救出来的关怀和努力。文化与文明作为人类两种最基本的活动方式无疑存在着根本性的差异，但是这两者之间的联系又是难以割断的，尤其是在科学技术高度发展的现代社会，科学技术成就作为社会变革的决定性条件已经参与到一切社会组织的运作中，甚至参与到一切观念的更新和改造中。所以，文明与文化的联系以及联系的方式日益成为一个敏感的理论问题。当代西方学者对大众文化的思考首先就是从这里介入的。虽然他们指出文明的进步对文化的进步产生着积极的影响，但更多的却是试图揭示文明参与文化的负面价值，揭示昔日传统文化精神所表现出来的那种征服自然、奔向自由的浪漫主义和理想主义信念，在今日文明的全面介入下荡然无存。当本雅明以矛盾的心情慨叹电影的技术成就时，文化的真义已经在技术合理性中逐步沦丧；当詹姆逊提醒人们注意现代主义在某种程度上扮演了反叛现代化的角色时，后现代主义却在自己的旗帜下与技术媒体同流合污。西方氛围下的对大众文化的焦虑，其本质的意义并非是对文化大众化的焦虑，而是对文化大众化方式的焦虑，是对文化技术主义乃至其不可预期的影响的焦虑。

文化的技术主义突出表现在技术对文化载体的全面改造。这种改造的特质在于：技术利用其自身的技术含量优势巧妙地把技术的物质性内涵模铸在文化的存在形式中，并以此达到消解昔日文化基本精神的目的。本雅明引导我们注意机械复制对文化的影响。复制使得艺术本身固有的基本性质发生改变。一方面，大量的机械复制品湮灭了艺术作品的唯一性、权威性和真实性，昔日艺术拥有的"灵韵"丧失殆尽；另一方面，机械复制的社会性破坏了培育崇拜的基础，使得大众对崇拜和神圣的追求让位于事物的更加具体和世俗的玩赏，艺术的"展览价值"全面抑制了"膜拜价值"。[①]机械复制不断把大量的生活事实无

[①] 参见瓦尔特·本雅明：《机械复制时代的艺术品》一文，梅·所罗门编：《马克思主义与艺术》，文化艺术出版社1989年版，第588—596页。

限地推到人们的眼前，使每一个人都拥有了一个以量的绝对值堆积起来的无暇反思的视听时空，从而使文化在与人的接触中彻底脱离形而上学性质。在霍克海默和阿多诺的批判理论中，机械复制进一步发展成为一种文化工业。技术一旦支撑起规模化的工业生产，它就获取了高度的社会运转能力和社会制约能力。当大众作为文化工业的服务对象时，大众实际上已经永久性地被安排在既定的程式和背景之中，始终处于无处不在的高技术的强烈作用下的极其紧张的身处其境、目不暇接的状态，而且当文化的再生产性复制用标准化、统一性等技术特征使文化变成让人感到是必然之物时，文化在技术的阴影里也就走向它自身的反面，失去了人之精神应该具有的那种不断创新的审美冲动和理想追求。[①]文明的进步是以文化的退步为代价的。这一当代西方学者对历史过程的批判性认识正是文化技术主义的实质。

大众文化表现上的去意识形态色彩，实际上是技术占有和操控文化的必然结果。当科学技术突破囿于自身的文明范畴而加盟到整个社会的运作时，意识形态的"终结"现象就越发昭然若揭。马尔库塞对现代社会单向度性的批判暗示大众文化滋生的社会条件的特点。事实上，在马尔库塞之前的霍克海默和阿多诺，他们已经意识到工业社会中文化命运的改变，指出在现代社会中人类已经丧失了构造不同于现存世界的另一世界的能力。马尔库塞认为，由于科学技术的发展使得社会生产力空前提高，客观世界越来越成为人的身心的延长物，社会的舒适面不断扩充，并且表现出无限发展的趋势，浪费变成需要，破坏变成建设，这一切都使得异化理论变得可疑。文明的进步不仅公然蔑视意识形态的控告，而且欲以技术合理性压力从根本上解除这种控告。由于技术在现代社会的全面胜利，技术性成就极大地提高了人们的生存质量，技术合理性所营造的虚假意识成为无可置疑的真实意识，从而阻塞了任何意识形态思考的路径。

[①] 参见麦克斯·霍克海默：《批判理论》（李小兵译，重庆出版社1989年版）中的《艺术与大众文化》一节，以及麦克斯·霍克海默、特奥多·阿多诺《启蒙辩证法》（洪佩郁、蔺月峰译，重庆出版社1990年版）中的《文化工业：欺骗群众的启蒙精神》一节。

文化所应该具有的超越性、忧患性、反思性,乃至批判性,统统被抛到边缘。①文化成为一种文化操作。

今日的文化何去何从?西方学者对现代文化走向的追踪和拷问得出一个相当普遍的结论:文化在现代高技术的作用下,已经脱离了原来的轨道,丧失了原有的性质和功能,文化正在技术合理性的压力下走向一种去意识形态的大众文化状态。甚至在后工业社会,文化的大众化几乎到了无以复加的程度。詹姆逊描述了晚期资本主义社会的高级文化与通俗文化、纯文学与通俗文学的距离正在消失,技术和商业化逻辑不仅浸透到艺术作品的制作和接受领域,而且达到了理论思维这样更加深入的层次。

毫无疑问,当代西方学者对西方文化的历史性忧思以及对大众文化的剖析和抨击,都不可避免地影响到正在向工业化迈进的中国的文化建构,都会影响到面对大众文化的世纪末浪潮的中国文化界的理论前瞻。

二

我们时下所讨论的大众文化迥然有别于20世纪30—40年代中国的文化大众化运动。首先,它缺乏昔日的那种自上而下的启示录色彩;其次,它并不是在通俗性和普及性的意义上或者首先不是在这两种意义上来讨论文化问题的。今日的大众文化更多地是在现代传媒技术的负载下对于大众日常需要的一种文化召唤和文化塑造。今日的大众文化在反叛中心文化模式的背景下率真地表现出一种内涵式的文化意识和大众形态。

从这一阐释框架出发,我们可以从容地把中国80年代后期到90年代前期的大众文化浪潮纳入这样的两个基本层面:一是以人类的基本生存方式为出发点的生活的文化化,如服饰文化、饮食文化、居室文化、旅游文化等,它们分别来源于人类最基本的生存需要——衣、食、住、行。这一类文化形态的特点在

---

① 参阅马尔库塞:《单向度的人》,张峰、吕世平译,重庆出版社1988年版,第1章和第3章。

于：人类的日常活动在经济发展的促进下开始逐渐摆脱其中的唯一的生存目的，加入了悦性悦情的精神性内涵，从而使日常生存因修辞化而获得延宕性隐喻。二是在人类的基本生存需要之上发展起来的以人类追求精神愉悦化和休闲完美化为宗旨的文化活动，如体育文化、宠物文化、占卜文化等，以及具有更多艺术意味的娱乐文化（如卡拉OK热、MTV热、畅销书热、报纸周末版热、影视明星热、领袖阅读热等等），这一类文化形态的特点在于：文化的基础是人类的精神要求和休闲要求，它们已经基本上脱离了为肉体存在而活动的直接物质欲望，虽然我们仍然可以从这一类文化形态中回溯到它们本身的原始的物质动机。在人类的史前时期甚至前工业时代，物质活动尚未被它之外的精神追求所征服，而在工业化时代以及后工业化时代，在科学技术完成了对人类物质生活的根本性改造之后，个体身心的生存已经不成问题，这就促使大众阶层的文化需要群落的生成。他们不再满足于对自己的日常生活进行有限的修辞化处理，而是更追求一种比较纯粹意义上的精神愉快和满足。当然，尽管与真正的文化（亦可称文人文化）内涵相比，大众文化缺乏灵魂深处的那种凝重而深沉的历史情结，缺乏理性对崇高和进步的热望，尽管大众文化的消费者们对文化的关心不在于艺术负载生活的意义、纯粹艺术品位的高下，但是，这种在大工业文明背景下产生的大众工业需要却始终在谋求人的生存感觉的超长更新，始终在谋求使工业化带来的沉重的异化消解在文化享用的快乐之中，从而还给人们日常生活中几乎是不可缺少的温馨和柔情。大众文化正在构成当代中国文化中的具有全新意义的新景观。

　　大众文化在中国传统的中心文化意识模式中是毫无地位可言的。这一中心文化意识模式着眼于提高大众特定的艺术趣味和欣赏水平，着眼于教谕和陶冶大众的思想觉悟和道德情操，它更多地是以一种居高临下的姿态来审视大众的世俗生活，把自身的一整套价值观念和审美标准灌输给大众，使大众的一切行为符合统一的权威意志和社会化要求，符合公共一体化的审美旨趣。中心文化意识模式从根本上排斥那种把文化作为填补精神空虚、寻求精神麻醉、制造感官刺激的消遣品制造的文化动机，排斥在商品经济曲解文化价值的总体背景下民间自发的具有浓厚的实用和享乐意识的文化需要。更为根本的是，中心文化意识模式为了捍卫自己的尊严和地位，极力抨击大众文化中隐含着的那种涣散和解魅的力量。然而，如今风起云涌的大众文化浪潮开始重新铸造文化存在的现实格局。必须看到，中心文化意识模式的危机已经成为难以逆转的现象。

（一）80年代后期中国大众文化的崛起明显地具有与官方严肃文化相疏离的背景和心态。尽管当时的大众文化是在没有呈现出明确目的的情形下悄然而起的，但是，大众文化以市场的自由交换原则为依托、把大众的习俗化的欣赏趣味和喜闻乐见的形式作为资深存在根据，这一点无疑瓦解了中心文化意识模式的纯正性和神圣性，为大众文化寻找到广阔的生存空间。

中国时下的大众文化所具有的那种解魅力量完全可以在国人灵魂最深处的文化积淀中寻得，它一方面是对极其丰厚的重生、崇爱、敬神的民间文化精神的有力承袭，另一方面则是撷取文化传统中的那种修身养性的本体意识和乐天安命的生存意识。大众文化似乎包含着一种无为谋略、一种逍遥风度、一种返璞归真的欲求、一种中和向美的韵味，但这一切老庄遗韵却在平民闲适、平庸的趣味中被削足适履般地阉割，是一种缺乏形而上精神的伪传统文化的复活物。大众文化的现实内容与伴随西方物质文明而来的幸福意识和享乐意识融合起来，构成了中国时下大众文化的基本特征。

诚然，在现代高技术的推波助澜下，时下大众文化的旨趣，在于如何把传统文化精神转换成为一种掏空文化真义的处理话语的多样化操作技巧，在于如何在现代传媒的工具性魅力中获取文化的大众情调。广告式的语言操作就是一个有效的例子。广告通过对话语进行高度浓缩和夸饰的语言言说，情味化地营造出一种实质上是虚假的文化意蕴和大众期待的公共话语氛围，并在话语修辞的矫饰和多变操作中获取心里摄入的满足和感觉焕然一新的愉悦。90年代初期，举国上下的阅读领袖热也是这样一种语言操作的结果、一种极为典型的大众文化话语的制造。需要指出的是，这里应该撇开官方通过缅怀革命先辈来激发国人的爱国主义、集体主义、共产主义精神这样的文化动机，因为仅就动机而言，这种缅怀绝不属于大众文化，尽管官方的初衷似乎已经无形中湮灭在大众文化的鼓噪声中。毫无疑问，大众文化所意欲追溯的领袖热已经丧失了一代伟人的内在精神，而更多地是在广告式的语言操作中转化成为一种人们自由抛散语言的智力游戏。毛泽东是一个符号，一个当下的人们制造出来的"新鲜"

符号。他在历史的众多人物中被抽取出来，不仅是因为他的历史存在的有效性，更是因为这个符号已经被中国老百姓所积淀的感情世界和语言世界所高度认可，具有同时代他人所无法比拟的奇异性和独特性。然而，对毛泽东名字的回味却使沉甸甸的历史性所指贫瘠化。人们在自己的日常休闲中剥离了毛泽东名字的历史意义，从而可以在最大的随意性上来完成各自的对毛泽东这一符号的满足性想象处理。大众文化在标举毛泽东的同时也就掏空了毛泽东。再如，港台影视文化对严肃文化的挑战也是通过广告式的语言操作来完成的。它极端系统化地制造了男欢女爱式的言说模式，把一整套的软语、情语、甜语推到大众面前，从而巧妙地置换了文化真义所蕴含的更为复杂而深刻的苦难意识、忧患意识、神圣意识，乃至批判意识，使人们在生理和心理的双重震荡下一时难以逃离这种语言的牢笼，去寻找广告式的语言操作之外的适时的话语套路。

（二）大众文化对中心文化意识模式的反抗还表现在对高雅文化的冲击。从大众文化的勃兴和高雅文化的衰落的现实景观中，我们可以清楚地看到，商品观念和消费意识等市场经济模式的潜在操控。文化市场的出现为大众提供了一个自由选择和欣赏文化产品的场所。文化产品只有在日常生活被纳入人们习以为常的消费活动中才能真正被大众接受，才能达到自己的经济目的，所以，市场条件下的文化产品总是力图把顺从人们日常生活中的满足感和幸福感这一宗旨推到极致。文化运作的市场化，文化产品的商品化，成为大众文化的一个基本特征。

大众文化的商品化集中体现于文化包装。文化包装（主要包括文化产品和文化人两类）实际上就是符合人们的感官愉悦的一种文化形式的商品化设计，它通过高技术手段的温馨、浪漫、奇异、刺激的陌生化、趣味化处理，使文化产品和文化人的外表、背景具有令人赏心悦目的诱惑力，给人以视觉、听觉、嗅觉、触觉、味觉的强烈作用，构成一种感官和心理征服的压力。它的不断煽情仿佛不经意间使大众处于连续消费的冲动和亢奋中，致使大众迷醉在五光十色的文化包装的预谋中。商品社会里的文化产品包装所带来的消费满足感直接填补了感官需要，它不仅对人的外在要求达到唯命是从的程度，最直接、最迅速、最有效地包装出各种各样的文化品,而且时刻准备把人的有限的生理需要发展到无限的心理欲求。更应该注意的是,商品社会实际上已经使整个社会处于一种包装的夸饰之中,其中现代传媒已经成为最庞大的、无所不在的包装机器。现代传媒,一方面利用高技术麻醉社会的理性力和意志力,另一方面还全方位地编织着一个"他者"引导的社会意识网络,把大众抛入颇具压力的公共消费的文化趣味之中,人们只能在现代传媒的软语、情语、甜语及其他情味化设计的感召中自觉不自觉地重新置换语言结构的模式和心理冲动的取向。

MTV片在中国大陆的陡然流行,从某种意义上说是迎合了现代大众日益增强的快节奏的求新、求变的心理欲望。它融合传统的歌曲演唱和现代传媒技术,把可听歌词所指置换成为可视画面,使大众利用视觉感官直接可以捕捉到透露情趣的画面。这种高度形象化和情绪化所指使感官无限流连于色彩斑斓、万千气象的视觉享乐,从而削弱了心灵深处的震荡和回味,理性也在放逐的慵懒中处于无所事事的休闲状态。尽管MTV片的蒙太奇设计和模糊化处理颇具视觉艺术的朦胧效果,但是它对文化语汇的这种包装方式在整体性的大众文化氛围中,只能更强烈地表现为文化被技术改造、文化被平庸趣味征服的一个范例。MTV片走红表明高雅文化正在成为大众越来越隔膜的陈旧的过去记忆。如同时下盛行的舞台演唱的伴舞普遍化、京剧的电声伴奏试验、革命歌曲的所谓的新唱等等,这一切都不同程度地昭示了高雅文化的窘迫现实,而这种大众文化情调在市场的自由选择中已经凭借形式化修辞手段赢得了市场和消费的双重声誉。

应该看到,在包装化的商品社会和经济利益优先的文化意识中,优胜劣汰的市场规律和"他者"引导的传媒挤压对心灵扭曲成为大众文化排斥高雅文化的总根源。尽管高雅文化在艺术至上原则的指导下把陶冶人们的心灵作为己任,尽管高雅文化力图在自身的艺术形式中表现出人类的情感深度和命运深度,尽管高雅文化在艺术的完美追求中高扬一种人生以及艺术的境界,但是这一切都需要社会为之准备一种艺术土壤,那该是一种植根于人类生存的思考、一种从容、静谧的体验氛围、一种去功利趣味的自在状态,而这一切在市场的自由竞争和自由选择的环境中,在包装化所塑造的大众情调中,已经成为难以想象之物。高雅文化难以逃脱沦为工业化时代的牺牲品的命运。

从严肃文化的危机和高雅文化的衰落而引发出来的对大众文化的焦虑,直言之,即传统的中心文化意识模式对大众文化的焦虑,成为今日评判中国大众文化的视点。然而,大众文化的合法化运动并不谋求意识形态上的钦定性,也不谋求艺术的至高无上性,而是试图在大众的生存空间中寻找肯定和奖掖,寻找自己生命的源泉。正是这种文化心态支撑了大众文化时下火爆的局面。

三

与严肃文化和高雅文化相比,大众文化显然属于一种市场—习俗—娱乐型文化,它对严肃文化(政治—历史—教谕型)和高雅文化(审美—技巧—陶冶型)的反叛,以及在相当广泛的空间里的取而代之表明,新时期以来的多元文化格局中自主意识和独立意识的生成。大众文化对文化霸权的挑战不是通过外部力量的直接强制性围剿,而仿佛是在一种除娱乐之外无任何目的的姿态中,在一种潜移默化的情绪感染中完成自己的使命的。大众文化为了谋取自我的呼吸和生存空间,对传统意义上的文化的整体内涵进行了不容忽视的解构。这种解构的痕迹令人触目惊心。

(一)拆除人性深度。人性结构从整体上说是由感性和理性两大要素组成的。在人类的自我改造、自我完善的历史进化中,感性的理性化、生理的心理化成为不可逆转的趋势。人在克服生理、感性的同时获取心理、理性的成熟。高度的抽象概括能力、逻辑推理能力、综合判断能力、记忆反思能力等成为人的基本特征,而人的感性能力在理性的参与和制约下表现出一种"钝化"倾向,人的生理需要在心理的参与和制约下表现出可控性和延宕性。这种人性结构的特点正是文化的历史塑造的结果,是文化在人的意义上存在和发展的产物。人创造了文明与文化,文明与文化创造了人。无论把人视为"理性的动物"、"会制造和使用工具的动物"还是"符号的动物",都表明了人的文化的完成性。即使在以灵感和直觉为基础的艺术领域,这种艺术的灵感和直觉也有理由相信是一种理性高度积淀于其中的灵感和直觉,是一种文化意义上的灵感和直觉。然而，大众文化的出现表现出格格不入的态势。大众文化利用现代高技术的感官化、情味化包装手段始终在人的生理、感性上打主意，过分地迎合和突出人性结构中的感性和生理部分，把心理的生理满足设计为文化的第一需要，从而绕过文化积淀于心理的复杂内涵。从这个意义上说，大众文化完全成为人们躲避理性、寻找感性，寻找快乐、轻松、悠闲、刺激、发泄欲望的场所。高技术所特有的包装手段，如复制技术、幻觉技术、仿真技术、拼贴技术、时空倒错技术等，成为大众文化浪潮的有效帮凶。

（二）淡化审美观念。审美距离作为艺术观照中的基本要求是不可缺少的。审美距离通过欣赏者与欣赏对象之间心理距离的适度，始终促使审美主体保持一种审美的静观态度，为主体的情感体悟和理性反思准备了一个有效的空间。空间距离转化为时间延伸，对象在欣赏中更易于显现其自身的魅力，因为一件艺术品，它的文化内涵的丰富性决定了人们不可能在无距离的暂短瞬间完成对它的美的意义的评判。大众文化却由于外在形式的充分技术化效果而遮蔽了文化内涵，或者干脆取而代之。欣赏者满足于对象外观的快适性而无心在静观中玩味对象的文化意蕴。心理化的审美活动往往变成一种感官化的直接操作。操作意味感官直接对对象的把握，意味把注意力集中在对象表层的动态过程和运作模式上，以具体的量的感觉取缔任何理性的质的领悟。卡拉OK这种大众文化形式就是极其典型的一例。这种缺乏审美距离的艺术活动不可能获取真正意义上的审美享受——真正意义上的对象丰富的文化美、真正意义上的自我情感和理智展示的心灵愉悦。这种缺乏审美距离的文化设计也不可能创造出真正意义上的审美文化。

（三）历史的习俗化。文化富于深度的历史意蕴，任何文化都可以说是历史积淀的结果。文化不仅是从历史中获取自己存在的有效形式——它的存在结构、发展模式、运作方法，而且文化总是在历史中寻找自己的动力、启示和尺度。缺乏历史意识的文化是不可思议的。这种文化的历史主义精神成为文化建构的直接参照。然而，大众文化的着眼点却在当下现实，在当下现实中的生存和娱乐。它剥离了文化的历史严肃性，剥离了文化的历史视野和历史精神，把历史的正面埋葬在大众文化的众声喧哗之中。大众文化对历史的包装采取了一种世俗的取乐模式，它通过对时间背景的伪装和虚拟，以历史的逸闻趣事巧妙地置换了正统的历史内容，使历史在欣赏者轻快的笑声中彻底习俗化（我们可以从电视连续剧《戏说乾隆》和《唐明皇》的具体比较中体味出历史习俗化的文化命运）。人们不是从过去、现在和未来的有机联系中认识历史，而只是把事件变成偶然的存在来猎奇和观赏。倘若大众文化中有历史的话，历史充其量只能是历史招牌下的文化佐料。

（四）摒弃乌托邦冲动。历史太陈旧，太沉重，未来又太遥远，太朦胧，生存的快乐只有在现实中才能实现，也只能在现实中的快乐生存才有价值。这种大众文化的眼前主义心态导致了对历史和未来的厌倦。应该说，文化的乌托邦是人类进步的一块基石。乌托邦精神尽管具有某种历史抽象性，但是，当历史把智慧赋予人类之时，用想象和幻想面向未来就成为人类生存的愿望和方式之一。人类总是在乌托邦冲动中突破自然给人类设置的障碍，寻找摆脱自然、自我、社会局限的途径。乌托邦的根本意义在于：未来有一种向人发出启示性召唤的力量，使得人类不断地向某种更高的目标迈进，使得人类不至于自我满足和堕落。尽管对乌托邦的追求可能会带来无尽的痛苦甚至灾难，但是它赋予了人类创造文明和文化的永恒的精神向往。然而，大众文化却在自己的眼前主义和享乐主义的双重氛围中吞噬了向无限企及的任何冲动。人们追求的不再是文化的境界，而是文化的现实为我的存在。

由此，我们可以清楚地看到，大众文化作为对文化的反叛放逐了人性结构的完整性和审美距离中的艺术感悟，放逐了文化传统中的历史内涵和富于神圣意味的乌托邦精神。大众文化对文化的解构策略和手腕，使文化迷失在大众狂欢的世俗生存之中。确切地说，大众文化不再需要传统意义上的文化的支撑和支配。大众文化是文明与文化结合而以文明主导文化的文化，是一种以经济利益为基本前提、以大众的现实娱乐为轴心的文化。大众文化的崛起使文化在很大程度上走向了文化操作的时代，走向了文化用品的时代。

四

必须承认，无论是西方学者对大众文化的理论批判还是中心文化意识模式对大众文化的理性分析，它们都不可能在现实中阻止大众文化化浪潮的到来，都难以再制造出一种让大众文化退回到边缘地位乃至消散的社会整体氛围。实际上，随着中国现时代工业化战略的推进、市场经济的实施，大众文化作为一种大工业文明的产物，作为市场经济的产物，它与严肃文化、高雅文化分庭抗礼的时代已经开始了。

丹尼尔·贝尔曾指出过，现代性本身就有一种使文化涣散的力量，它把以理性方式组织空间和时间知觉的那种统一性打得粉碎。[①]大众文化正是在这种文化涣散的背景下滋生起来的。大众文化以挑战的姿态超越了几乎所有文化自身的界限，在大众的日常休闲活动中找到了自己的用武之地，如鱼得水，挥洒自如。当文化界的学人纷纷亮出红灯，大声疾呼文化危机之时，它却在市民阶层掀起了一股世纪末的文化狂潮，或许我们该从西方学者的情感态度和中国的中心文化意识模式对大众文化的双重焦虑中走出来，站在历史的高度来评判大众文化的时代意义。

试想：在科学技术已经有效地控制社会的一切领域之时，文化还能够保持昔日那种自身的纯洁吗？那么，在技术意义上生成的文化形态是否应该被我们以新的观念加以首肯呢？在市场经济促成的文化的多元格局中，中心文化意识模式是否应该寿终正寝了呢？文化的商品化和文化的休闲化是否是历史过程中一种必然的文化存在呢？

试想，我们的社会节奏不断加快，人们的休闲时间相对延长，物质贫困化日益消除，心理负荷无形加码，在这一系列的社会变革中，我们还能够找到昔日文化创造的那种激情和渴望吗？我们还有耐心坐下来为人生的彷徨和痛苦而流泪吗？我们还能一如既往地把自己的理想的旗帜举过头顶吗？

当我们冷静地剖析大众文化的利弊之时，当我们弄清大众文化的来龙去脉之时，我们毫无理由简单地把文化危机的罪名推到大众文化的头上，把大众文

[①] 参见丹尼尔·贝尔：《资本主义文化矛盾》，赵一凡等译，生活·读书·新知三联书店1989年版，第1章。

化视为文化的罪人。尽管大众文化并不能反映出中华民族优秀文化的独特性，不能反映出我们民族整体上应该具有的文化精神，但是它在世界文化相互影响的背景下生成的不可避免性和现实有用性告诉我们：文化建构和评判必须在一种新的观念下进行，必须以一种开放的胸襟面向现实和未来。这不是一种实用主义的态度，而是一种历史主义的眼光。我们需要严肃文化、高雅文化，同时我们也需要大众文化。

我们已经充分意识到，当大众文化为文化唱起挽歌的时候，文化已经在否定中走向了自我的又一次新生。

（原载《文艺研究》1995年第3期，标题为《大众传媒文化的问题与未来》，有删改）

第三编

后殖民主义及其在中国的反响

对今日的中国学界来说，后殖民主义已经不是一个陌生的名词了。早在1993年，国内颇有影响的《读书》月刊第9期就登载了两篇介绍东方主义和萨伊德 (Edward Said) 的文字，张宽的《欧美眼中的"非我族类"》和钱俊的《谈萨伊德谈文化》，对萨伊德的两部重要著作《东方主义》 (1978) 和《文化和帝国主义》 (1993) 及其思想进行了简要的介绍和评析。尽管这一介绍和评析没有使用后殖民主义字样，但至此，东方主义作为后殖民主义的一种有影响力的批评视野，开始对中国学界产生诱惑，一种新的学术话语的可能性已经在中国学界面前确定无疑地展露出来。之后，对西方后殖民主义进行专门介绍的有北京学者王宁、罗钢，旅美学者徐贲，南京学者丛郁等人，但他们的介绍迟至90年代中期以后才陆续出现。①而在他们之前,其他一些学者如张颐武、陈晓明、戴锦华、邵建等人,已经开始试着把东方主义和后殖民主义这一话题植入中国当下的批评语境,从这一全新角度具体分析中国当下文化和文学中存在的所谓的后殖民主义现象。②所以,当后殖民主义作为一种新的理论视角和理论话语受到中国学界的接纳和重视时,当中国学界把自我的批评视界重新架构到东西方或第一世界第三世界关系之上时,他们没有全面而深入地介绍和审视后殖民主义本身,而是更多地关注新理论话语的批评实践功能,关注新话语与中国当下文化和文学状况的结合,从而或展示一种新的批评价值,或追求一种理论话语的深度,或体验一种对话的意境。从这一基本情形出发,我们不难发现中国学界接纳后殖民主义的动机和特征,也不难发现中国学界的后殖民主义是一种什么样态,它给中国学界的批评话语带来了何种变革性意义,以及它可能具有的某种局限性。本文拟对上述诸方面进行一次简要的检视和评判。

---

① 如王宁的《东方主义、后殖民主义和文化霸权主义批判》(《北京大学学报》1995年第2期),《"东方主义"与"西方主义":对话还是对峙?》(《东方丛刊》1995年第3期),《"东方主义"反思》(《外国文学》1996年第5期),《后殖民主义理论批判》(《文艺研究》1997年第3期);丛郁的《后殖民主义·东方主义·文学批评——关于若干后殖民批评语汇的思考》(《当代外国文学》1995年第1期),《小说的"始源"、权威与霸权——萨伊德"文学霸权理论"管窥》(《外国文学评论》1995年第4期);徐贲的《走向后现代与后殖民》(中国社会科学出版社1996年版);罗钢的《关于殖民话语和后殖民理论的若干问题》(《文艺研究》1997年第3期)等。

② 如张颐武的《第三世界文化与中国文学》(《文艺争鸣》1990年第1期),王宏图的《西方文化霸权与东方的边缘性》(《上海文学》1992年第12期),李杨、白培德的《文化与文学:世纪之交的凝望》(国际文化出版公司1993年版),陈晓明、戴锦华、张颐武、朱伟的《东方主义和后殖民文化》(《钟山》1994年第1期),陈晓明的《"后东方"视点:穿过表象与错觉》(《文艺争鸣》1994年第2期),邵建的《东方之误》(《文艺争鸣》1994年第4期)等;此外,90年代中期以来,又有一些研究中国当前后殖民主义问题的文章陆续发表,如王逢振的《后现代时期的第三世界作家》(《国外文学》1996年第2期),杨乃乔的《新时期文艺理论的后殖民主义现象及理论失语症》(《徐州师范学院学报》1996年第3期),韩毓海的《"中国":一个被阐释的"西方"》(《上海文学》1996年第3期),尹鸿的《国际化语境中的当代中国电影》(《当代电影》1996年第6期)等。

一、后殖民主义话题在中国的出场背景

在20世纪90年代到来以前的几乎整个80年代,中国学界的兴奋点一直停留在全球化的国际关系之外,处于一种"殖民化"的失觉状态。之所以这样说,是因为这时的中国学界在国门洞开、西方大量新理论和新学说进口之时,还没有对这种引进的行为本身及其后果作任何形式的思考,更不可能从国际战略关系和文化影响的意识形态意义上来作任何评判。一种乐观的情绪持续地弥漫其间。的确,80年代的中国学界有太多自身的历史问题需要清理和批判,80年代的中国学界需要强有力的批评武器来进行这种清理和批判,而这种武器只能来自西方,除此之外别无他途。因此,与经济上的现代化话语相匹配,理论上的现代性话语成为中国学界首选的基本话语形态,它的核心内容是经过中国学界的接受视角定位的关于人的学说:从神性到人性,从政治强权到人道主义。这实际上是整个80年代中国学界的话语呼唤,它构成了中国学界现代性工程的核心内容。当时中国学界的反思和批判完全是历时意义上的扬弃过程,尽管西方露脸的频率非常之高,但却被完全纳入到了中国学界自我发展的历时过程之中。所以,在共时的国际空间中,中国对自我的第三世界境遇无暇顾及,而是试图把空间问题纳入时间领域来解决,甚至把文化差异问题潜在地纳入历时的进步观念来解决。面对西方经济和文化制造的精致而富于先进色彩的话语形态,落后者除了虔诚之心,恐怕再也难以有其他妄想了。拿来,为我所用,这恐怕是中国学界当时的唯一想法。同时,中国传统意识(古代的和现代的传统意识)中那种追求整体、统一和线性的认知模式也弱化了中国学界在共时空间的存在意识。国际间文化关系问题只能(暂时)被抛在舞台幕后的暗处。然而,随着90年代的到来,情况出现了意想不到的变化。

张颐武在90年代初发表的一篇文章是这一变化的一个强有力的信号。1990年《文艺争鸣》第1期刊载了张颐武的《第三世界文化与中国文学》一文,该文标题就非同一般地把第三世界作为一个主题引入中国文学批评。尽管第三世

界这一术语对中国学界一点都不陌生，但此前它一直被大量用于政治学和外交学，与文化学和文学批评无缘。张颐武在90年代初试图把中国文学放入第一世界/第三世界的关系中来加以阐释，试图指出其中存在的影响与焦虑问题，说明文化背后的话语与权力问题，揭示东西方文化影响的不平等问题，等等，无疑是在中国学界十余年来的历时文化和文学建构的进程之上拦腰一刀，共时性空间问题一下子显露在中国学界面前。可以说，张颐武是当前中国学界最早一位试图从后殖民主义的视角来阐释和建构中国当代文学的学者。当中国学界还在为纠缠不清的后现代主义殚思之时，张颐武则在这篇文章中开明宗义地提出，在全球一体化的进程中，具有全球意义的文学科学的话语系统正在形成，而这一形成的背后所意味的则是"这种全球性的学术话语往往是以压抑和忽略其本土的文学理论传统和本民族的文学创作的传统经验为代价的"①。所以，对这一国际背景的揭示，促使张颐武把第三世界这一视角作为了他的批评工作的一个新起点，从某种意义上说，这也成为了中国学界的文化和文学批评的一个新起点。

我们这里所关注的问题是，中国学界的这种新的思考点为什么偏偏定格在80年代末90年代初而不是其他时间呢？

张颐武曾说过："直到80年代后期，现代性话语变成了后现代性，各种边缘话语重新进入中国之后，我们才产生了第三世界的意识。"②显然，在回顾后殖民主义话题在中国学界出现的原因时，张颐武的注意力集中在了域外影响之上，因为中国学界从80年代后期以来确实又出现了一股继现代主义之后的后现代主义热。③旅美学者徐贲则提供了另一种答案。徐贲认为，中国学界的批评方向和批评话语之所以在90年代初发生重大转型，从以往的政治性很强的文化、思想的讨论，转移到对诸如商品文化、人文精神失落、东方主义、第三世界批评等一些无风险或低风险论题的讨论，恰是1989年政治风波的一个直接结果，

---

① 张颐武：《第三世界文化与中国文学》，《文艺争鸣》1990年第1期。
② 陈晓明、戴锦华、张颐武、朱伟：《东方主义和后殖民文化》，《钟山》1994年第1期。
③ 参见王岳川：《后现代主义与中国当代文化》，《中国社会科学》1996年第3期。

是商品大潮兴起和普遍政治冷淡的结果。①此外，就中国知识分子个人而言，当时的身份危机也是促成这一文化转型的重要因素。所谓的身份危机，据徐贲说，主要表现在两个方面：一是政治身份危机，指中国知识分子在80年代的国家政治生活中政治身份没有根本性的改变，如今"启蒙"这一中心身份已经一去不复返了，继而更多地是处于边缘地位，处于随时可能接受教育、指导和监督的非自主和非自由状态；一是经济身份危机，指80年代以来知识分子经济上已经逐渐丧失了安全性，沦落到社会底层的危险日益突现出来，与"文化大革命"前知识分子的经济处境形成了极其鲜明的对照。所以，从这种根本性的双重危机出发，中国知识分子必然要为自我的社会地位和政治身份寻找新的定位，寻找新的安身立命的资本。于是，"本土"这一具有强烈的民族主义色彩的思想开始在知识分子中流行：

> 1989年以后，知识分子身份调整中出现了一个十分值得注意的现象，那就是一些知识分子发现了"本土"这个民族身份对于身处身份危机之中的中国知识分子的"增势"作用，并有意识地运用这种身份来提升他们的自尊和社会地位。他们利用"本土"这一新归属来确立自己的"民族文化"和"民族文化利益"的代言人。②

在力图依赖"本土"从边缘返回中心的同时，中国知识分子在客观上已经把后殖民主义引入进来，因为"本土"知识分子身份确立的一个基本条件就是要有一个"他者"存在。在当时的中国文化语境中，这个"他者"不可能是国内的官方话语，也不可能是与中国有别的其他第三世界"本土"，而只可能是"西方"。于是，后殖民主义作为一根救命稻草在90年代初甚是必然地莅临中国学界。徐贲给予我们的答案再清晰不过了。尽管我们可能对他身居海外的身份

---

① 参见徐贲：《走向后现代和后殖民》，中国社会科学出版社1996年版，第220—223页。
② 同上，第199页。

有所怀疑，对他把中国知识分子对后殖民主义话题的选择说成似乎是中国学界本身的一种出于一己之私的策略乃至投机提出质疑，但是徐贲的这种着眼于中国当时的政治经济情势的分析思路是有一定道理的。

此外，80年代后期到90年代初期，除了政治和经济领域的促成因素外，文化领域本身还有一系列使得中国学界感到极为尴尬和愤愤不平的事，从而也构成了后殖民主义话题出场的有力背景。"先锋文学"在中国文坛短短几年的试验之后迅速夭折，继之骤起的是西方色彩极浓的大众文化浪潮。大众文化迅速而毫不费力地垄断了整个中国的文化视野和文化市场，唤出了中国民间固有的那种老于世故的超级实用精神和悠闲气质。大众文化是西方的文化工业、市场经济、商业利益以及权力欲望共同运作的产物，它表现出了对中国知识分子特别坚信的"理性"叙事话语的嘲弄和消解，从而使得刚刚在西方现代性话语的帮助下建立起来的中国学界格外珍视的新的现代性话语透露出陈旧和僵死的气象。中国学界又一次陷于无奈之中。王朔就是在90年代初崭露头角的。这位被视为深得大众文化要旨的大众文学"写手"，对"精英"文学在中国文坛的地位进行了毁灭性打击。之前或之后不久又出现了中国人自己制造的迎合大众口味的肥皂剧、张艺谋的电影在国际影坛走红等文化事件。张艺谋的电影对中国学界的刺激是难以言说的，因为"它表明当今中国的最成功的和在最有影响力的文化生产中，是如何臣服于西方的文化霸权之下的"[①]。再有，中国学界的"失语"症弊端也开始在隐隐约约的后殖民主义氛围中日益显露出来。这种"失语"症不仅表现在新时期以来运用于文学批评的几乎所有的有效概念和话语都无一例外地是西方的舶来品，而且更令人难以容忍的是把中国古典文化和文学的阐释权出卖给了西方。[②]面对这种种现象，中国学界不能不生出一种空前的

---

① 陈晓明：《"后东方"视点：穿越表象与错觉》，《文艺争鸣》1994年第2期。
② 参见杨乃乔：《新时期文艺理论的后殖民主义现象及理论失语症》，《徐州师范学院学报》1996年第3期。

"绝望"。①当初，是西方来帮助中国建构自我的现代性话语，现在又同样是西方来促使中国解构这种话语。西方如同上帝，君临一切。中国仿佛只有把自我寄托给这个洋上帝，才有希望和出路。

可以说，恰恰就是这种来自于政治、经济乃至文化上的"绝望"情绪把中国学界的眼光从国内推到了国际。中国学界似乎终于意识到了中国十几年来力图建构的理论话语所暗含的危机，意识到了西方文化本身的问题以及中国与西方的不平等性。从这一前提出发，中国学界也才有可能真正思考中西文化互动对当前中国文化状况所产生的影响以及其中蕴含的意识形态意味。后殖民主义就这样在中国学界的绝望和惊醒中进入了视野。

二、后殖民主义与中国学界的接受视角

严格地说，中国不是一个如印度和非洲一些国家那样典型的前殖民地国家，同样，中国知识分子也不具备那些生活在第一世界背景下的具有第三世界血统的知识分子的双重身份。中国似与后殖民主义有一种疏离之感。根据历史和文化标准所绘制的后殖民主义版图，如阿什克拉夫特（Ashcroft）等人指出的，存在三种后殖民主义，即以单一语言为基础的前殖民地的白人社会，如美国、加拿大、澳大利亚和新西兰；以双语为基础的并加以制度化的社会，如印度、南非等；以及以多语为基础的多元对立的社会，如加勒比海地区。②这一版图没有提及东亚，当然也没有中国。萨伊德在《东方主义》里仅讨论了存在于中东地区的后殖民主义问题。在后来的《文化与帝国主义》一书中，他的讨论范围拓展到了南亚次大陆、部分非洲国家、加勒比海地区、澳大利亚以及西方通过帝国或殖民或某种结合形式进行投资的一些地区等。③中国几乎在他的视野之外。

---

① 陈晓明、张颐武、戴锦华、朱伟：《文化控制与文化大众》，《钟山》1994年第2期。

② 参见 Frederick Buell, *National Culture and the New Global System*, the Johns Hopkins University Press, 1994, p. 235。

③ 参见 Edward Said, *The Pen and the Sword*, Common Courage Press, 1994, pp. 63-64。

中国学界有人指出萨伊德对中国了解不多，不言中国在情理之中。[①]但这一切是否也从另一方面说明中国不存在典型的后殖民主义？或者说中国的后殖民主义别具特色？下面，我们需要弄清的是，什么是后殖民主义？或者说，后殖民主义应该具有怎样的含义？

尽管后殖民主义这一概念本身含混不清，[②]但从海外学者的具体论述中，还是可以寻到一个大概的轮廓的。后殖民主义话语主要包括如下三个方面：（一）西方的"东方学"中的东方主义话语以及对这种话语的批判。东方主义以东西方关系作为基本框架，是西方学界具有强烈意识形态色彩的"东方"文化研究的一部分，它的公开的和潜在的政治意识和政治目的都具有难以消除的殖民性。如萨伊德指出的那样，东方主义中的"东方"从来都不是也不可能是真实存在着的"东方"，而只是西方为了达到控制东方的目的所制造的一种幻觉，是帝国主义文化殖民的一种典型表现。[③]从这个意义上说，东方主义表现了西方的一种意识形态意义上的话语霸权，是西方帝国在军事和经济之外的文化殖民的话语表征。（二）带有殖民余韵的前殖民地的文化话语以及"本土"学者对这种话语的批判。赫米·巴巴（Homi Bhabha）以印度的殖民文化为批判对象，深刻分析了殖民地话语的两栖（ambivalence）特性，它对西方的既接纳又排斥的心态，它对

---

① 钱俊：《谈萨伊德谈文化》，《读书》1993年第9期。

② 斯莱蒙指出："后殖民主义，现在被用于各种不同的场合，以描述在专业范围和批评活动中主体立场所存在的显著差异。它一直被用来作为一种方法，表达对西方历史主义的整体化形式的批判；作为一个多质词来表达重新工具化了的阶层概念；作为后现代主义和后结构主义的一个分支；作为对这样一种状况的命名，即后独立民族社会的民族主义欲望；作为不受控制的第三世界知识分子中坚的文化标志；作为对已经破碎而模糊的殖民主义权力话语的不可避免的从属；作为一种'阅读实践'的对抗形式……"（Stephen Slemon, "The Scramble for Post-colonialism", in *De-scribing Empire: Post-colonialism and Textuality*, eds. Chris Tiffin and Alan Lawson, Routledge, 1994, p. 16.）关于后殖民主义的复杂性，还可参阅王宁的《东方主义、后殖民主义和文化霸权主义批判》一文（《北京大学学报》1995年第3期）。一般而言，海外学者常用"后殖民理论"（postcolonial theory）、"后殖民主义"（postcolonialism）、或"后殖民"（postcolonial）这三个术语，但三者相互涵盖，又因人而异。我在这里主要使用"后殖民主义"这一术语，既表示一种文化和话语状况，又表示一种理论态度。

③ 参见Edward Said, *Orientalism*, Random House Inc., 1978, Introduction。

科学知识的建构和它的本真化幻想。这是前殖民地文化的一种典型特征。在非洲，努济 (Ngugi wa Thiong'o) 指出了这样一个令人惊心的殖民现实：英语（包括法语和葡萄牙语）似乎已经成为了一种基本而自然的语言，甚至成为了在不同的非洲人之间、在不同的非洲国家之间以及非洲与其他大陆之间的政治联系的纽带，[①]而非洲各民族自己的语言反而成为了分裂和落后的象征。所以，殖民地文化从根本上说是西方殖民者的一种制造物，"本土"学者的所有反思和批判也只能是两栖性的，既批判西方又批判自我。(三) 西方世界（主要指美国）内部主流话语与非主流话语之间的对立和权力关系以及对这一文化现象的批判。斯皮瓦克 (G. Spivak) 指出，当代美国的后殖民主义主要反映在集团主义倾向之中，反映在种族、性别、阶层等的主流与非主流之间的话语关系之中，如白人/有色人、男人/女人、异性恋/同性恋等等。这诸种关系与国际上的第一世界/第三世界、宗主国/殖民地之间的关系在某种意义上如出一辙，表征着一种不平等的话语关系。如今日妇女的"双重殖民化" (double colonialism) 处境等。以上提到的三个方面就是海外（包括第一、第三世界）学者所讨论的后殖民主义的基本领域。[②]很显然，中国的后殖民主义问题与其中的第二种相近，但又难以列在其中。

关于后殖民主义的基本理论特征，普拉卡什 (Gyan Prakash) 曾评价说："晚近的后殖民批评所呈现出来的不同凡响的功能之一是对殖民主义和西方霸权所营造和权力化的知识形式和社会特征进行激进的和强有力的反思和重构。"[③]这种反思与重构的基本策略，用阿拉夫·德利克 (Arif Dirlik) 的话说，就是"解构所有的

[①] Ngugi wa Thiong'o, *Decolonising the Mind: the Politics of Language in African Literature*, James Currey Ltd., 1986, pp. 6-7.

[②] 注意，我在这里所说的后殖民主义是从最广义的研究范围进行概括分类的，这其中的每一类又都可能具有不同或相同的主题。如东西方关系中的民族主义主题，全球一体化中的文化多样性主题，反本质主义和解构支配性叙事主题，现代化与西方化主题，等等。

[③] Gyan Prakash, "Postcolonial Criticism and Indian Historiography", in *Social Post-modernism: beyond Identity Politics*, eds. Linda Nicholson and Steven Seidman, Cambridge University Press, 1995, p. 87.

支配性叙事"（master narratives）。①而这些支配性叙事的核心问题在于对一个先在的毋庸置疑的本质或本体的设定，它构成了现代话语的基本特征——本质主义特征。如罗蒂（Rorty）所言，"这种本质或本体可能是某种像上帝、或柏拉图的善的形式、或黑格尔的绝对精神、或实用主义的物理实在本身、或康德的道德律这样的东西，也就是德里达所谓的'出场的形而上学'，即希望发现某种固定不变的、使我们有可能用认识来替代意见的东西"②。对本质主义的批判反映了后现代主义时期整个西方人文科学在思维模式上的根本性转换。后殖民主义话语本身所反抗的本质主义也是多种多样的，不仅包括诸如殖民主义、西方中心主义之类的东西，而且还可能包括诸如民族主义、第三世界这样的带有本质主义嫌疑的立场。③也恰恰就是从这一意义上，福柯（Michel Foucault）和德里达（Jacques Derrida）对于后殖民主义研究者具有重要的学理上的价值。如萨伊德就说过，他的东方主义研究在某种程度上运用了福柯的知识/权力关系的思想，而斯皮瓦克对德里达解构理论的利用也是人所共知的。关于知识/权力的关系问题，福柯曾进行过这样的表述："哲学家，甚至知识分子总是努力划一条不可逾越的界线，把象征着真理和自由的知识与权力运作的领域分隔开来，以此来确立和抬高自己的身份。可是我惊讶地发现，在人文科学里，所有门类的知识的发展都与权力的实施密不可分……总的来说，当社会变成科学研究的对象，人类行为变成供人分析和解决的问题时，我相信这一切都与权力的机制有关。"④福柯对后殖民主义的理论启示在于，任何一种社会文化理论，都不可避免或隐或现地与权力存在着千丝万缕的联系，任何一种文化理论都是一种意识形态的表征，它所宣称的诸如普遍意义或绝对真理之类的东西永远是值得怀疑的。如德里达对白人神话

---

① Arif Dirlik, "The Postcolonial Aura: Third World Criticism in the Age of Global Capitalism", in *Critical Inquiry*, Winter 1994.
② 理查德·罗蒂：《后哲学文化》，黄勇编译，上海译文出版社1992年版，"作者序"。
③ 参见Frederick Buell, *National Culture and the New Global System*, the Johns Hopkins University Press, 1994, p. 233。
④ 福柯：《权力的眼睛——福柯访谈录》，严锋译，上海人民出版社1997年版，第31页。

的批判:"形而上学——白人神话学重饰和反衬西方文化:白人把他自己的神话学,印欧神话学,他自己的逻各斯,他自己的神话语言,作为一种普遍形式,还期望必须称之为理性。"①用具有普遍意义的"理性"来掩盖白人神话的特殊性,从而制造一个绝对的中心,这就是西方文化的基本特征之一。谈到德里达的影响时,普拉卡什说:"对于后殖民主义理论家来说,德里达洞见的价值在于一种揭示,即通过重新阐释差异性结构,使得放弃其他要求而回到边缘的政治得以展开,这一差异结构是现存的基础试图超越的,同时也是一种向源于各种基础性神话(作为人、理性、进步和生产方式边界的历史)的权威性进行挑战的策略,它存在于这些神话试图超越的多样性 (ambivalence) 之内而不是之外。"②德里达的解构理论,通过对差异的强调来颠覆西方形而上学从而达到一种无强力中心的多元对话格局的基本思路,仅这一点就成为了后殖民主义理论话语的重要基础。

那么,中国学界是如何把握后殖民主义这一概念的?又是如何把中国自我纳入到后殖民主义之中的?

尽管从80年代以来中国学界就有了关于多元化、多样性等关于"多"的命名和讨论,反映出中国学界思维方式的改变,但真正的多元化、多样性话语的历史进程在中国尤为艰难,二元对抗(如好/坏、红/黑、革命/反革命等)之类的思维模式一直难以消除,迄今在不同程度上仍起着不可忽视的作用。郑敏就多次指出过中国学界在接受德里达解构理论时的偏颇之弊,即中国学界实际上仍没有脱离旧有的二元对立的思维模式来理解解构,不过是用看似解构的方式试图重新调整二元之中关系项的地位而已,从而常常把解构仅仅简单地理解为"打倒"、"推翻"之类。"一个中心的绝对控制,和将诸多矛盾看成一对对的对抗的二元是神学的遗迹,也是形而上学的思维模式。"③中国学界对解构理论的这种理

---

① Jacques Derrida, *Margins of Philosophy*, trans. Alan Bass, the University of Chicago Press, 1982, p. 213.
② Gyan Prakash, "Postcolonial Criticism and Indian Historiography", in *Social Post-modernism: beyond Identity Politics*, eds. Linda Nicholson and Steven Seidman, Cambridge University Press, 1995, p. 87.
③ 郑敏:《解构思维与文化传统》,《文学评论》1997年第2期。

解必然影响到对以解构主义为基础的后殖民主义的理解。中国学界对民族主义和国家主义公开或潜在的倚重，就等于把自我放到了二元对立的其中一端，而从内部来改变这两者的等级关系也就成为中国学界研究后殖民主义问题的出发点。这种思维模式从根本上规定了中国学界对后殖民主义本身的认识以及对当前中国的后殖民主义状况的认识。

中国学界对后殖民主义的把握首先是从这样两个概念切入进来的：（一）殖民主义。殖民主义对中国学界来说是再熟悉不过了，中国在1840年后的近百年历史中无不在为反抗殖民主义而斗争着，殖民主义给中华民族带来的不幸和耻辱作为历史记忆已经深深地印在了无意识之中。从字形上看，后殖民主义 (postcolonialism) 仅是殖民主义 (colonialism) 一语之前加前缀"后" (post-)，如同中国学界此前已经熟悉的现代主义 (modernism) 和后现代主义 (postmodernism)，这种词形上的相近必然反映着两者在内容上有着千丝万缕的联系。所以，从殖民主义入手是一个当然的视角。丛郁指出："殖民主义是指以英法为代表的西方列强在资本原始积累时期对于弱小、'落后'民族的一种侵略政策，这种侵略政策往往是以武力征服为表现形式的"；"后殖民主义所呈现的则是一种温文尔雅的'绅士风范'"，是"战后欧美资本主义国家对于'落后'民族和国家所实行的一种文化渗透和文化侵略政策。"[①]所以，把后殖民主义和文化相联系以示区别于把殖民主义和武力相联系，成为了中国学界的一种共识。后殖民主义所秉承的是殖民主义的"侵略"本性。（二）第三世界。第三世界从20世纪70年代以来一直是中国在国际间阐释自我的基本话语。进入90年代，中国学界把这一概念搬到文化和文学批评领域。这里的第三世界消除了国际间流行的在政治和经济上的附属和低等的特征，更不是对第一世界膺服的表露。作为一种新的话语修辞，它一方面在国际间以"本土"化的"他者"形象去寻求对话机遇，另一方面则试图从这一立场出发来反观和反思中国学界自身在80年代里所操持的基本话语模

---

① 丛郁：《后殖民主义·东方主义·文学批评——关于若干后殖民批评语汇的思考》，《当代外国文学》1995年第1期。

式，从中批判性地重构面向未来的新话语。从这个意义上讲，第三世界的基本指向是针对第一世界的话语体系和话语霸权的。它从第一世界/第三世界对立的现实语境着眼，旨在颠覆第一世界/第三世界之间的不平等关系和秩序。为第三世界文化的独特性辩护。需要指出的是，在中国，第三世界话语实际上只能说是民族主义在国际后殖民主义语境中的一种翻版，因为与民族主义相比，第三世界具有更加广泛的"国际性"，因此也具有更加强大的政治能量，所以，把第三世界作为民族主义在国际舞台上的一张王牌是第三世界学者所期望的。任何人言说第三世界都离不开民族主义甚至国家主义背景，民族主义是第三世界话语的最终落脚点和目的。可见，从（文化）殖民主义揭示国际间不平等的文化关系，从第三世界（民族主义）寻找中国学界抵御文化侵略和文化暴力的可能和方针，这两者的结合可能包含了中国学界对后殖民主义的理解和实践。

这样一来，我们对中国学界是如何把自我纳入到后殖民主义之中的就有了一个基本的认识：第三世界是中国学界的旗帜，民族主义是它的精髓。中国学界参与后殖民主义话语实践，其目的就是要从根本上解构西方霸权，从而摆脱西方的影响和控制。而这种对西方抵制的一个最根本的途径就是试图在"本土"文化中焕发出一种与西方话语相抗衡的文化力量。德利克指出了存在于中国学界的这样一种现象，中国知识分子把自己的出发点放到了全球资本主义范围内中国社会的新生权威，他们力图超越昔日被殖民化的痛苦的历史记忆。他们"努力采用这样一种形式，即把早先被认为是与资本主义现代化相悖的儒家主义与资本主义价值联系起来，从而儒家主义被视为了资本主义发展的一种原动力"。[①]或者更确切地说，儒家文明对西方文明中存在的缺陷具有一种难得的补救和治疗功能。这种后殖民主义的话语主题在海外的华裔学者中颇有影响力，近几年来国内的"国学热"也是与这一思路密切相关，实际上，这是中国学界利用讲述民族神话把话语权象征性地控制在手里的一种策略，从而为自我

[①] Arif Dirlik, "The Postcolonial Aura: Third World Criticism in the Age of Global Capitalism", in *Critical Inquiry*, Winter 1994.

话语的意识形态化和普遍化制造理论依据。此外，当前中国学界还有一种关于从根本上"超越"民族主义的说法，张法等人于90年代中期提出的所谓"中华性"命题就是典型的一例。他们认为，中华性完全可以解决文化建构中的民族性（既包括西方的民族性也包括东方的民族性）问题，完全可以作为一种对现代性的超越性命题。中华性所表明的逻辑是，现代性是一个特殊性概念，具有一定的历史和文化背景，具有潜在的意识形态力；而中华性则表现出不同的气魄，"中华性并不试图放弃和否定现代性中有价值的目标和追求，相反，中华性既是对古典性和现代性的双重继承，同时又是对古典性和现代性的双重超越"。"对它来说，对人类经验的吸收，根本就不存在'中化'还是'西化'的问题，根本就不存在'西体中用'或'中体西用'的问题，只有现实和未来的考虑"。① 但冷静观之，这种气魄实际上如同西方人在讲述现代性的普遍性一样，试图把空间时间化，潜意识里难以抹掉占领话语制高点的企图，因为任何这一类的讲述都不可能做到所谓的超越，无论是西方还是东方。中华性——这条展开普遍性翅膀的中华性之龙，是从东方腾飞的，是在"中华圈"神话的讲述中腾飞的。这种背景就有了一种令人生疑的东西。正如特纳（Bryan S. Turner）所说，对后殖民主义的批判有可能使我们面临两种危机：一是相信作为一种人性形式的民族和前现代中有着一种不容现代主义和西方主义所毁灭的自然本真，一是把本土保守主义作为一种进步的反西方主义的特殊形式。② 所以，任何对后殖民主义的批判都应该寻找一个可靠的基点，或可以是德利克所提出的要完成从民族根源（nation origin）到主体立场（subject position）的转换。③ 当然，这一问题是非常复杂的。中国介入后殖民主义的前提在于，中国是一个民族主义无孔不入的国家，几乎可以说，民族主义形成了人们无法摆脱的潜意识，是中国学界的后殖民主义话语建构

---

① 张法、张颐武、王一川：《从"现代性"到"中华性"——新知识型的探寻》，《文艺争鸣》1994年第2期。

② 参见Bryan S. Turner, *Orientalism, Postmodernism and Globalism*, Routledge, 1994, p. 103。

③ 参见Arif Dirlik, "The Postcolonial Aura: Third World Criticism in the Age of Global Capitalism", in *Critical Inquiry*, Winter 1994。

的直接基础,从这一角度讲,中国学界的后殖民主义研究必然难逃民族主义命运。

三、中国当前的文化状况与后殖民主义批评主题

在当代全球后殖民主义体系中,中国以其特殊的历史和文化背景使得它的后殖民主义状况别具特色,而这一背景也决定了当前中国学界的批评主题的定位和内涵。

从历史上看,中国从来不是一个完全的殖民地国家而是一个"半"殖民地国家,这种"半"殖民地也只停留在政治、经济层面而非更多地涉及文化层面。也就是说,中国没有像印度和非洲部分国家那样在某一个时期完全被外来势力所统治,甚至官方语言都变成了外来语。[①]语言殖民可以说是文化殖民的一种最本质的形式。从总体上看,中国文化没有遭受过类似的根本性的毁灭,尽管"五四"以来中国学界一直在批判中国古老的传统文化和学习西方,也完成了自我的文言文向白话文的语言的现代转换,但如同鲁迅曾对中国文化的那种对中国人的深入骨髓般的占有的描述一样,中国文化传统并没有因此失去自己的作用和潜意识的影响。所以,对于中国学界来说,从历史上清理西方的殖民文化的任务并不像其他一些第三世界国家那样艰巨而迫切。其次,中国的现实状况——尤其是近20年来的发展现实表明,与其他一些发展中的前殖民地国家的政局动荡不安、民族纠纷不断、经济发展停滞甚至倒退、人民生活水平没有得到根本性改善等的状况恰恰相反,中国不仅正在一个东方大国里创造持续发展的奇迹,而且还正在创造一个东方复兴的神话。所以,如马尔库塞所论证的那样,科学技术的进步可以在相当大的程度上抑制来自意识形态的控告,而

---

① 关于这一问题,如肯尼亚作家兼理论家努济曾分析指出:"非洲国家,作为昔日的殖民地乃至今日的新殖民地,是根据欧洲语言来确定它们自身的:说英语的国家,说法语的国家,说葡萄牙语的国家。"参见Ngugi wa Thiong'o, *Decolonising the Mind: the Politics of Language in African Literature*, James Currey Ltd., 1986, p. 4。

中国的经济腾飞也起到了同样的作用。它使得中国学界有可能把对"本土"的依赖作为走向世界的基本前提或潜在前提,同时也把对本国的政治体制和意识形态机制的批判降到了最低点。对于中国学界来说,从民族主义出发与国家主义的某种结合,无论在主观还在客观,都具有相当的可能性。尽管中国学界强调自己的独立性。如张颐武所言:"在当代中国的文化语境中,我们如何说我们的话,以与学术体制中的权威话语作一个区别,这是我们的任务。"[①]但徐贲指出,当今中国第三世界批评"虽然涉及了'压迫'问题,但这一'压迫'始终被首先确认为一个国际间的文化问题,而不是一个兼而涉及国际关系和本土社会结构的文化暴力问题。因此,虽然它自称是对抗性思想文化批判,但不知不觉地回避了这样一个现实情况:它在第一和第三世界之间看到的那些压迫形式,在中国当今的本土社会文化结构中都有远为令人难以忍受、远为严重地影响人们现实生存的表现"[②]。中国的后殖民主义缺乏对本国的意识形态的批判,而仅仅表现出国际批判的单维性。情形确实如此。尽管我们可以说,当前中国的知识分子就自我而言已经感到了一种获得双重身份的自由,即对外的民族主义和对内的个体主义,但这一现象是不可靠的。在中国,民族主义的生命力非同一般,它不仅是中国古老的文化传统的一个核心内容,而且在马克思主义传入之后,其中的集体主义思想又使之得以强化。如同杰姆逊所言,东方文化的一个基本的有别于西方文化的特点就是,"第三世界的文本,甚至那些看似个人的和带有完全是本能的力量的文本——必然以民族寓言的形式投射出一种政治的维度:私下个人命运的故事,总是关于公众的第三世界文化和社会的斗争形势的寓言"[③]。个体主义的背后总是可以看到民族主义的影子,这是一个不能忽视的文化特征。而且一旦国家主义与民族主义结合起来,那么,民族主义必然

---

① 张颐武:《第三世界文化与中国文学》,《文艺争鸣》1990年第1期。
② 徐贲:《走向后现代和后殖民》,中国社会科学出版社1996年版,第223页。
③ 弗雷德里克·詹姆森:《处于跨国资本主义时代中的第三世界文学》,张京媛主编:《新历史主义与文学批评》,北京大学出版社1993年版,第235页。

成为国家主义的助手和有力武器,这一点在国际空间中表现得更加突出。

所以,中国学界为自我所确定的后殖民主义批评主题是对无所不在的西方中心意识的解构。西方中心意识问题,不仅存于中国,而且是一个国际化的问题。西方中心意识是当今世界文化体系的产物,是西方中心化的产物。西方中心化的文化运作特点表现为依据文化背后的政治、经济和军事实力的非双向性交流,而这一交流过程可以说就是不断在东方国家或第三世界国家"培育"西方中心意识的过程,它既反映了在西方的影响和操纵下世界文化格局的意识形态性,又表现出非西方民族和国家的"非我"的文化特征。所以,在全球的后殖民主义时代,这无疑是中国文化建设必须首先解决的根本性问题,它决定了中国未来文化走向的基本定位。

中国学界分析指出,中国学界的西方中心意识主要表现在两个方面:(一)在西方所拥有的绝对话语权威面前,尤其是这种话语权威以一种普遍之真理或真正之科学的面目出现时,中国学界通常绝对性地用信仰代替思考。信仰会使人坚定无比,信仰也会使人软弱无力。一旦信仰变成迷信,尊重变成供奉,人就会成为一个失聪的儿童,完全听凭西方文化霸权在"他者"语境中任意挥洒殖民威力。面对"上帝",你的任务永远只能是屈从;面对西方,中国学界也只会模仿,因为一种西方中心意识已经根深蒂固地左右了中国学界进行任何思考的可能性。西方中心意识还可以表现为中国学界所接受的在现代性招牌之下由西方人描绘的以等级制和线型历史为特征的世界图景。张法等人分析后指出,由于中国学界在自我的现代性建构中完全接受了西方模式,"这样,西方他者的规范在中国重建中心的变革运动中,无意识地移位为中国自己的规范,成为中国定义自身的根据。在这里,'他者'无意识地渗入'我性'之中。这就不可避免地导致了如下事实:中国的'他者化'竟成为中国的现代性的基本特色所在,也就是说,中国现代变革的过程往往同时又显现出一种'他者化'的过程"。[①]尽管邵建认为,"现代性只有一个高度,那就是国际高度,现代化只有一

---

① 张法、张颐武、王一川:《从"现代性"到"中华性"——新知识型的探寻》,《文艺争鸣》1994年第2期。

个水平，那就是国际水平"①，这一口号不能为西方所垄断，而应该作为全人类的一个共同标准，从而试图把西方从这一现代性话语模式中驱走，但这种分析的逻辑是大有问题的。因为从当代的历史现实出发，"高度"和"水平"都只能是西方化的。任何理论构想在这里都显得软弱而苍白。西方时刻存在着，而且始终是以现代性代言人甚至导师的身份存在的。它必然是中国学界现代性话语建构的基石。邵建的天真思想恐怕正是西方中心意识不知不觉的流露。他在为西方辩护之时，还误以为是在为全人类辩护呢！

（二）西方中心意识的一种更隐蔽的形式，"经常是在下意识地强调'民族性'、强调'东方特征'时表露出来；而且在那些反抗、对峙、冲突的场合完成'后殖民文化'的自我指认"②。张艺谋的电影就是这种"自我指认"的典型形态。张艺谋是用什么来获得西方人的肯定和赞赏的？是他的电影所拥有的人类通用的艺术标准的高度还是他的民族化的内容和风格的独特性？显然是后者。尽管邵建一厢情愿地认为，中国观众也可以成为"大红灯笼为谁而挂"中的"谁"，而不一定非洋人莫属，但问题在于，在张艺谋之前，中国电影尽管奋斗了几十年却没有得到多少西方人的奖掖，而张艺谋却赢得了西方观众，而且屡战屡胜，难道他是为人类（包括国人和洋人等）挂红灯笼挂出来的吗？不深入地揭示这里的后殖民主义意味恐怕是难有说服力的。陈晓明指出："发达资本主义文化霸权已经强有力地制约着人们的潜意识，即使在那些看上去是在反抗西方霸权的民族主义色彩浓厚的作品里，其实却隐含着更为严重的'后殖民性'心态。"③这就是问题的症结所在。西方中心意识已经达到了一个令人可怕的程度：对于西方来说，东方只具有观赏和材料价值，而且这种观赏和材料性是东方自己主动展览出来和送上门去的，是要在西方文化霸权认可之后获得一张"走向世界"的入场券，这里的"世界"不是真正意义上的世界，而只能是

---

① 邵建：《东方之误》，《文艺争鸣》1994年第4期。
② 陈晓明、戴锦华、张颐武、朱伟：《东方主义和后殖民文化》，《钟山》1994年第1期。
③ 陈晓明：《"后东方"视点：穿越表象与错觉》，《文艺争鸣》1994年第2期。

"西方"。"走向世界"从文化的深层意义上也不是去赢得文化地位的平等和对话的权力,而是对西方中心意识的威力的一次具有悲剧色彩的表现。由此,使人想起歌德的一句话,"越是民族的就越是世界的",但这一断言所包容的在今天看来的后殖民主义意味恐怕是歌德本人所无法预料的。张艺谋的电影通过民族而走向世界(西方),已经成为了一种陈晓明所说的后殖民主义的文化代码,是西方中心意识的最隐蔽也是最典型的展示,是在西方中心意识中对民族性的一次廉价拍卖。

最后需要指出的是,正如解构理论对理论本身基本特征的揭示所表明的那样,后殖民主义本身也是非常复杂的。在对支配性叙事(如西方中心意识)进行消解之时,我们会发现后殖民主义并不是简单地表现为非此即彼状态,而是亦此亦彼状态,如同扬(Young)论证的,是一种混杂(hybridity)的存在。混杂意味着任何不同生物之间的分离与组合,既可以一而二或一而多,又可以二而一或多而一。"混杂使差异变为同一,同一变为差异。而且从某种意义上说,使同一不再同一,使差异不再仅仅是差异。"①这实质上才是后殖民主义文化的基本特征。与这种后殖民主义文化现实相对应的是,理论阐释同样需要一种混杂话语。斯皮瓦克提出的"策略性本质"(strategical essence)也许是其中一种较有效的理论。尽管这一问题的复杂性超出本文所及,但我想提出一点:策略性本质论是针对解构支配性叙事之后就批评话语形成的基础真空或悬搁而提出来的。它不同于中国学界在反现代性之后的真空中所填充的中华性,因为人们从中华性那里所嗅到的仍然是本质主义气息,而斯皮瓦克所说的策略性本质则是"策略与处境相协调,策略不是理论"。②也就是说,策略性本质并不仅仅限于某一个固定的基点,而是随环境的改变而改变。这种策略把后殖民主义批评家们推到了一个多角度、多立场、多身份的境地。当然,这种后殖民主义更深一层次的内涵被中

---

① Robert J. C. Young, *Colonial Desire: Hybridity in Theory, Culture and Race*, Routledge, 1995, p. 26.

② Gayatri Chakravorty Spivak, *Outside in the Teaching Machine*, Routledge, 1993, p. 4. 这是一个非常复杂的理论问题,这里无法作任何展开。

国学界所忽视和遗忘，或者在意识中被遮蔽和涂抹，因为无论从社会现实状况，还是从中国学界现代以来所发育成的思维模式，都难以进行这种矛盾乃至"实用主义"的理论思维活动。所以，中国学界的后殖民主义批评主题只能停留在民族主义背景下的对现存的西方中心意识的解构。

（原载《外国文学》1998年第1期，转载人大复印书报资料《文艺理论》1998年第5期）

世纪回眸：中国学人的立场与企盼

1995年初，香港大型中文人文科学杂志《二十一世纪》发表了海外学者赵毅衡先生的札记式文章《"后学"与中国新保守主义》（1995年2月号），这篇文章在中国学界引发一场不大不小的关于中国当前文化问题的论争。今天，当回忆这场文化论争之时，我们发现，论争所涉及的关于如何评判文化价值与文化语境的关系，如何有效地认识中国现阶段的文化现状，以及如何评估中国知识分子文化价值观念变化的意义等诸多问题，仍然以不同甚至相同的面目和方式存在着，也就是说，这诸种问题仍然使我们面对挑战，我们还要不断地思考下去，论争下去。这其中无不反映了中国学人在世纪之交时的一种焦虑、一种思考，乃至一种企盼。

一、赵毅衡："保守"与"激进"缘何说

赵毅衡先生的《"后学"与中国新保守主义》的一个不容忽视的焦点是敏锐地指出，时下中国涌动的"新保守主义"令人惊讶地用西方激进的"后学"为其张目，"保守"与"激进"沆瀣一气，如演双簧，景观颇为奇特。这种逻辑上的相互矛盾的拼贴确实引人注意，它促使我们进一步思考这一矛盾的内在关系和意味。对这一现象有两种思考和解释的途径：一是追问"后学"本身，如赵先生所质疑的，是否"是'后学'本身具有某些特点，使它在中国的具体情境中自然趋向保守"？[①]一是追问中国的"新保守主义"，看看它在什么意义上

[①] 赵毅衡：《"后学"与中国新保守主义》，《二十一世纪》1995年2月号。

是"保守"的。但这两种追问本身无不涉及到一个更为根本的问题：何谓"保守"？何谓"激进"？我们用什么标准去鉴别一种理论的"保守"与"激进"？

首先来看看在赵文的具体分析中所包含的标准。①

赵先生认为，当下中国的"新保守主义"主要呈四种状态，撮要如下：（一）郑敏先生再次提出重估"五四"白话文运动，流露出眷恋传统的怅茫心态；（二）刘康先生对文化批评政治化的理解和辩护；（三）陈晓明、张颐武等人对精英立场的怀疑乃至放弃，自我设计了文化"守望者"这一角色；（四）陈思和、郜元宝等人在"重写文学史"的招牌下向民间文化退却。赵先生随后强调指出："新保守主义潮流最重要的表征是自我唾弃精英地位和责任，转而与民间文化——俗文化认同。"②

赵文所言的西方"后学"包括后结构主义、后现代主义和后殖民主义。表面看来，"三后"理论是激进的，它们都以昔日的理论作为自己的敌手和解构、超越对象，它们针对现实状况提出了自己的理论策略，试图占领当代西方的理论制高点。后结构主义/结构主义、后现代主义/现代主义、后殖民主义/西方主义，颠覆后者，确立前者，这既是理论目的又是时代要求。然而，赵先生却深入背后，把其中的问题尖锐地挖掘出来：西方"后学"真的是一种"激进"理论吗？且看赵先生所言：理论尽管是"有限的"，但是"理论之所以为理论，是因为其抽象性脱离了个案的束缚，可重复使用于其他场合。""一个理论不应当自诩其限度，说自己的理论之所以精彩就是为特定集团利益服务，是说不过去的。""我不是说理论不可能为集团利益服务，而是说它不应当追求集团价值取向，哪怕是'被压迫'集团。从'激进'到保守的契机往往就在此。"③赵先

---

① 鉴于赵毅衡先生的文章属于札记性的，论题本身并未充分展开，故逻辑连接时有缺乏，一些观点扑朔迷离。有人称该文"在情绪激愤的表达背后充满着思辨的混乱"（许纪霖：《比批评更重要的是理解》，《二十一世纪》1995年6月号）。我在以下的行文中只好用一定的篇幅引述该文，尽可能准确地凸显赵本人的意思。

② 赵毅衡：《"后学"与中国新保守主义》，《二十一世纪》1995年2月号。

③ 同上。

生的意思已经再明显不过了。他从主观目的和客观效果的分离上寻找理论突破口，把"为集团利益"与"追求集团价值取向"区分开来，指出了后者在理论上的直接的功利性和狭隘性。这就为否定"三后"理论的激进性找到了依据，或者如赵先生所说的，在所谓激进的"后学"中蕴藏着某种"保守"成分。在赵先生眼里，真正的西方文化（精英立场所应该坚持的）是那种"不去说三千年，至少晚近五百年的积累，已经极为丰厚，而且体制化，其根本性的意识形态没有面临危机"的"以理性和科学为基石"的西方文化；[①]而当代出现的热衷于"一窝蜂"解构的"后学"实在算不得精英（"激进"），因为它们实际上是一种"集团利益"的产物，是一种以"追求集团价值取向"为核心的理论，是"部族化"的结果，缺乏理论所应有的普遍性。

由此，我们对赵先生的"激进"与"保守"的标准有一个起码的认识：赵先生所说的"保守"绝不仅仅意味着对线性时间上的先后顺序的否定趋势的悖逆，而是对一种普遍恒定的标准的破坏。我们的切入点就放在这里。

赵先生所设计的西方"后学"的激进性与中国"新保守主义"的保守性的对接，实际上已经不仅是一个"激进"与"保守"的关系问题，而是西方"后学"本身所拥有的理论特征（或者理论弱点）使其在传入中国后"保守性"毕露的问题，这是一个理论本身的问题。那么，"三后"的理论特征（理论弱点）何在？赵文实际上已经言明，那就是（一）用特殊性原则代替普遍性原则，（二）用具体的社会利益（如政治性）代替理论本身的真正价值；而这两点都根源于一个更为根本的理论旨趣，即对文化多元主义的推崇。赵先生十分睿智地把本来属于历史的问题（"激进"与"保守"更深地掺杂着线性的历时进程的痕迹）一下子切换成为一个相当尖锐的理论问题。他让"激进"暗含"普遍性"，让"保守"暗含"特殊性"，从而使"保守"与"激进"的对立转化成为"特殊性"与"普遍性"的对立。这种在逻辑上的大胆切换确实不同寻常。无疑，赵先生意识到了一种理论在脱离具体语境后其运作形态必然发生变异，理论本身也会呈现出不同内涵；而对于理论

[①] 赵毅衡：《"后学"与中国新保守主义》，《二十一世纪》1995年2月号。

价值而言，抽象标准此时更重于现实评估，否则只能导致价值判断上的相对主义和虚无主义。然而，问题恐怕远为复杂。张颐武先生从中/西二元对抗的角度揭示出赵先生把西方等同于"普遍性"，把中国等同于"特殊性"，从而起码是潜在地包含了阻止中国的"非他者化"存在的理论策略，是一种西方主义的典型特征。① 我所要检讨的是，我们如何才能有效地阐释一种理论的价值？如何才能有效地使文化的普遍价值与具体的历史语境对话？

对"保守"与"激进"的任何解说都触及到理论本身的价值评估问题。我认为，理论价值的评估不能脱离具体语境，也就是说，任何理论的产生都是在某种历史条件所给定的限度内对先前理论及其现实问题所作的批判性思考。这就是说，一方面理论的"激进"与"保守"具有一种绝对理论意义上的逻辑扬弃关系，另一方面在现实和历史的挑战下理论所做的应答也是不容忽视的。只有从这两个基本方面出发，我们才能谈论理论本身的"保守"与"激进"。我认为，赵毅衡先生的失误就在于：他把理论与历史分割开来，极其抽象地把理论置于一个非历史的境地，忽视了理论的有效性必须依赖其基点、性质、目的等的具体存在；他只注重理论本身的抽象性和普遍性，忽视了这种抽象性和普遍性背后的丰富内容，人为地制造了一个完整的无差异的（西方文化的）历史景观；他混淆理论方法与理论目的，使得目的的有效性从属于方法的有效性；他在一个先验的原则下讨论理论本身的"新"、"旧"（"激进"、"保守"），试图用恒定的理论标准来解决历史评判问题，这只能成为一个失败的历史剪裁者。赵先生显然是一个理性（想）主义者，或者说是一个乌托邦主义者。他不时流露出对西方旧日文化的赞美，并认为那是一个精英主义者所应信奉的。实际上，他是对一种理论思维模式的维护。对西方数千年来理性高于一切、理性主宰一切的文化要旨的维护，是对一种逻各斯中心主义的辩护。尽管现实迫使他对理论的有限性不能不有所认识，但那是他所不愿看到的。赵先生渴望用整体性、普遍性和唯一性来构造理论王国。赵先生眼里的理论的真正价值在于，它对人类普遍问

---

① 参见张颐武：《阐释"中国"的焦虑》，《二十一世纪》1995年2月号。

题的关心,对一种深刻的形而上学的思考,对普遍有效性法则的维护,这固然没错,但把它与具体的历史内涵完全割裂开来却是不妥的。赵先生为理论本身设置了一个基点,如同柏拉图和黑格尔,以此来统辖理论本身的意义和价值。所以,西方"后学"在赵先生眼里实在是大有问题,而"背靠着"西方"后学"发展起来的中国的"新保守主义"也必然为西方"后学"麾下的牺牲品。

二、郑敏:回归传统与面向未来

赵毅衡先生对郑敏先生的文化价值观的批判笼罩在他对西方"后学"的挑战和对中国大陆文化界积极追随西方"后学"的激愤情绪之中。面对郑敏先生用西方"后学"为自我的传统情结辩护,赵先生毫不犹豫地为其贴上了"新保守主义"的标签。但有点麻烦的是,郑敏先生本人并不服气,称"由于我与赵先生的背景出发点、生存空间很不相同,他之所谓'保'者在我看来也许正是'革'"。并说:"回归传统的提法,未免既陈旧又僵死,哪里有不变的传统等待一个民族去回归呢?昨天、今天、明天既是连贯的又是流动的……传统产生今天,今天丰富更新传统,又产生明天。'回归'二字岂非虚妄之词?"[①]客观而论,无论是赵毅衡还是其他人(如范钦林、许明)说郑敏先生是"新保守主义"者并非无缘无故,因为郑先生的一系列文章确实流露出对中华民族传统的依恋和继承之渴望,确实有着视中华民族文化遗产为精神支柱和家园之归属感的心态,这一点郑先生本人也无法回避。

然而,赵先生之所以把郑先生归为"保守"一类,恐怕决不仅是因为郑先生的恋古情结历历在目,也不仅是因为郑先生本人所说的是由于"赵先生远离大陆,对大陆近年文化思考焦点及现象自然有些隔膜"[②]所致,而是赵先生本人的思维逻辑的一个必然结果。赵先生从郑先生二万余字长文的边缘(甚至一个

---

① 郑敏:《文化、政治、语言三者关系之我见》,《二十一世纪》1995年6月号。
② 同上。

"编者按"中）精心挖掘出两个值得注意的地方：一是郑先生提出的现代汉语产生之前处在一种"自然状态"的主张与西方的后殖民主义理论很是相似；二是郑先生回归传统所表现出来的文化立场与官方取得了某种谋合。①前者暗示郑先生对真正的西方文明的反感，后者则暗示郑先生对传统的维护是站在一种不应有的立场上。归结起来就是落入了当代西方"后学"的理论套路。赵先生的这种颇为"深入"的追究试图证明：郑先生运用德里达和拉康的理论来为她的论题服务，如强调用白话文来打倒文言文是一味否定而缺乏继承的逻各斯中心主义的表现，强调盲目地追求白话文透明性是不懂拉康所说的在能指和所指之间有一条难以完全穿透的横杠，这些恰恰说明西方"后学"与郑先生的文化价值观的联系是内在的、有机的。郑先生对德里达和拉康理论的挪用更深入地谋合了她的一种并不十分明显的文化态度。那么，赵先生的意思是否是说，郑先生之所以身陷"保守"，是因为她把理论的普遍性和对人类命运的终极性思考放在一旁，而热衷于"部族化"阐释，热衷于理论的意识形态意义，热衷于站在文化的圈子里关注政治和权力？

郑先生的文化态度的保守与否确实是一个值得考量的问题。郑先生的论题是从一个非常现实的追问开始的，②但它所论及的问题却决非是一个具体的历史定位和历史评价问题。这一点在郑敏先生对自我文章的潜本文的剖白中已经言明。她是在用西方激进的"后学"来解构普遍存在于中国学界的根深蒂固的二元对抗的思维模式，是在进行着一场极其艰苦的思维革命。且看郑先生所言："胡、陈在领导五四白话文运动时使用的二元对抗 (binary opposition) 的僵化的、形而上学的思维方式。这种思维方式产生于形而上学中心主义，往往站在一个中心的立场将现实中种种复杂的矛盾简单化为一个对抗性的矛盾，并从自己的中

---

① 参见赵毅衡：《"后学"与中国新保守主义》，《二十一世纪》1995年2月号。
② 参见郑敏：《世纪末的回顾：汉语言变革与中国新诗创作》，《文学评论》1993年第3期。郑敏先生文章的基点在于回答这样一个问题："为什么几千年诗史的汉语文学在今天没有出现得到国际文学界公认的大作品、大诗人？"

心出发，拥护一项，打倒另一项。这样就将现实中矛盾的互补、互换、多元共存、求同存异等复杂而非敌对的关系强扭成对抗的敌我矛盾。"①很显然，郑先生的出发点并非仅限于中国的"五四"白话文运动的评价，而是由此引发出对整个中国现代以来的思维模式和理论话语的一种重新思考。应该说，郑先生对这一思维模式和理论话语是非常熟悉的，是有着非常深入而痛切的体会的，尤其是"文化大革命"的十年，这一思维模式达到了登峰造极的程度，给中华民族的文化遗产带来了无法挽回的损失。如何正确地评价历史，吸取教训，避免重演，这无疑是中国人文知识分子应该思考的一个问题。况且这一思维模式和理论话语时至今日仍在中国人文知识分子中流行，甚至已经成为中国人文知识分子的潜意识，左右着他们的理论思考，还远未得到清算。我们可以从时下的中/西、新/旧、传统/现代等的二元对抗的理论话语中窥见它的踪迹。从这个意义上说，郑敏先生决不是在"向后看"，去评点过去的历史是非，去为胡、陈的历史地位定性。这里完全可以说是"醉翁之意不在酒"，是要通过翻检七十余年前的"五四"白话文运动把上述的问题尖锐地提出来，警示人们：二元对抗的思维模式的幽灵至今仍在徘徊。郑先生的立场完全是站在一个新的起点上面向未来的。

关于郑先生的文章所透露出的政治意识则要从两个方面来看：一是赵先生的意思无非是说，郑先生回归传统的态度与时下的中国官方所提倡的弘扬中华民族的（优秀）文化传统取得了某种程度上的一致，表现出赵先生所谓的不可取的"部族化"倾向，有着要沦落为政治工具的危险。赵先生的分析自然不无道理。但是，我们也需要有这样一个基本认识，民族主义作为一种意识形态，恐怕是任何人也无法回避的。民族利益与政权利益（政治党派利益）的某种谋合，以期获得民族主义本身的强化，这是一个不争的事实。所以，从民族主义的立场出发，与政治的某种（无意的）谋合是可能的，甚至是必然的，更何况中国是一个民族主义格外发达的国度。郑先生是一个民族主义者，这一点是十分清楚的，她的与官方在民族主义上的某种一致性不足为奇。只是还必须看到，这种"谋

---

① 郑敏：《关于〈如何评价"五四"白话文运动〉商榷之商榷》，《文学评论》1994年第4期。

合"是有差别的：郑先生所谋求的是一种理想的民族精神的理论意义，而政治上的民族主义则更多地关注民族本身的独立地位以及从民族中获得某种政治利益。所以，从主观目的与客观效果相分离这一理论原则来考察郑先生的文化观，郑先生的民族情结尽管在当下的中国充满了政治意味，但没有任何政治利益的狭隘性，从而也绝不应该成为所谓的"新保守主义"的证据。二是中国特殊的国情作为深刻的背景不能不影响到郑先生的理论思考：现代中国的二元对抗模式思维暗含着一种极端的政治中心主义。"救亡"压倒"启蒙"意味着政治压倒一切，政治运作模式压倒和取代了其他一切（如经济的、文化的、道德的、法律的等等）运作模式。由此形成了经济上的地富/贫雇在政治意义上的二元对抗，文化上的政治标准/艺术标准在政治意义上的二元对抗，道德上的无产阶级革命/资产阶级人性在政治意义上的二元对抗，等等。在中国，一切领域都浸透着政治思维的颇为残酷的二元对抗模式，这里实在是透露出一种血腥的气味。郑先生在其文章中并未直接触及政治在现代中国的施暴奇观。尽管二元对抗不仅是一个理论问题，更是一个政治问题，是一种权力与话语的关系问题，郑先生也提到"为了政治制度的革命而强行改变一个民族的语言传统，因而大大伤及它所负载的丰富的文化踪迹，这无疑是对这个民族的一种暴力行为"。[①]但郑先生所着意的无疑是一种理论上的清算，这种清算在某种程度上也暗含着对政治暴力的清算。二元对抗就一种模式而言，它既附属于一种话语又游离于话语，它的历史连续性存在于文化自身的连续性以及历史的惯性。应该说，它作为一种文化的结晶深藏于人们的文化或政治无意识之中、文化无意识决不会因为政体的更迭而发生根本性的危机。语言革命尽管拥有文化革命的意味，但新的语言观倘若没有与之配套的经济革命，没有与之配套的政治革命，不可能从根本上改变人们思维的模式，新的语言只能是在一种旧有的模式上运作。郑敏先生对现代中国的语言革命的清算，对其中所包容的二元对抗的思维模式的清算，问题太多也太复杂了。从郑先生提出的这样一个具体问题来解剖在中国现代主宰人们

[①] 郑敏：《世纪末的回顾：汉语言变革与中国新诗创作》，《文学评论》1993年第3期。

思维模式的东西，这一难度是可以想象的。郑敏先生所存有的矛盾和困境也是必然的。

我认为，郑先生的文化价值观的真正问题似在于其中所流露出来的一种不易察觉的矛盾。说郑先生是中华传统文化的信奉者也许并不为过，起码她对中华母语——文言文在七十余年前的被放逐就耿耿于怀（因为郑先生的一系列文章主要是讨论诗歌问题或语言问题，所以，我们只能从这一视角窥视郑先生对中华传统文化的态度）。在郑先生那里似乎存在着这样一个难以解开的死结：一方面她钟情于传统（文言文），另一方面她要打破传统（二元对抗模式），那么，在文言文（文言决非是简单的文言文本身，因为按照郑先生采用西方的语言学理论的解说，语言是一个文化的载体，是有本质的存在，而非仅是一种无内核的工具）里，无疑暗含着二元对抗的思维模式，它可以说既是这一模式的根源，又是这一模式的结果。而郑敏先生对文言文的依恋，实际上是要通过文言文去触摸中华文化的母体，去触摸中华文化的早已凝固的思维模式。这样一来，如何从中华文化的母体中剥离二元对抗的思维模式，确是一大难题。

三、陈晓明、张颐武："守望者"旗帜下的精英？

表面来看，赵先生把郑敏先生划作"新保守主义"者还有几分根据，而把陈晓明、张颐武也归入"新保守主义"之列，确是大胆之举，一时有点让人摸不着头脑，因为陈、张二人在中国大陆学术圈子里一直享有"后主"殊荣，表明了他们与西方"后学"之联系。但是，当我们在第一节里分析了赵先生对西方"后学"的剖析之后，就明白了这种与西方"后学"的联系恰恰是他们作为"新保守主义"者的一个重要标识。这就促使我们有必要来看看陈、张二人的文化态度以及这种文化态度在时下中国这一特殊语境里表现出来的意义。

陈、张二人理论反思和建构的出发点均在于中国80年代末出现的文化转型。无论他们用什么术语来描述这一转型，总体倾向都是在确认一种旧的文化观的分崩离析和一种新的文化观的冉冉升起。"新时期"/"后新时期"是对这一转型的最常见的术语表述。按照张颐武先生的定义："新时期"是一个以现代性话语为轴心的追求一种伟大叙事的时代，是一个洋溢着民族寓言精神的时代。这一时期的中国知识分子扮演着"代言"和"启蒙"的双重角色。而"后新时期"则是"对处于'后冷战'文化语境中的当代中国文化状况的总的概括，它喻示着一个以消费为主导的、由大众传媒支配的、多元文化话语构成的新的文化时代"。[①]对于中国知识分子来说，"新时期"和"后新时期"具有非同寻常的意味。在"新时期"里，知识分子面临的是"文化大革命"所造成的思想和文化上的重创：政治斗争的运作模式直接深入到社会的一切领域，成为了任何思想和行为的必然前提。所以，这一时期的最大特点就是它的政治背景和政治目的。知识分子在解放自我和启蒙大众的过程中需要不断地向政治宣战，从一整套的政治模式禁锢中解脱出来。张先生指出："80年代，当时要完成一个很大的任务，就是从过去那种非常板结的、僵化的、完全统一的国家话语里面，怎样把人的主体分离出来。"[②]"后新时期"则全然不同了，知识分子在摆脱了政治压力后，又面临着两个新的挑战：一是随着市场经济在全国范围内的确立，大众传媒日益占据主导地位，文化工业生产的消费文化浪潮一浪高过一浪，造成了知识分子所生产的所谓的精英文化面临全面冲击。陈晓明先生分析说："这次文化转型可能是致命的，它表现着从传统到现代，由知识分子所行使的文化控制权发生危机，精英主义式的控制不再能驾驭现实的文化生产和传播。"[③]一是随着改革开放的日益深入，中国与其他国家（尤其是美、欧等第一第二世界）交往的日益频繁，中国被抛入了一个在西方话语控制下的全球的"后冷战"的等级秩序，中国知识分子在世界格局中的边缘地位显露无遗。

"转型"实际上也就是一种中西、古今相遇于当下所形成的文化景观。它一方面在不断地寻找和确定文化的新的社会角色，另一方面又使文化的直接阐释和维护者面临新的机遇和考验。转型所带给人文知识分子的一个最痛苦的感觉就是自我的精神家园的迷乱，这种可怕的迷乱促使他们为自我的生存和命运

---

① 张颐武：《走向"后寓言"时代》，《上海文学》1994年第5期。
② 陈晓明等：《文化控制与文化大众》，《钟山》1994年第2期。
③ 同上。

焦虑。中国时下的知识分子应该采取什么样的立场和态度来面对中国文化的现状和前途？

"文化守望"就是这样一个自我寻找和自我拯救的产物。在《填平鸿沟划清界限》一文，陈晓明先生提出了一种"后批判"的文化态度。这种所谓的"后批判"的核心就是做一个文化的"守望者"。"'后批判'不是把批判者设想为真理的天然拥有者，相反，它对自身的局限性和相对性应有足够的意识。'后批判'不把批判主题设想为一个引导文化前进的超人，它仅仅是文化观望者，站在当代文化的前列的对话者和游走者……'后批判'将那些'无价值的东西撕开给人看'。"①从"文化批判"到"文化守望"，这一角色的变化是陈先生在整个的文化转型时为中国知识分子设计的全新角色，也是对当今中国知识分子的文化处境和文化命运的一种颇带苦涩意味的体认。而恰恰就是这个"后批判"意义上的"文化守望"被赵毅衡先生斥之为"新保守主义"。那么，时下的中国知识分子为什么要采取这样一种立场？"文化守望"的提出在中国当下的特殊语境中其价值何在？

关于第一个问题，前面已经提到，这确乎是"转型"所给予（强加给？）中国知识分子的立场。这里看看孟繁华先生的颇有代表性的一段描述："20世纪中叶，知识分子不断地被边缘化，在政治上、经济上、一直到文化上，日趋边缘，当'现代性'作为一个伟大的神话幻灭之后，知识分子沦为'文化难民'，就是在这个意义上而言，在现实的文化中，知识分子，特别是精英知识分子，浸透或参与的可能性变得很小……知识分子的边缘化已经成为一种无可否认的现实，这时知识分子的自我定位或者说是给知识和知识分子定位是他唯一能做到的一点，按张颐武的说法，知识分子作为文化的守望者才有可能找到新的立场。"张颐武补充说："守望者，就是在边缘处进行观望。"②

"文化守望者"作为对时下中国知识分子的行为选择和对社会危机进行拯

---

① 张颐武等：《重估"现代性"》，《黄河》1994年第4期。

② 同上。

救努力的一部分，它的价值尚存争论，不唯赵先生在非难。我认为，首先需要清楚的是"文化守望"究竟是要"守"什么？当下中国知识分子之所以采取这样一种立场，一是为使自我与社会拉开距离，做到出污泥而不染，洁身自好，维护知识分子自我这一社会角色的人格尊严和职业良知；一是为了在社会无序的局面中维护知识本身的纯洁性和严肃性，维护精神成果的至高无上性。"文化守望"之"守"并非一般意义上的"保守"。尽管时下中国知识分子的战略退却有点像魏晋时期知识分子的忘情山水的文化游移态度，似乎缺乏所谓的"精英"立场，但它反映了一种真实：中国知识分子已经开始从昔日的阴影里走出来，开始正视自我的社会作用和价值，使自我从原来的特殊时期的虚假的社会角色中回到真实的自我。这一社会地位的根本性改变构成了对文化和文化的社会功用进行冷静评估的难得前提。

今日的文化人在清醒地认识到文化的价值和局限之后，应该说仍然做着文化的更深层次的积累，仍然在为文化的整体的社会功能谋求着恰当的位置，为文化的合理存在进行批判性反思。他们的心理在重创之后已经开始逐渐痊愈，呈现出清醒的求衡状态。中国知识分子的退却只是一种社会地位的变化，或者说是对社会所给予知识分子的一种新的社会地位的认同，尽管这里含有某些无奈的成分，但这无疑是一种进步。这一切恰恰就是当下中国这一特殊语境所赋予"文化守望"的特殊内涵。赵毅衡先生从中国知识分子时下的退却现实断言其"保守"，确实是一种深深的误解。按张先生的说法，"望"固然含有一种边缘观望的意思，但这里无疑具有旁观者清的意味。中国知识分子在社会主流之外的描述和评判，应该具有更加深入而冷静的洞见。中国知识分子作为社会的一个群体、社会的一个有机组成部分，尽管它失去了昔日的辉煌，但它的声音仍然响起在社会的每一个角落，它仍然是社会进步合力中的一个有效的运作部分。

四、文化价值：入世/逍遥

我们不可能提出这样一个命题：有文化才有知识分子，因为文化无论如何都是人类活动的产物，但是我们对如下的命题也会深信不疑：只有知识分子才能创造出属于知识分子自我的精英文化。知识分子在整个社会中的地位正是由他们所创造出来的文化价值所确定的，而对文化价值的定位和评判则不仅要看文化的现实阐释力，还要看整个社会的文化传统观念。

中国的文化传统历来都存有所谓的入世和出世一说，因为在中国的文化传统中从文化的源头就已经分离出两种不同甚至对立的文化精神，那就是以孔子为代表的儒家的入世哲学和以老子为代表的道家的出世哲学。我认为，这两种文化倾向已经构成了一种文化无意识，积淀于中国文化的底层，它从根本上左右着中国文人的价值取向和生存态度。中国文化的意义无疑也由此判定。中国传统文化的入世和出世思想所构成的评判标准，无疑是社会学式的，它不是一种以理论自身为基点的自我评价评估。而中国几千年来社会结构的权力化运作，总体倾向在于从根本上排斥远离社会的文化云游，鼓励知识分子参与社会的权力运作，为社会的权力体系摇旗呐喊。"学而优则仕"，这是中国文人的理想选择。在古代，"士"阶层的官僚化和贵族化是中国知识阶层的一个普遍现象。从某种意义上说，中国知识分子疏离政治和权威，中国知识分子以纯粹的自由人的身份出现在社会生活中，从而恢复真正的知识分子所应该具有的独立人格，以知识自身的特性来衡量自我的价值，确实是一个绝大的历史进步。从这一角度来说，中国在90年代出现了一种知识分子可以独立地进行自我反思和自我评价的良好社会环境。

当然，这种与社会的政治权力的疏离并不意味着要去谋求赵毅衡先生所谓的普遍性标准。赵先生所标举的以"民主和科学"为核心的西方文化，据说其核心的意识形态几百年来没有发生过根本性的危机，似乎是一种历史检验的合乎普遍逻辑的文化精神，它也确实在中国过去的近百年历史中扮演着不同寻常的角色。西方的文化精神一直是中国文化革命的一种直接动力和理论基础。无论是国人倡导的"全盘西化"还是"西体中用"，都在一定程度上说明了西方文化的革命性特点，也说明了西方文化的某种普遍意义，但是任何绝对性的东西都是十分可疑的。当我们立足于本土深入思考西方文化时，它的背景是不能忽视的，具有"普遍性"的西方文化在与中国文化接触时，它的价值观念必然暴露出它本身的西方色彩，"他者化"地评估中国文化就难以避免。诚如张颐武先生所言,赵毅衡先生对中国时下文化状况的评估,"也远非我们想象得那样单纯,而是深深地卷入了全球性后殖民语境所构成的权力关系之中"。赵先生的文章"恰恰是西方中心的文化霸权所生产的'知识'的一部分",对"对中国理论批评的描述,恰恰是将'中国'再度变为一个驯服的'他者'的卓越努力"。文化不论其理论形态多么抽象,它的具体的文化内涵是充满了现实性和文化阐释者的理论倾向的。

我以为,中国时下的知识分子正在采用一种真正意义上的"精英"立场。这种立场的标准并不在于建构一种具有普遍意义的文化理论,而在于他们真正地从政治意识和官本位意识中走出来,始终在用一种理性的目光来看待一切。他们尽管失去昔日的社会的权威地位,但是仍然在对社会的发展和人类的进步做着一种颇具前卫意义的思考。他们在分析一切,包括自我。中国时下的知识分子可以用这样一句话来评说,那就是他们始终以一种出世的情调来入世,这种在社会边缘所做的文化漫游,"文化守望",正标志中国知识分子的精神探索的艰辛,表明他们的文化存在和文化思考的独立意义。

(原载《文学前沿》2000年第2期)

---

① 张颐武等:《重估"现代性"》,《黄河》1994年第4期。

新儒家与现代性弊病矫治之可能

清华大学的卢风教授对哈佛大学的杜维明教授的访谈录以《现代性与物欲的释放》①为书名出版。全书大致可以分为两大部分：第一部分主要围绕现代性与"物欲"的关系来谈；第二部分更多的是杜教授谈自己多年的研究心得，阐释儒家与现代性之关系。他们之间的对话之所以引起我的兴趣，首先是因为消费与物(欲)问题，切近我近来的思考方向，再就是杜教授谈儒家与现代性，也是一个比较有意思的话题。前些年，中国学术界曾就中国传统文化的现代性转换问题在一定范围内展开过讨论，之后的"国学热"也一度让中国知识分子似乎找到了安身立命的兴奋点。当时，这样一些对中国传统文化(儒学)的强调，更多地着眼于思想文化领域，在中国现代背景下谈儒家的自新，而对儒家与自由主义、进步主义、物质主义、消费主义之关系，儒家介入和矫正现代性弊端的可能与路径，则少有思考。卢、杜二人的谈话或许在一定程度上弥补了这一缺憾。

一、警惕现代性的物质主义

杜维明和卢风两位教授首先触及的问题些许出乎我的意料。问题是这样提出来的：物质主义借助民主制度成为社会的中坚，资本逻辑借助民主制度成为支配社会的逻辑。物质主义竟然会与民主主义相媾和，这一结论不能不令人留意。

那么，何以会如此这般？

卢风教授在该书"前言"中对现代性概念进行了必要的规定：现代性被理

---

① 杜维明、卢风：《现代性与物欲的释放——杜维明教授访谈录》，中国人民大学出版社2009年版。

解为西方启蒙过程中逐渐形成的社会主流思想和社会建设目标。就思想维度而言，现代性涵盖自由主义（包括个人主义）、经济主义、科学主义、进步主义和人类中心主义；就社会建设目标而言，现代性统摄工业化、都市化、世俗化、民主政治、市场经济和市民社会。现代社会与前现代社会的根本区别之一在于，现代社会把人的物质贪欲视为进步的动力和创新的源泉，而所有的前现代社会都把人的物质贪欲视为洪水猛兽。① 当然，卢教授关于现代性的界定是否准确，尤其是把现代性与消费主义（物欲）联系起来是否确切，这里先不去讨论。②

　　杜教授在回应卢风设定的这一问题时显得非常谨慎。他首先强调，对资本主义作泛道德主义的批判需要格外警惕，因为资本主义制度是按照自由主义原则建立起来的，自由主义则经过无数的思想家认真论述，已经非常精制，仅就此而言，自由主义与物质主义没有任何关系。当然，问题确实也就出在这里。自由主义标举自由和人权，强调平等和博爱。自由主义指导下的制度允诺给每个人以最大的自由，实际上也就潜在地赋予了每个人以最大的平等。自由与平等之间既相互依赖又相互排斥。给每个人以同等的尊重和权利，这是自由基础上的平等。自由和平等要求消除了对不同信仰的歧视，而不同的对人生意义的理解、对生活方式的理解，也都应该得到平等对待，不应有高贵和卑下之分。因此，以往社会中一直受到压抑的物质主义、经济主义乃至消费主义，在自由主义和现代社会制度的庇护下，逐渐浮出水面，甚至在进步和幸福观念的强力鼓吹下，成为社会的主流价值观。商界巨子成为整个社会最有影响力的一群人，就是最好的说明。他们为了让资本增值，要求大众消费，大力宣传消费主

---

① 参阅杜维明、卢风：《现代性与物欲的释放——杜维明先生访谈录》，中国人民大学出版社2009年版，前言。

② 在谈到消费文化时，费瑟斯通更多地把它与后现代主义联系起来，尽管也指出消费与现代性之间的联系，但是更多地把消费作为一种日常生活方式，是与城市文化、媒体文化、后现代生活方式联系在一起的。参阅迈克·费瑟斯通《消费文化与后现代主义》（刘精明译，译林出版社2000年版）相关部分。此外，杜教授在该书也提及新教主张节俭，这成为资本主义发展的一个重要原因。这里，杜教授显然是接受了马克斯·韦伯的观点。

义，消费主义的实质是物质主义。由这样的理念所构造的生活方式也成为整个社会的典范。尽管经济主义和消费主义、物质主义削弱了强调精神超越的宗教和人生哲学，但杜教授提出，它们在西方已经是非常体制化的，而且行之有效，非一般简单的唯利是图、拜金主义所能容纳。

那么，是否可以由此否认民主之意义呢？杜教授认为，显然不可以。民主的好处就在于给人们以思想自由，而保障思想自由的政治制度是要求尊重个人自主性的政治。现代民主因服从于资本逻辑而导致物质主义的流行，但它毕竟尊重了大多数人的选择权利。如果我们希望民主框架能生发出抑制物质主义的法律和制度，就只能是寄希望于大众价值观念的改变。也就是说，杜教授相信，通过公共知识分子的努力，可以抑制社会的市场化趋势，从而抑制物质主义超出制度化的异常影响。

二、儒家教义的现代诠释

尽管西方现代性在经济上已经具有了成功的制度，但是它的副作用也是非常明显的，那就是物质主义借助现代性的民主体制得以流行，而且日益成为社会的主导性价值观念。杜教授把问题由此引向如何补救现代性弊端的路径。于是，儒家的当代使命浮出水面。杜教授主要从如下三方面阐释了自己的观点：一是以中国特有的"根源性智慧"强调儒家思维方式与西方现代思维方式之间的区别；二是儒家建构的天人关系既与西方现代性中的人与自然分离的观念不同，又与基督教中的上帝主宰一切的教义相异；三是儒家强调的个体德性、修养以及应该承担的社会责任，强调其理念外推的可能性。

（一）根源性智慧与儒家的"体知"

之所以提出所谓的儒家的根源性智慧这一问题，首先就在于，当今西方社会物质文明的高度发展，无疑是与西方的现代科学思维方式密切相关的。西方现代思维方式的基本特点，简单地说，就是认识论的二分原则，以及从感性到知性到理性的思维模式，这些也就是以现代数学、物理学为代表的行之有效的自然科学方法。杜教授称，现代性的种种二分（包括物质与精神、身体与灵魂的二分）是排斥性二分。由于排斥性的主客二分,现代人把人之外的一切皆看作客体,把人凸显为唯一的主体,主体可以不带感情地认知(观察、分析、解剖、切割、宰制)客体,科学化地操纵客体。整个现代科学知识的建构都是以这样的二分原则为前提的。由此二分还派生出事实与价值、自然规律和社会规律等的一系列二分,而这样的西方思维模式完全不同于中国智慧——杜教授称之为"根源性智慧"。杜教授分析说:

> 从《易经》就可以看出来,从表面上看来它有模糊性,但是正因为它的内容丰富,所以它不把复杂问题过早地简单化。……就是说早期中国哲学不走归约主义的方式,不走归约主义的方式,就是不把人仅仅定义为理性的动物,或者政治的动物,或者能够运用工具、语言的动物,不用这些方式,一方面它的思维没有西方思维那样清晰,不能从一个清晰的命题通过演绎推出一套复杂的理念。……可是《易经》内蕴很多错综复杂的智慧,是不能用简单的方式来厘清的。我觉得中国思想的发展,有根源性很强的智慧,一下子把多元多样、错综复杂的具体掌握住。掌握了这种具体,却又不是特殊主义的方式,并没有陷入"封闭的特殊主义"。它可以跟更宽广的宇宙观配合起来。所以,在这方面不能说因为它的思路不够清晰没有分开实然和应然,就犯了自然主义的谬误,而是正因为它对那个问题的看法更深刻、更全面,所以它不能接受那种归约主义的方式,不能割断实然和应然之间的关系。①

按照杜教授的看法,恰恰就是《易经》表现出来的中国式思维的多样性和复杂性,使得这种思维成为一种"智慧",具有超强的兼收并蓄的包容力和在复杂多变环境下的辨别力和适应力。在现代性日益陷入历史困境的当下,中国的根源性智慧完全可以表现为对西方现代科学思维的一种补充或提升,也就是说,如何补救西方现代性的弊端,儒家应该发挥更大的作用。

---

① 杜维明、卢风:《现代性与物欲的释放——杜维明先生访谈录》,中国人民大学出版社2009年版,第92—93页。

西方科学思维的局限性在于，认识固然需要从感性到理性的升华，因为只有到了理性层面，才能客观而清晰地认识你所面对的事物，杜教授称这一思维活动为"基本功"，但是仅有这样的"基本功"至少是非常不够的，在这一"基本功"之外，如果"你要让认识方式更复杂化，更多元多样，则要在感性、知性、理性的基础上更上一层楼。在更上一层楼的时候一定会碰到不确定性和模糊性，那种不确定性和模糊性超越了清晰的层次"。①这显然是在为中国式根源性思维寻找挥发的空间，而且是在西方科学思维所无法达到的层面，也就是说，要想把清晰性和模糊性结合起来，把纯粹性与多样性结合起来，中国的根源性思维从其思维方式来说无疑具有得天独厚的优势。

至于说到中国古代的根源性智慧本身，它到底具有怎样的认识论特点，这是需要给予回答的问题。杜教授在这一环节上，把《易经》呈现出来的所谓的根源性智慧与儒家直接连接起来，而它们之间的切合点就在于杜教授所说的"体知"。从这里可以进入杜教授的一己之得。

中国思维的根源性智慧之所以呈现多样性和模糊性的特点，与中国人的认知方式密切相关。杜教授分析说，宋明理学把认知分为"闻见之知"和"德性之知"，而"体知"就是"德性之知"。杜教授强调，在讨论"体知"时，要把"自我"和"私我"区分开来，如果用西方的概念加以表述，就是要把主体性与主观性区分开来，真正的主体性不应该是主观主义。主观主义是一种认识论缺陷，不相容于真正的主体性。"体知"是在"私我"和"真我"之间归于后者的，一个人重视"私我"，就犯了狭隘的利己主义错误，这是不健康的个人主义。有了这样的分殊，我们就能够明白，关于"天理"和"人欲"的论说不只是道德说教。"天理"是和"真我"结合在一起的，"人欲"是和"私我"结合在一起的。②杜教授在这里也说，他的思想是有变化的。以前的西方科学思维观念

---

① 杜维明、卢风：《现代性与物欲的释放——杜维明先生访谈录》，中国人民大学出版社2009年版，第100页。

② 同上，第97—98页。

曾占据主宰的地位，但是现在需要更加谨慎地面对西方现代性的巨大缺憾。也就是说，必须面对自然科学的认知方式已经把很多人类丰富的经验给消解掉了这一现实。杜教授的基本思路不是要在两者之间进行选择，而是强调两者之间的互补，"怎样才能有一套认识论，它既与西方思维不相违背，又能照顾到体验之知的重要性？"①这是问题的关键所在。

在杜教授看来，解决之道或许就在于，从认识论回归本体论。儒家就是本体论——哲学与伦理学高度融合，也就是说，"体知"与"德行之知"、与"真我"密切相关，这一特征使得认识的正确与否，必然与"德"的高低分不开。杜教授援引说，法国哲学家阿多（Pierre Hadot）提出，古代哲学实际上就是一种生活之道，要把握这一点，首先必须弄清斯多葛学派的关于哲学话语和哲学本身的区别。斯多葛学派认为，哲学的各个部分——物理学、伦理学、逻辑学——事实上不是哲学本身的部分，而是哲学话语的部分。哲学本身，即生活的哲学之道，不是一个可分成不同部分的理论，而是由生活逻辑、物理学和伦理学构成的整体行为方式。"体知"之要在于它与认知者的生活和实践须臾不可分离。真正的体知者必是求道者。道不是知识体系（如物理学体系），而是正当的生活，既然是生活之道，就自然不会与生活分离，故曰："道也者，不可须臾离也，可离非道也。"对求道而言，重要的不只是"论"证，还要"体"证，即"体知"而力行。正因为如此，求道者不建构纯理性的逻辑体系，却重视培养乐天知命的人生态度。杜教授把"体知"式思维奠定为儒家生活状况的基础，从而打开了消解现代性灾难的途径。

（二）儒家讲"敬畏"与天人关系

杜教授谈儒学，清理出了这样的一条线索，或者说如何认知和践行儒学的路径，那就是从西方思维的主客二分入手。现代性思想设定严格的主客二分以及事实与价值的二分。二分思维长期束缚着西方的哲学、伦理学思考。你一旦用实证科学的理论支持你的伦理学论证，就会被指斥为犯了"自然主义谬误"。

---

① 杜维明、卢风：《现代性与物欲的释放——杜维明先生访谈录》，中国人民大学出版社2009年版，第104页。

于是，在这样的思维模式中，人间秩序与自然秩序是无关的。自然秩序对人类的道德选择毫无约束。现代性以庞杂的思想体系指导我们的价值追求，以精致的自由主义论证为物质主义张目，它的愿景是人类成为自然的主宰，它导致的现实是人类正在物质丰饶和纵欲无度中一步一步走向生态毁灭的深渊。

针对西方现代性思维模式导致的灾难性后果，儒学疗治西方创伤的作用越发明显。

按照杜教授的说法，实际上已经有不少西方学者对自身的文化特质和思维方式进行反思。他举例说，一位叫Thomas Berry的神学家，他提出自己的研究对象已经发生了根本性改变，不再是上帝而是地球成为他的观照焦点。他的一个基本的信念是，"我们不能够把自然当做一个客体的集合物……长期以来，人们就是把客体当成身外物，完全跟人没有内在的联系，完全是自然客体的演化过程，人根本没有参与其中"①，所以，Thomas Berry主张，要把自然"当做community of subjects，即一个主体性的社群"。②可见，以往西方现代性科学思维发展所呈现的"理性的傲慢"已经引起相当一部分西方学者的高度警觉。而儒家一贯强调以"敬畏"之心来看待人与自然之关系，这与西方视野具有完全不同的境界。儒家在谈论人与"天"的关系时，更多地强调人与"天"之间互掺的和谐关系。如儒家讲的"天地之大德曰生"，也就是周敦颐所言"阴阳五行化生万物，但人是自然界用最精致的素材逐渐创造出来的。人的出现是宇宙大化过程中最后一个阶段，人的出现以后要直接参与宇宙大化进一步的发展"。③所以，世界上的事情有天生和人成两大类，"人成"就是强调人所必须承担的伦理责任。④同时也要注意，儒家不像基督教那样主张人要无限谦卑，因为人是原罪的，只能依靠信仰而得救；上帝的爱是无限的，是对有罪者的恩

---

① 杜维明、卢风：《现代性与物欲的释放——杜维明先生访谈录》，中国人民大学出版社2009年版，第105页。
② 同上，第106页。
③ 同上，第114页。
④ 同上，第116页。

宠。人与上帝(终极实在)相比完全是没有价值的，人必须无条件地崇拜上帝，上帝无所不在，上帝全知全能。儒家则认为，人是有尊严的，人直接参与宇宙大化，人应该有强烈的责任感。天人关系是一种互补和对话的关系。天人之间相辅相成，一切都要在现世中转化，不容许人推卸任何责任。且看杜教授的一段论述：

> 基督教认为，在人的世界之外还有一个精神世界，并以那个精神世界的完美对人伦世界的丑恶进行批判，这是它的资源。儒家不同，孔子说"鸟兽不可与同群！吾非斯人之徒与而谁与？"他没有想象一个外在于人伦世界的精神领域，不是向往彼岸，不是向往未来的天国，他必须在这个世界里来转化这个世界。这是一种不同的敬畏方式，不同的和终极实在（"上帝"或者"天"）的进行对话的方式。①

杜教授在这里也援引了余英时的观点，指出在对儒家传统的认知上，他们之间是有分歧的。比如，张载讲"圣人为天地立心"，王阳明说"与天地万物为一体"，陆象山说"我注六经"，我心就是宇宙之心等。余英时认为这些儒家观念导致了现代人的狂妄和傲慢，造成很大的祸害。杜教授则试图强调问题的另一方面："老的传统，比如孔子的畏天、敬天，比如'天地君亲师'，这是民间的传统，都有对天的敬畏感。有敬畏感就意味着承认，天确实有人的理智不管怎么发展也无法了解的奥秘。可是孟子却讲'尽心知性知天'，认为人可以知天，特别是圣人。"② 因此，儒家传统更多地是把人与自然联系起来，在"敬畏"的前提下与自然打交道，人的行为自然会有胜天的一面，但更多地是强调人与自然相和谐的一面。

---

① 杜维明、卢风：《现代性与物欲的释放——杜维明先生访谈录》，中国人民大学出版社2009年版，第118—119页。

② 同上，第136页。

  以前我有一个很强的感受，就是说，"人能弘道，非道弘人"。我们不能把它解错了。因为如果把"人能弘道"解释错了的话，就会成为由最傲慢的人来改变天地的观念。我们能够弘道，如果你把道当做上帝，那便是我们使上帝荣耀，而不是上帝使我们荣耀。我们为天地万物立心，而不是天地万物为我们立心。"为天地立心，为生民立命"这些观念就出现了。但这不是孔子的本意。孔子"人能弘道，非道弘人"的意思就是说，人在地球上（天地间），你不管他是怎么来的，天生后面就是人成，人想生活得好就要靠人的努力。所以，"人能弘道"的意思是，我们这批有自觉能力的人有责任、有义务，这是我们的终极关怀。①

  到这里，我们就已经比较清楚杜教授的所谓的认识论向本体论的过渡的内涵，儒家本体论强调在主客体统一中哲学与伦理学的不可分，更强调把哲学问题最终落实到伦理学上，这可以说是中国式根源性智慧的一大特质。杜教授在此基础上发挥说，一方面主客体的统一"落实到地球，落实到社会，落实到家庭，乃至个人的身体"，另一方面"'与天地万物为一体'的理念是一种宇宙情怀，而宇宙情怀有一个超越地球的向度"。②杜教授按照中国思维把天人合一思想表述为一种终极关怀，这种关怀不仅是一种超越性的大爱，它最终还是落实在具体的个体身上，使得个体在与社会乃至宇宙的不断结合中走向自身的存在之本。

（三）儒家的个体德性的外推

  认识论向本体论的转换，还在于使个体的"体知"成为人与自然的交汇融合之点，由此，杜教授进一步强调儒家的伦理观照中主体与客体之间的互动关系，从而把个体德性——比如仁爱——提升到一个相当的高度，使其具有根源性意义。杜教授提出："'为己之学'就是要完成自我，但自我不是一个孤立绝

---

① 杜维明、卢风：《现代性与物欲的释放——杜维明先生访谈录》，中国人民大学出版社2009年版，第124页。

② 同上，第140页。

缘的个人，而是关系网络的中心点，所以个人自我的完成牵涉如何与社会、国家、地球、宇宙联系的课题，所以他是入世的。仁爱是一个差等之爱，它是一个逐渐由内向外推展的过程。"①杜教授所谓的"等差之爱"，所谓的"由内向外推展"，是个体如何与整体相联系的一种方式，也是人与自然、社会建立关系的一种方式。当然，既然是个体的"外推"，如果按照科学思维来设想，就一定会存在"外推"过程中不断衰减的问题，而这一衰减的结果直接导致人与外界结合的不尽如人意，人可能在"外推"中由于自身的弱小而被外界吞噬，因为人作为个体的能量毕竟有限，不可能成为如太阳般的无穷尽的光明的来源地，但是按照儒家思想设计的"外推"，由于个体不再仅仅是个体，他更重要的是一个网络中的个体，也因此具有了突破"外推"困境的途径。杜教授分析说：

> （儒家）越向外推，它的力度应该越大，因为它通过协力的方式，自我人格的完成，再通过家庭、社会、国家、人类完成的过程，这是层层配套的，而不应是越来越淡。在实然的情况下，在人类社会中，对亲人的关心一定甚于对路人的关心，但是，向外推的意思就是要使对路人的感情与对亲人的感情接近，所以它一定要强化感情的外推。这只是在家族内部、国家内部、人类内部，你如果再讲到与天地万物为一体的话，就还要向外推到宇宙，所谓"大化流行"……。所以人生的意义不仅在个人人格的完成中展现，而且在这个过程中要和天地万物为一体。②

这种"外推"的理想固然需要精神的强者，需要思想的"圣人"，但是个体如果能够把自身与家庭、社会、国家结合起来，自身的局限也就得以有效的克服，那么，无论从哪个意义上说，都是儒家入世人格的一种体现，也是儒家入

---

① 杜维明、卢风：《现代性与物欲的释放——杜维明先生访谈录》，中国人民大学出版社2009年版，第81页。
② 同上，第81—82页。

世精神的一个境界。

其实，关于"傲慢"的问题，无论是"上帝的傲慢"还是"主体的傲慢"，从西方的思想理路看，应该是一个似乎带有某种必然性的结果，上帝的衰微与人的崛起是文艺复兴以来一个无法回避的发展过程。杜教授提及的余英时的观点，认为中国儒家同样具有反映人的傲慢的一面，尽管这样的结论是从西方历史中获得某种启示的结果，但它也具有一定的普遍意义，也就是说，人崛起而成为与自然相对立的一极，这一现象无论西方还是东方，都应该是遵循了同样的规律。当然，我个人以为，东西方可能有所不同的是，西方由于后来科技迅猛发展，助长了人的理性的傲慢，而东方尽管人的内心世界不断强大，但由于对外界的征服手段没有跟上，始终没有达到人所预期的程度，所以与自然妥协，时刻考虑与外界的协调，也就成为一个迫不得已选择的路径；再加上东方人被归于家庭和社会，所以人际关系成为首先必须面对和处理的问题，而人与自然的对抗，人对自然的操控，无法像西方那样具有紧迫性和强力性。

三、进步迷思与儒家的现代自新

从某种意义上说，现代性与历史决定论密切相关，或者说后者构成了前者的合理性基础。历史决定论的核心思想之一就是进步（主义）。按照杜教授的说法，实际上在西方历史上，对于文明与道德之间关系的反思一直就没有停止过，尤其是近代以来的以卢梭为代表的启蒙思想家，他们对所谓的文明进步而导致的道德退步有着高度的警惕，并不断进行反思性批判，但是现代性作为一种强大的历史潮流已经无法阻挡地打碎了一切逆历史潮流而动的妄想。当下的我们必须回到西方现代性所深入笼罩的现实中来。如果说物质主义、消费主义是容易身陷其中的陷阱，其实它们也是比较容易识别的现代性弊端，它们所表现出来的人的狂妄自大和对自然的公然蔑视，以及对西方普遍的基督教教义的挑战，在环境伦理和生态主义盛行的今天，日益成为人们集中反思的对象。西方的有识之士已经对资本逻辑主导之下的西方社会的物质和消费观念进行了持续而深入的批判。然而，进步（主义）作为一种似乎更加合理的科学理念，一直以来或隐或显地主导人们的日常生活方式或整个社会的发展方向。

当然，杜教授提出，道德完美主义是不可取的，它甚至比中世纪的宗教禁欲主义更残忍，所以在市场经济条件下应该有新的道德规范。杜教授一再强调，不能简单地说"因为经济发展，因为市场经济造成的物质主义，它在道德上就是堕落的"①。实际上，道德与市场仍然是相互需要的，道德也不应该因为市场的发展而出现危机或真空。当然，在"市场经济"之外，要注意"市场社会"的畸形影响力，也就是说，如果一个社会的整个肌体都市场化了，它的政治体制、社会秩序、道德伦理都被市场法则所左右，那确实会导致社会的灾难，但是"就一个健康的资本主义社会的发展来讲，'市场'是一个非常庄严的观念。市场不应只是一个熙熙攘攘、唯利是图的地方。不能说，有些人是为义，有些人是为利，不是这么简单的事情。要维持市场的健康，需要大家都尊重它的许多重要价值。法治就是很重要的一个价值，另外还有公开性、公开度、公平竞争、信用。很多以前完全属于道德伦理的观点，后来都变成经济制度了，比如trust（信贷）、insurance（保险）和welfare（福利），这些都变成经济制度了。其实每一个经济制度后面都有丰厚的伦理价值和道德理念"②。可以说，在这本杜教授的访谈录里，我们时常能够读到他为市场经济的辩护，他以美国这一比较成熟的市场经济体来谈论市场经济与伦理和道德建设问题，尝试矫正人们对市场经济与道德关系的曲解乃至误解，好像市场经济的发展是道德走向衰落的罪魁祸首。其实，如果把市场经济控制在一个比较适当的范围，不要把市场经济变成市场社会（今天的美国已经出现了这样的苗头），就会比较有效地维护和健全整个社会的道德观念和伦理原则。

从这样的立场出发，杜教授再次把目光投向中国的儒家之道。儒家谈论的道德，历来有"公德"和"私德"之分，这是一个需要给予重视的问题，因为在现

---

① 杜维明、卢风：《现代性与物欲的释放——杜维明先生访谈录》，中国人民大学出版社2009年版，第175页。

② 同上，第176页。

代社会"公德"与"私德"的概念、"自我"(personal)与"私我"(private)概念是要严格区分开来的。Privacy是隐私权的意思,它与personal的区分构成资本主义的一大特色。"这就等于每个人有一个个人自我活动的空间,这个空间不能受政府、社会、家庭、父母的干扰。这个空间不能够保住,那么人的尊严、人权就要受到限制。"① 不过杜教授强调,也恰恰就是这一所谓的"私我"观念,成为儒家批判的对象,因为儒家更看重"自我",更看重"自我"的那种可能的公开性、公共性,甚至把内心隐秘处呈现出来的性质。杜教授下面的分析是总结性的:

> 儒家重视推己及人,从个人修身走向公共领域,所以才有"天下为公"的理念,它是一直往外推的。你是personal,却不是selfish(自私的);你是truly familial(确实属于家庭的),却不是一个家族主义者;你是扎根在社群的,是communal,却不是parochial(狭隘的);你是扎根在国家的,却不是nationalist(民族主义者);你扎根在人类,却不是anthropocentric(人类中心的)。所以公和私的关系是一个辨证关系。个人是私,家庭是公;家庭是私,社群是公;社群是私,国家是公;国家是私,人类是公;人类是私,生命共同体是公;生命共同体是私,宇宙大化是公。它这样发展出来就可以跟普世伦理配合。②

> 儒家的人文主义不是凡俗的人文主义。它之所以不是凡俗的人文主义,就因为它要联合精神世界和自然世界。所以中文里的"人文"(human)绝对不是一个简单的人类学的"人",它既是人类学的,又是宇宙论的。我认为这个绝对是儒家的长处。跟世界各种不同的轴心文明来比,这是一个突出的长处。③

---

① 杜维明、卢风:《现代性与物欲的释放——杜维明先生访谈录》,中国人民大学出版社2009年版,第180页。
② 同上,第185—186页。
③ 同上,第194页。

问题讨论到这里，我们确实已经可以比较清晰地了解杜教授的关于儒家与现代性之间关系的思路了，他所强调的儒家对现代性弊端所可能具有的治疗作用，他在现代社会境遇之下对儒家命运的极力观照，他始终尝试把儒家作为一种本体论来整合西方哲学和伦理学的努力，实际上都是在努力发掘和弘扬儒家的根源性智慧，对儒家进行必要的现代转化，完成儒家的自新，并在西方现代性弊端日益凸显的当下，找到一条人类走向未来的康庄大道。

20世纪前期中国美学思想进程的两条路径

一、中国现代美学思想发轫的基本特质

从表面上看，中国现代美学发轫的基本特质在于中国古典美学思想发展过程的突然中断。与西方现代美学的兴起绝然不同，中国现代美学是在中国被迫纳入现代性发展轨道的历史条件下对自身的民族文化传统的反省起步的。

从19世纪中叶开始，"西学东渐"浪潮源源不断地弥漫于中国学界。这一浪潮开拓了中国学界的新视野，使之逐步认识到中华民族在西方列强面前的劣势。蔡元培说过："中国人羡慕外国人的：第一次是见其枪炮，就知道他们的枪炮比吾们的好。以后又见其器物，知道他的工艺也好。又看到外国医生能治病，知道他的医术也好。有人说：外国技术虽好，但是政治上有霸道，不及中国仁政。后来才知道外国的宪法行政法等，都比中国进步。于是要学他们的法学、政治学，但是疑他们道学很差。以后详细考查，又知道他们的哲学，亦很有研究的价值。"[①]对落后的痛切认知成为中国学界现代"启蒙"的原动力。如果当时的中国学界认同"启蒙"这一术语的话，他们肯定会认为中国近现代所发生之事是对中国传统文化的一次反动，是在西学背景下重构适应时代需要的中国新文化的一次努力。那么，说中国现代美学的发轫是这一"启蒙"运动的一部分，当无疑义。但对这一问题，我们还需进一步思考。

尽管在二千余年漫长的发展中中国古典美学思想没有能够呈现出具有西学

---

① 《蔡元培美学文选》，北京大学出版社1983年版，第146—147页。

特征的基本构架，但与西方美学思想相比较，其独特性是显而易见的。现在的学界普遍认为，中西在具体审美方式和总体美学追求上的差异在很大程度上取决于中西致思模式的不同：中国以体悟玩味和整体观照为特征，西方则以具体分析和逻辑推理为特征；中国以伦理和道德原则为旨归，西方则以实现求真为目的。中国古典美学思想之所以缺乏所谓的现代意义上的学科素质，主要是中国古典思维模式影响的结果。在这一意义上，中国现代美学对中国古典美学思想的超越首先着眼于审美方式，或者说着眼于审美方式所体现出来的思维模式。当然，这一问题本身相当复杂。从承继的关系来看，中国现代美学对中国古典美学思想中的若干精神有所反思和张扬，比如对美的感性本质在某种程度上的认可，对美善关系在"启蒙"基础上的调整等。但需要特别指出的是，中国现代美学的发轫与中国古典美学思想的审美伦理性质或审美道德性质并没有发生根本性冲击。美善关系在中国现代美学的发轫时期虽在表现形式上有所不同，但其基本特征（美善相关、善高于美）却并没有多大改变。这是研究中国现代美学发轫特质的一个不容忽视的方面。我们从整体的历史过程中确实应该认识到，中国现代美学与中国古典美学思想有着相当的差异，中国现代美学是在完全不同于中国传统文化的西学基础上开始建构的，但历史进程往往也在和人们开着不大不小的玩笑。作为中国现代"启蒙"运动一部分的中国现代美学，它所发轫的内在动机来自强大的外在压力，外在压力最终转换成内在动机，而这一内在动机最终也必然会转换为由外在压力所造成的欲消除外在压力的现实努力，中国现代美学的内在动机实质上已经暗含了必须服从的某种外在目的。从学理上说，西方现代美学的基本性质与中国现代美学发轫的内在动机是有矛盾的，但在"西学东渐"所催生的中国现代美学的发轫期，中国美学界似乎并没有意识到这里面存有的矛盾，而是试图十分合理地把它们镶嵌在中国现代思想进程的大舞台上。

以王国维和蔡元培这两位中国现代美学发轫的奠基者为例。王国维最早把西方美学概念引入中国，他本人对美学的理解也因循西方现代美学的基本精神。他说："美之性质，一言以蔽之，曰：可爱玩而不可利用者是已。虽物之美者，有时亦足供吾人之利用，但人之视为美时，决不计其利用之点。其性质如是，故其价值存于美之自身，而不存乎其外。"①在王国维的心目中，自律性和非功利性是美学的基本特性。更进一步，王国维还提出美在形式的主张："一切之美，皆形式之美也。就美之自身言之，则一切优美皆存于形式之对称变化及调和。至宏观之对象，汗德虽谓之无形式，然以此种无形式之形式能唤起宏壮之情，故谓之形式之一种无不可也。"②从历史上看，西方美学思想可大致分为自律和他律两大基本走势，但这一走势在现代呈现出明显的变化。随着鲍姆加通提出建立美学学科，试图把以往认为是无法理性化的感觉和心理的某些内容纳入认识论之内，现代美学开始受到浪漫主义和形式主义更为强烈的影响，而传统意义上的功利主义和现实主义逐渐处于劣势。从王国维本人所接受的西学来看，生命哲学和唯意志论是其中的一个非常重要的部分。尽管西方现代美学与生命哲学和唯意志论没有直接的联系，但在王国维那里情况已有所不同。从意志、从生命、从体悟出发来观照美学，把现实功利放在一边而从超越视角步入人之生命体验，不能不说在一定程度上暗合了中国的道家精神。从这个意义上说，王国维对美学的形式自律性和非功利性的强调，既有对中国古典美学思想的继承与反拨，也有对中国当下的社会现实的批判。王国维指出："今夫人积年月之研究，而一旦豁然悟人生宇宙之真理，……而此时之快乐，决非南面王所能易者也。且此宇宙人生而尚如故，则其所发明所表示之宇宙人生之真理之势力与价值，必仍如故。……若夫忘哲学、美术之神圣，而以为道德、政治之手段者，正使其著作无价值者也。"③这一唯学术而学术的思想，这一对最终极意义上的学术价值之认定，在致思方式上与唯美主义是相通的。当然，王国维也有矛盾之处。尽管王国维说"学术之发达，存于其独立而已"，但在潜意识里仍难以彻底摆脱中国传统文化观念的影响，他在学术之外始终为学术设立了一个目的。也正如他所说，人在现实生存中对道德政治之利害的考虑，决非一般

---

① 《王国维文集》第三卷，中国文史出版社1997年版，第31页。
② 同上，第31页。
③ 同上，第8页。

人所能避免。

蔡元培对西方现代美学的关注似乎表现出与王国维全然不同的另一番意义。蔡元培提出"以美育代宗教"的主张,并在20世纪前30年间,一共写过三篇题目相同的文章,即"以美育代宗教",十分鲜明地阐发了他的美育思想,而且还身体力行地把这一主张贯彻到他的教育实践之中。为什么要"美育代宗教"?在蔡元培看来,历史上宗教一直承担着教育作用,不仅是人寄托信仰之场所,而且是培育人格之场所,但随着西方现代哲学和科学的发展,宗教的教育作用已经衰退,很难再适应时代需要。从某种意义上说,美育可以作为宗教的替代品。与宗教相比,美育更符合现代社会理念,有三方面优势:"一、美育是自由的,而宗教是强制的;二、美育是进步的,而宗教是保守的;三、美育是普及的,而宗教是有界的。"[①]显然,蔡元培之所以赋予美育如此之重任,是与他对西方美学的认知分不开的。蔡元培指出,在西方现代观念中,美学具有"普遍"和"超脱"两种性质。美学的"普遍"性可以"打破人我之成见",培育人的公德之心,美学的"超脱"性则可以"透出利害的关系",使人获取自由之空间。[②]与王国维一样,蔡元培美学观的形成也与研读康德分不开。他在1916年所写的《康德美学述》一文中就把"超逸"和"普遍"作为康德美学的基本思想,前者强调审美快感的感官共通性,后者强调审美快感脱离利害的非现实性。[③]所不同的是,蔡元培对西方现代美学的接受颇有意味,他是在用自由、超脱的美学理念实践着现实的功利目的,实现中国人的理性解放。

两位中国现代美学发轫的奠基者,他们的思想和实践已经清晰地显现出中国现代美学的发轫特质。西方现代美学在中国现代的出场,不能不经历一种挑战。是维持学科的基本面貌,还是谋求改变而为中国的现实状况服务?是在超现实的层面上思考人生问题,还是形而下地参与人们的现实生活?应该说,这

---

① 《蔡元培美学文选》,北京大学出版社1983年版,第180页。
② 《蔡元培哲学论著》,河北人民出版社1985年版,第407—408页。
③ 同上,第161—165页。

就是中国现代美学发轫的历史境遇,也是两难之中历史所必须做出的抉择。这一切不仅影响着中国现代美学的发展,也成为发生在中国现代美学史上的一系列美学批判的根源。

二、审美功利主义与审美自由主义的对峙

发轫于王国维、蔡元培等人的中国现代美学思想,在之后的岁月逐步发展成为审美观念的强有力的两翼,即审美自由主义与审美功利主义。王国维和蔡元培等人所代表的时代,总是试图在肯定美学自由性质的前提下使之与现实结合起来,尽管这里面存有几乎是难以调和的矛盾,但他们并没有意识到,或者说并没有把它作为一个重要的问题来对待。发轫期之后,中国现代美学思想的进程又有了新的局面。马克思主义从20世纪20年代开始逐步形成气候,与刚刚在中国落地不久的资产阶级思想发生了严重冲突。个人主义与集体(国家、民族)主义、自由主义与工具主义之间的矛盾日益加深,并逐步成为中国学界的主导性问题。

审美功利主义始终处于强势地位,但审美自由主义也始终没有退出历史舞台,即使是在民族决战和阶级决战的关键时刻,对审美自由的向往仍然被顽强地表述着。1923年,朱光潜在一篇文章里流露出借美学超脱现实、追求自由的思想。[①]美学研究之所以出乎意料地成为了他的主要学术实践,[②]大抵是因为美学在社会中所具有的"实用"价值有意无意地吸引了他,这种价值不是说美学具有干预现实、改造现实的功能,而恰恰相反,朱光潜所看到的是,美学可以成为超脱现实的最佳途径。1944年,朱光潜发表《文艺上的低级趣味》一文,极力批判当时颇为流行的文艺工具化倾向,把"口号教条"式文艺与色情、黑幕等文艺形式一起归于低级趣味,指出:"文艺在创作与欣赏中都是一种独立自

[①] 朱光潜:《消除苦闷与超脱现实》,《朱光潜全集》第八卷,安徽人民出版社1991年版。

[②] 朱光潜回忆说:"从前我绝没有梦想到我有一天会走到美学的路上去。"(《朱光潜全集》第一卷,安徽人民出版社1993年版,第200页。)

主的境界，它自有它的生存理由，不是任何其他活动的附属。……它没有其他目的，其他目的如果闯入，那是与文艺本身无关的。存心要创作艺术，那是一种内在的自由的美感活动；存心要教训人，那是一种道德的或实用的目的。"① 很显然，朱光潜认为文艺的自由特征首先表现在它可以使人超脱现实而达到自由的精神境界，如果说这也算功利的话，倒是可以接受的；再有，从主客观分离的角度看，尽管文艺在客观上具有"教训"功能，甚至作品愈伟大其"教训"功能就愈成功，但作家主观上则不应有丝毫的"教训"动机，否则生产出来的作品是不会有多少价值的。在1948年发表的《自由主义与文艺》中，朱光潜论述了文艺自由与人性的密切关系："文艺的要求是人性中最可宝贵底一点，它就应有自由底生展，不应受压抑或摧残。"文艺自由是人的心灵自由，这种自由不可能有任何实用目的。"自由是文艺的本性，所以问题并不在文艺应该不应该自由，而在我们是否真正要文艺。"真正的文艺并非与现实毫无联系，而是在与现实的联系中把人从现实中解脱出来，而不是使人更加深入地卷入现实中去。②

对朱光潜审美自由主义思想的批判，至少30年代有周扬，40年代有蔡仪。周扬在1937年6月的《认识月刊》创刊号上发表了《我们需要新的美学》一文，其中对朱光潜的美学思想提出质疑。周扬的美学思想来自苏俄的美学观念和理论逻辑，其基本立场是使美学回归到社会现实之中，与资产阶级的唯心主义美学彻底决裂。周扬从美感问题介入，指出以人类先天的审美情感为对象，将美感视为一种直观的感性的活动，属于生理学、心理学的范围，由此将艺术当作非社会的、心理的现象来处理，这是主观观念论美学的共同特点，也是朱光潜的美学代表作《文艺心理学》的基本观点。周扬指出："自然，我们并不主张艺术要像照相似地模仿人生。艺术家应当透过人生的外表，看取它的本质，在外表之下看取内在的矛盾，然而这不是造出和人生的距离，而正是在更深的本质

---

① 《中国新文学大系(1937—1949)》(文学理论集二)，上海文艺出版社1990年版，第738页。
② 同上，第773—776页。

的意义上达到和人生的接近。所以,艺术家应当深入人生,和现实所得深深的融合;他不应当旁观,不能够超脱;他必须和同时代的多数民众一同喜怒哀乐和历史的发展的趋向息息相关。只有这样的艺术家,才是真正伟大的。"①从这一意义上说,朱光潜所主张的艺术的目的就在于美和美所唤起的快感,欣赏也只是以纯美感态度来对待作品,不掺杂一丝一毫的利害和观念,作品的成功与否仅看能不能引起这种纯粹的美感等,都是脱离现实,脱离美学的社会性质的。

在1948年前后,上海文艺界曾有"批判反动思想的酝酿"。在"读过朱光潜先生的许多著作后",蔡仪也写下了《论朱光潜》一文。②蔡仪结合朱光潜的身份和现实影响,把问题加以政治化,提出朱光潜文艺思想具有反动性,他的理论是以"没落中的地主阶级的士大夫意识为主"。尽管受到西方影响,在某种程度上接受了西方的理论学说,但朱光潜面对现实时所表现出来的仍旧是中国封建士大夫的旧理论,什么超脱啦、豁达啦、趣味啦、距离啦等等。从这一点出发,他必然是现实主义的反对者。更有甚者,"朱光潜切齿痛心地责骂的正是那些反对封建社会、封建意识、封建文艺的人。他说:'过着小资产阶级的生活,行径近于市侩绅士,却诅咒社会黑暗,谈一点主义,喊几声口号,居然像一个革命家。如此等类,数不胜数,沐猴而冠,人不像人'"。朱光潜这种反对"口号教条文学"的态度,表面上是在为中国新文学的前途着想,强调艺术家要忠实于艺术,"然而一切为艺术而艺术论者,都不能'超脱'他的社会意识要求,朱光潜的这样反对以文艺为宣传工具,其实这正是他的以文艺理论为宣传工具"。③蔡仪对朱光潜的批判是在当时的社会状况下进步文艺界对右翼文艺界的批判,这一批判尤其强调指出了朱光潜美学思想在政治上的反动性,并把他的美学观与人生观和阶级性联系起来。这种政治分野也必然是学术分野的反映,甚至从某种意义上说是学术分野的根基,审美功利主义难以回避的正是这种时

---

① 《周扬文集》第一卷,人民文学出版社1984年版,第221—222页。

② 蔡仪:《探索集》,人民文学出版社1981年版。

③ 同上。

代的政治诉求。

三、朱光潜、蔡仪美学建构的意义

中国现代美学尽管因循西方诸学派而存有不同的理论观点，但总体上说比较幼稚，再加上当时整个社会始终处于动荡之中，美学建设缺乏合适的土壤和条件。朱光潜、蔡仪等个别美学家的美学活动反映出一定的特殊性，具有导向性意义。

朱光潜在30年代出版的《文艺心理学》是中国现代美学史上一部不可或缺的重要著作，也是他个人前期最重要的美学著作。一部"美学"著作，之所以称之为"心理学"，是因为朱光潜认为美学研究的基本内容是艺术的创造和鉴赏，而创造和鉴赏更多地涉及心理学。也正是由于把心理学引入美学研究中来，朱光潜提出了美是主客观统一的美学本质观，这不仅是中国现代美学第一个比较成熟的关于美的本质的看法，而且也为五六十年代的美学大讨论准备了理论资源。差不多十年之后，蔡仪《新美学》的出版又成为中国现代美学史上的一件大事，这部可与《文艺心理学》相媲美的著作第一次把唯物主义作为美学建构的基础，创造出中国现代唯物主义美学这一新形态。蔡仪在《新美学》中提出的美是典型的美学本质观，成为继朱光潜之后关于美的本质的另一个富有理论生命力的思想，也同样为十余年后的美学大讨论提供了相对立的理论资源。

朱光潜的《文艺心理学》是他多年学习和研究西方美学的一个结果，更是他在批判中实现超越自我、超越前人的一项丰硕成果。朱光潜在研究克罗齐美学时注意到，西方美学史有两种倾向：一是关注客观的唯物派，认为美是物的一种属性，艺术美也还是一种自然美，人不过是被动的鉴赏者；一是关注主观的唯心派，认为美是一种概念或理想，物只有表现这种概念或理想，才能算是美。[①]克罗齐美学属于后一类。在朱光潜看来，这两派美学都很难成立。那么，

---

① 《朱光潜美学文集》第一卷，上海文艺出版社1992年版，第151页。

如何避免西方美学这两种倾向的缺陷，比较合理地认识美的性质，成为超越西方美学、创立一家之言的关键。朱光潜由此提出了在后来产生影响巨大的主客观统一说："美不仅在物，亦不仅在心，它在心与物的关系上面；但这种关系并不如康德和一般人所想象的，在物为刺激，在心为感受；它是心借物的形象来表现情趣。世间并没有天生自在、俯拾即是的美，凡是美都要经过心灵的创造。"[①]美的主客观统一说是一种全新的美的本质观。首先，把美放在了"心"、"物"之关系上，从根本上避免了"美全在物"或"美全在心"这两大误解，这样不仅可以较好地解决美学理论上的缺陷，也可以对审美实践中的具体问题作出合理的解释。其次，强调美是心灵的创造，从一个侧面意味着自然本身无美，因为当你觉得自然美时，自然已经成为了表现情趣的意象，美是物在心的观照下的一种结果。无法回避的是，朱光潜的主客观统一说实质上是对主观论美学的一种有限的修正，其核心还是无法脱离克罗齐的美学思想。当时，中国美学界对美的认识基本上是模仿西方，能像朱光潜那样在某种程度上认识到西方现代美学的弊病，并试图加以克服而成一家之言，实属不易。

蔡仪在40年代出版了自己的主要美学著作《新美学》。一个"新"字表明了蔡仪的雄心壮志，就是要在中国现代建立以唯物论为基础的美学。朱光潜美学是试图在审美经验的基础上对西方资产阶级美学思想有所发展、有所修正；而蔡仪美学则完全脱离开西方资产阶级美学的轨迹，试图把马克思主义和苏联的美学主张作为建构自己的美学体系的理论资源和方法。蔡仪指出，美是客观事物这一主张是过去一部分哲学家提出来的，[②]尽管它已经给我们提供了正确认识美学的基本途径，但如果仅仅强调客观事物就是美，那就非常容易把美庸俗化。真正需要解决的问题是，如何来认识客观事物中的美，以及如何来认识美感与客观事物中美的关系。蔡仪进一步提出了美的典型说："我们认为美的东西就是典型的东西，就是个别之中显现着一般的东西；美的本质就是事物的典型

[①] 《朱光潜美学文集》第一卷，上海文艺出版社1992年版，第153页。
[②] 蔡仪：《美学论著初编》上册，上海文艺出版社1982年版，第197页。

性，就是个别之中显现着美的一般。于是美不能如过去许多美学家所说的那样是主观的东西，而是客观的东西，便很显然可以明白了。"[①]美的典型说是中国现代美学史上依据马克思主义原理提出的第一个理论主张。

20世纪前期中国美学的萌芽和发展到1949年告一段落。在近五十年的时间里，西方美学思潮和理论大量引入，促进了中国现代美学观念的生成和定型，尤其是为后来发生的若干次美学大讨论准备了人才和资源。就中国现代美学的最基本特点而言，美学问题始终与社会问题交织在一起的，它们之间的互动决定了中国现代美学发展的历史特征和命运。任何一场美学论战的酝酿和爆发，都无不或隐或显地与美学的这一特征有着千丝万缕的联系，从而使美学论争远远地超出了纯学术领域，与当时的社会情势融合起来。20世纪50年代出现的美学大讨论决不仅仅是美学发展内在逻辑的必然要求，而更是一个时代新旧交替的强烈需要。从这一历史视野出发，我们有理由相信美学论争是学术理性和意识形态性的结合，美学之外的意义更值得我们去寻求和思考。

（原载《山东社会科学》2007年第7期，收入汝信主编《中国美学年鉴2006—2007》，河南人民出版社2010年版）

[①] 蔡仪：《美学论著初编》上册，上海文艺出版社1982年版，第238页。

第四编

从总体性到总体美学：卢卡奇美学思想批判

卢卡奇其人作为一种深刻的历史现象是复杂而多样的。他始终不渝地把自己与马克思的名字联系在一起，却又拒绝完全认同。他是一位用自己的头脑不断思考的马克思主义者。早在20世纪20年代，他就主张马克思主义不是现成的万能答案，而是一种具有历史意义的方法论原则，以至于有人误解说，卢卡奇认为"正统的马克思主义"与"马克思的研究成果"没有任何共同之处。[①]50年代以后，卢卡奇仍然强调："只有利用马克思所揭示的方法对现实加以客观地观察并经过整理加工，才能达到既忠于现实又忠于马克思主义。"[②]也许，正是这种追求真理的勇气，才使卢卡奇走出了一条不同凡响的理论建构之路。对现实和马克思，卢卡奇始终进行认真的剖析和发掘。他所理解的辩证法——总体

[①] 赫·顿凯尔：《一本关于马克思主义的新书》，《西方马克思主义美学文选》，陆梅林译，漓江出版社1988年版，第67页。

[②] 卢卡奇：《审美特性》第一卷，徐恒醇译，中国社会科学出版社1986年版，"前言"第6页。

性——成为其哲学思想的一个带有根本性的出发点，当然也铺开了通向建构美学体系的途径。有的西方学者指出："卢卡奇是二十世纪将总体范畴重新放进哲学思想之中心的第一个思想家。"[①]卢卡奇青睐总体性如同黑格尔青睐理念。他运用总体性去设计历史和人，并把美的本质归结为对历史境遇中的完整性的关注。卢卡奇是一位美学家，更是一位哲学家。他是一个善于用自己的哲学思想武装美的人，美在他的手里具有浓重的哲学意味。

本文试图勾勒作为一名马克思主义者的卢卡奇的美学思想的概貌，从中揭示出他对马克思主义的发展与悖离。

一

任何一位伟大的思想家都有自己的若干理论支点。康德有"批判"、席勒有"游戏"、黑格尔有"理念"，卢卡奇则有"总体性"。从某种意义上说，卢卡奇的一生是对总体性范畴不断进行合法化的理论建构的过程。1922年，卢卡奇推出了他的哲学奠基之作《历史和阶级意识》，这部研究马克思主义辩证法的专著提出并充分论证了总体性范畴在马克思全部著作中的至高无上的地位和方法论意义，进而把总体性发展成为一个统辖社会、阶级意识、物化、时间诸概念的认识论框架。四十多年之后，卢卡奇不仅在《历史和阶级意识》的"新版序言"里仍不无肯定地说："毋庸置疑，《历史和阶级意识》的伟大成就之一就是恢复了总体性范畴在马克思著作中的中心位置……"[②]而且还在《社会存在本体论》这部晚年的集大成之作里，把总体性放到宏大的存在本体论的核心地位。"从一个已经不可怀疑的既成事实开始，这就是我们的地球的确是一个（当然是相对的）全体，尽管这个全体永恒地受外在作用，受它的环境作用的影响，然而作为在它周围存在着共同的——相互对立作用力量的全体，它在自身的整体中经

[①] 戈德曼：《马克思主义和人文科学》，罗国祥译，安徽文艺出版社1989年版，第223页。
[②] 卢卡奇：《历史和阶级意识》，张西平译，重庆出版社1989年版，"新版序言"第25页。

历了一个自身发展的历史。"① 可以说，总体性是雄心勃勃的卢卡奇的理论出发点，也是他的理论归宿。

总体性实质上是卢卡奇对马克思主义辩证法的理解性表述，应该承认这一表述具有相当深刻的反思性和现实性。卢卡奇本人并没有给总体性范畴一个十分明晰而完整的界定，但是透过《历史和阶级意识》的基本思路，这样几个方面是格外值得注意的。

第一，"马克思主义与资产阶级思想的根本分歧并不在于从历史来解释经济动机的首要作用，而在于总体性的观点。总体性范畴，总体之于部分的完全至高无上的地位，这是马克思从黑格尔那里汲取的方法论的精华，并把它出色地改造成一门崭新学科的基础"②。卢卡奇之所以如此抬高总体性，旨在把马克思的研究方法在恩格斯阐发的基础上进一步明朗化。他从黑格尔那里借来总体性范畴，摒弃其"绝对"这一核心基质，使之归属于马克思在《资本论》里对资本主义社会及其生产的分析本身。戈德曼说过："青年卢卡奇的著作在西方思想上所保持的重要性首先在于它在结构主义……和他后来接受了马克思主义思想之间建立了联系。"③ 也就是卢卡奇的马克思内容的黑格尔化。这里存在着一个简单的道理：只有把社会发生和存在着的单一事实纳入社会结构的各个层次、各个阶段，找出其因果链条中的必然联系以及偶然的相关性，关于事实的认识才可能具有现实意义。换言之，任何真理的获得唯有依赖总体性。这一切还表明卢卡奇力图扫清一切形而上学的迷雾，抵制和反抗19世纪末20世纪初出现的对马克思主义的庸俗理解以及实证的原子主义倾向。背景可以说是纷繁复杂的。

第二，"总体性范畴不仅决定着认识的客体，而且也决定着认识的主体"④。对

---

① 卢卡奇：《社会存在本体论导论》，沈耕等译，华夏出版社1989年版，第184页。
② 卢卡奇：《历史和阶级意识》，张西平译，重庆出版社1989年版，第30页。
③ 戈德曼：《马克思主义和人文科学》，罗国祥译，安徽文艺出版社1989年版，第211页。戈德曼指出：《历史和阶级意识》一书的基本精神是"发生学的和归纳的结构主义"，该书"抛弃了纯美学问题，第一次在二十世纪将马克思主义表述为普遍的发生学结构主义"，即卢卡奇把黑格尔的总体性与社会历史结合起来。
④ 卢卡奇：《历史和阶级意识》，张西平译，重庆出版社1989年版，第32页。

卢卡奇来说，主体在与客体的联系中的地位是不容忽视的。在《历史和阶级意识》时期，卢卡奇尚未接受列宁的反映论观点，而是自觉或不自觉地徘徊于主观际，表现出用主观设定一切对象的倾向。诚如有的西方学者指出的那样，卢卡奇的辩证法是一种黑格尔式的主观辩证法。卢卡奇的思路是这样的："只有假定主体本身是一个整体，客体的整体才能被假定；如果主体想要了解自身，那它必须把客体看做是一个整体。"①这表现出卢卡奇的一种认识逻辑：从整体的主体出发，客体才可能具有整体性；相反，作为主体存在条件的客体，若要成为整体，主体的整体存在和整体性认识是基本的条件。这段话并非如此抽象。卢卡奇再三强调，马克思把整个资本主义社会视为"由阶级构成的"，而阶级本身才是整体。只有阶级和阶级的整体意识的存在，资本主义社会才能成为一个整体的客观存在。这一方面把总体性与社会、阶级联系起来，使总体性范畴成为"革命原则的支撑者"的依据。另一方面，个体也好，整体也罢，主体作为既定的出发点是没有改变的，主体的整体性作为建构社会的视界是没有改变的。卢卡奇并没有充分意识到主体存在的辩证的主客观性质，这不能不是一个令人惋惜的缺憾。从总体过渡到主体，意味着从方法论过渡到认识论，在认识论的二元对立与统一之间，主体成为总体的灵魂。

第三，"总体性范畴并不是把它的各种因素化为一种无差别的一致性，化为同一性。只有在这些因素被卷入了一种同另外一些因素的能动的辩证关系的范围内，这些因素才能被看做是和一个与能动的反辩证的整体相等的能动的辩证方面。"②卢卡奇把总体性视为一种辩证与反辩证的基本结构形态。任何对象的客观存在和变化都在总体性关系的制约之中，都归结为结构整体诸要素之间关系的变化，也就是说，客观可知性的进展是与它们在所隶属的总体性之中发挥作用的大小相同步，"这就是为什么只有辩证的总体性概念能使我们认识作为社

---

① 卢卡奇：《历史和阶级意识》，张西平译，重庆出版社1989年版，第32页。
② 同上，第15页。

会过程的现实"①。由此可见，唯有矛盾和统一从根本上构成了总体性的原动力。

第四，"具体地去发现'作为主体的真理'，因而确立理论和实践的统一这个任务落在了马克思身上。通过集中把总体性建立在历史过程的现实之上，并把其限制在这个基础上，从而马克思完成了这个任务。根据这个意思，马克思把总体性确定为可以认识的总体性和将要被认识的总体性两个方面"②。所谓的"作为主体的真理"无疑是强调无产阶级存在的历史命运和伟大使命，所以，卢卡奇认为，马克思在现实社会的发展动力这一问题上与黑格尔分道扬镳，而马克思的"总体性"在社会历史的实际进程中获得了理论形态的直接而可信的现实化。"可以认识的总体性"——对于现实社会的阶级关系诸因素之联系的揭示——以及"将要认识的总体性"——对于社会发展规律的深刻洞察——成为两种不可或缺的组成部分。卢卡奇的这样一段话可以看成是恰当的注脚："应该说，最终目的和总体性有关（被看做一种过程的社会整体）。由于最终目的和总体性相关，工人阶级斗争的每一个方面才获得了它的革命意义。"③总体性主体得到了充分的具体化。正是这种广阔的具体化背景引出了卢卡奇的马克思主义。

诚然，从卢卡奇的《历史和阶级意识》这部富于现实的针对性和批判精神的著作中，孤立地透视出总体性范畴的诸种抽象的普遍原则是颇有形而上意味而有悖于当时的卢卡奇本人的意愿的。但是，作为一种建构理论的逻辑起点和本体框架，总体性在卢卡奇后期的《社会存在本体论》中已经显而易见了。

晚年卢卡奇步入了理论批判时期，与青年时期的历史批判不同，④他更立

---

① 卢卡奇：《历史和阶级意识》，张西平译，重庆出版社1989年版，第17页。
② 同上，第45页。
③ 同上，第27页。
④ 本文不拟具体讨论卢卡奇一生的理论活动的分期问题，这里暂时采用前期和后期的分法，即以20世纪50年代为界，前期称"历史批判时期"，后期称"理论批判时期"。前期的基本特点是，卢卡奇自觉地把理论活动与社会实践活动联系起来，写出了《历史和阶级意识》这部被誉为西方马克思主义的奠基之作，并在大量研究艺术史和社会现实的基础上建构了系统的现实主义理论。后期的特点是，卢卡奇在这一时期基本上脱离了具体的社会活动，埋头于理论著述和批判工作，构建了独具特色的哲学和美学体系，主要著作有《社会存在本体论》等。

足于理论本身，孜孜以求理论的体系化和完善化。这一基本倾向也使他对总体性有了新的解释，主要表现在如下两个方面：一是后期卢卡奇的一个根本思想就是试图说明：无论是无机界、有机界还是人类社会，以及它们之间相互依存所构成的总体性关系，都是一种客观存在，而不是人们经验的集合。在此基础上，卢卡奇又审慎地把人类社会与前两者区别开来，指出人类社会作为客观存在具有有机性、规律性和目的性。历史作为总体的最优形态有着自身运动的逻辑，这绝不是来源于主观的判断和思维，社会范畴的理论体系也无不是客观存在的反映和抽象，从而总体性跳出了主观独断的窠臼。另一是总体的生机在于人。在《社会存在本体论》里，卢卡奇把人从特定的社会形态里解脱出来，着眼于人的一般的社会性、人的全部历史总体的积淀的特性，譬如，非沉默的类属性、以意识为中介的行为性、群体关系的指向性等等。这种从全球的三个领域（无机界、有机界、人类社会）的比较来深入发掘人本身，使总体性更加总体化。完全可以断言，理论批判时期的总体性已经成为集方法论、认识论和本体论，又以本体论为核心的形而上存在。

众所周知，马克思主义也强调总体联系，马克思主义的辩证法从某种意义上说就是一种关于"联系"的理论。恩格斯曾在一封书信里批判当时在德国大学中流行的抽象推论的折中主义的方法，他指出"这种方法丢掉了事物的总的概貌"，并强调要"注意总的联系"。[①]但是，马克思主义的唯物辩证法与卢卡奇所理解的总体性是大不相同的。其中的复杂关系本文无法详解，这里仅提出三个关键方面，略加讨论。首先，马克思和恩格斯并没有在超越"经济动因"的前提下运用辩证法，而卢卡奇则如自己后来承认的那样："我把总体性范畴置于马克思主义体系的中心，并让其超越了经济的优先性。"[②]这就从根本上抛弃了唯物主义基础。其次，辩证法是一种动态的历史理论，它强调自然界（绝不排斥自然界）和人类社会在对立和统一中发展的客观过程及规律，强调在历史批判和扬

---

① 《马克思恩格斯选集》第四卷，人民出版社1972年版，第515页。
② 卢卡奇：《历史和阶级意识》，张西平译，重庆出版社1989年版，"新版序言"第25页。

弃中的改造和变革,诚如马克思所说:"辩证法在对现存事物的肯定的理解中同时包含对现存事物的否定的理解,即对现存事物的必然灭亡的理解;辩证法对每一种既成的形式都是从不断的运动中、因而也是从它的暂时性方面去理解;辩证法不崇拜任何东西,按其本质来说,它是批判的和革命的。"①而总体性(尤其在理论批判时期)则近似一种静态排列诸相关因素的构架,总体中的矛盾更是为了突出诸因素的差别,缺乏突破载体达到质的飞跃的性质。辩证法的根本归宿于活生生的社会历史实践活动,它并不奢求放之四海而皆准,总是从现实境遇出发来解释一切,它揭示真理,但不谋求建构真理体系;总体性则力图成为一切原因和结果确立的先验标准。再次,辩证法着重分析社会结构的历史性质,强调在特定社会形态下的人作为特定阶级、集团的活动,"只有在集体中,个人才能获得全面发展其才能的手段,也就是说,只有在集体中才可能有个人自由"。②而总体性则有把人引入绝对一般的抽象社会性的设计中的倾向,从而卢卡奇的总体之下的历史理论表现出与历史唯物主义的不同旨趣。

二

总体性与历史的结合诞生了卢卡奇所理解的历史唯物主义。卢卡奇指出:"毋庸置疑,历史唯物主义是一种认识历史事件,并能掌握住其真正性质的科学方法,然而,同资产阶级的历史的方法相比,它还提供给我们历史地因而是科学地观察现实的观点,从而使我们能够透过历史表层,洞察到在现实中控制着事件的深层的历史力量。"③"历史唯物主义首先是关于资产阶级和它们的经济结构的理论。"④"历史唯物主义最重要的职能是对资本主义社会制度作出正

---

① 马克思:《资本论》,人民出版社1975年版,第24页。
② 《马克思恩格斯全集》第三卷,人民出版社1960年版,第84页。
③ 同上,第240页。
④ 同上,第246页。

确的判断,揭露资本主义社会制度的本质。"①诸如此类,充分说明了卢卡奇对历史唯物主义的独创性解读。

对卢卡奇而言,历史唯物主义不是关于整个人类历史的科学理论,而仅是关于人类历史的特定阶段——资本主义的科学理论,这只能说是卢卡奇的一种有意误读。他跳过了马克思和恩格斯早在《德意志意识形态》就阐明的关于历史唯物主义的根本性原则。列宁曾评论说:"马克思的历史唯物主义是科学思想中的最大成果……这种科学理论说明,由于生产力的发展,从一种社会生活结构中会发展出另一种更高级的结构,例如从农奴制度中生产出资本主义。"②而卢卡奇则力图阐明,由于以往时代与资本主义社会在结构上存在着本质的差异,导致了历史唯物主义在方法论上的巨大困难,即以往时代的"自然的界限"对人的一切社会现象的决定和影响,并没有形成一个足以因文明而自立的人的社会以及典型的阶级情势,这样一来问题就十分明显了。卢卡奇之所以让历史唯物主义在资本主义大显身手,其根本原因在于:在这样一个社会里,人的问题可以真正作为一个问题来讨论了,也就是说,社会形态的日益完善使得"洞察到在现实中控制着事件的深层的历史力量"成为可能。在《物化与无产阶级意识》这篇著名的长文前面,卢卡奇引用了马克思的一句话:"所谓彻底,就要抓住事物的根本,但是人的根本就是人的本身。"卢卡奇没有因循文艺复兴以来对人的理解的老路,而是把人交给了历史本身。于是,资本主义经济结构下人以及阶级的存在和演化成为问题的焦点。资产阶级对无产阶级的压迫和剥削、无产阶级对资产阶级的反抗和斗争,使社会走向自觉。历史唯物主义对"深层的历史力量"的揭示,使人的问题的解决以及人本身价值(无论是通过阶级还是通过个体)的实现具有了社会的可能性和历史根基,从而成为历史进步的最根本的标志所在。所以,卢卡奇所理解和张扬的历史唯物主义是一种准历史唯物主义,姑且称之为历史人道主义,是完全归属于他自己的理论体系的。

---

① 卢卡奇:《历史和阶级意识》,张西平译,重庆出版社1989年版,第241页。
② 《列宁论文学与艺术》,人民文学出版社1983年版,第3页。

在《历史和阶级意识》这一历史批判时期,卢卡奇对人的分析的出发点与历史上著名的人道主义大师一样,都承认这样一种理论预设:人最初是自由、完整的,然而,由于文明的发展和制约,人才逐渐地丧失了自我,人性的分裂和沦落成为当今社会的最大弊端。但在分析人性丧失的根源以及寻求解救途径时,卢卡奇扬弃以往一切抽象的社会药方,而与马克思获得共识。马克思说:"……商品形式在人们前面把人们本身劳动的社会性质,反映成这些物的天然的社会属性,从而把生产者总劳动的社会关系反映成为存在于生产者之外的物与物之间的社会关系,由于这种转换,劳动产品成了商品,成了可感觉而又超感觉的物或社会的物……这只是人们自己的一定的社会关系,但它在人们面前采取了物与物的关系的虚幻形式。"①这种物化现象②正是卢卡奇对人的分析的切入点。卢卡奇对物化的剖析主要着眼于三个方面:

第一,人本身以及人际关系的物化。卢卡奇认为,社会的进步是以人自我压抑和失落为代价的,这一思想几乎与弗洛伊德不谋而合,但是内涵决然不同。资本主义社会的生产和再生产是历史上规模空前的社会活动,也是最彻底地"清除工人在特性、人性和个人性格上的倾向"③的社会活动。生产过程的专门化、一体化和标准化把工人置于大量的绝对客观存在的中介环节之中,作为完整人性标致的人的灵活性、选择性、多向性以及自我追求目的性被机械化生产的"铁的规律"无情地剥夺和吞噬,由此人的主动热忱和创造精神受到极大的钳制,从某种意义上讲,人的生物存在成为唯一存在。"人的自身的活动,他自己的劳动变成了客观的、不以自己的意志转移的某种东西,变成了依靠背离人的自律力而控制人的某种东西。"④于是,就出现了这样一个资本主义社会特

---

① 转引自卢卡奇:《历史和阶级意识》,张西平译,重庆出版社1989年版,第96页。
② 卢卡奇在《历史和阶级意识》一书中混淆对象化和异化两个概念,统称为"物化"。理论批判时期,卢卡奇在《社会存在本体论》和《审美特性》中将两者彻底区分开来,并废弃了"物化"一词(参见卢卡奇:《历史和阶级意识》,张西平译,重庆出版社1989年版"新版序言"第29页)。
③ 卢卡奇:《历史和阶级意识》,张西平译,重庆出版社1989年版,第97—98页。
④ 同上,第96页。

有的悖论：工人越是生产，越是与生产过程结合得紧密，生产的产品越多，他本身就丧失得越彻底。另一方面，工人本身的物化最终形成了资本主义社会商品结构的完整形态，即工人与自己所生产的产品的彻底分离，最终使人与人之间的关系纳入到社会总体市场的交换之中。物的价值成为衡量一切的标尺，人的价值以及人的关系也唯有通过物（商品）才能得以体现。

第二，资产阶级意识形态的物化。卢卡奇说："资本主义体系结构本身不断地在越来越高的经济水平上生产和再生产的时候，物化的结构逐步地、越来越深入地、更加致命地、更加明确地沉浸到人的意识当中。"①这不仅表现为强大的外部压力把工人的活生生的心理活动完全抽象为统计学模式，使工人在合理化的认同中丧失阶级意识，而且还表现在哲学、经济学以及其他一切社会理论，这种意识形态本身的物化在一定程度上导致了资产阶级思想家们的总体世界观的谬误。资产阶级思想家永远也无法摆脱这样一种历史境遇，即生存空间和思维空间的分割化和原子化，他们面对的总是客观存在的片面和表面的呈现。卢卡奇分析说："由于资产阶级把自己限制在研究它的根本存在所表现出的那些有效形式的'可能条件'之中，这样，现代资产阶级思想就无法澄清有关这些形式的产生和灭亡，有关它们的真实本质和基础的问题。"②黑格尔就是一个突出的例子。尽管他建构了富有历史意味的辩证法，但是在历史过程这一关键问题上，他却难以科学地解决资本主义社会的历史地位问题，致使辩证法在"市民社会"面前驻足不前。

第三，社会的物化。物化导致社会的分裂，导致阶级的对立和斗争，这是卢卡奇最为关注的命题。他引用了马克思的一段话："有产阶级和无产阶级同是人的自我异化，但是有产阶级在这种自我异化中感到自己是被满足和被巩固的，它把这种异化看做自身强大的证明，并在这种异化中获得人的生存的外观。而无产阶级在这种异化中则感到自己是被毁灭的，并在其中看到了自己的

---

① 卢卡奇：《历史和阶级意识》，张西平译，重庆出版社1989年版，第104页。
② 同上，第123页。

无力和非人的生存的现实。"①社会如此地分裂为两大对立集团，工人阶级用自己异化的贫困滋养了资本家阶级异化的富有，从根本上说，物化使人从固有的人性根基上脱离而构成历史的荒谬，而无产阶级阶级意识的成熟把这种荒谬推向了极点，敲响了资本主义终结的丧钟。从人的肉体和精神的物化到社会物化及其潜在意蕴的发掘，卢卡奇在自己的历史批判时期，为马克思的阶级斗争学说进一步提供了普泛的社会理论依据。

进入理论批判时期，卢卡奇开始建构社会存在本体论体系，历史人道主义仍然是其中的一项根本性内容。他根据马克思的《1844年经济学哲学手稿》、《关于费尔巴哈的提纲》以及恩格斯的《自然辩证法》等著作的若干精神，对人道主义内涵进行了重大修正。

一方面，他摒弃了历史上流行的"人—非人—人"这一公式，试图根据马克思关于"自然限制的递减"的思想，从劳动现象入手把历史的进步与人的进步深入地统一起来。这种统一的基础诚如马克思所说："我们知道，只有当对象对人来说成为人的对象或者说成为对象性的人的时候，人才不至在自己的对象里面丧失自身。只有当对象对人说来成为社会的对象，人本身对自己说来成为社会的存在物，而社会在这个对象中对人说来成为本质的时候，这种情况才是可能的。"②也就是说，人欲想在对象里不丧失自身，对象真正成为对人的本质的一种确证，必须具备两个基本条件：一是对象和人都是作为"社会的存在物"而存在，二是作为人的对象的社会存在根本上是人的本质的展现。卢卡奇认为，劳动无疑是人的最本质的活动，这种活动的意义在于：群体的对象性运作使人不断确立在与社会日益深入结合的基础之上，人的对象和产品（对物质世界和精神世界的影响与改造）从宏观上讲都是人本身的智慧和力量的象征，成为人在历史进程中逐渐摆脱非人性的标志。正是这种劳动活动（实践）使人与历史发展相一致成为可能。"劳动把目的性和因果性两者稳固而统一的交互作用引入到存在

---

① 卢卡奇：《历史和阶级意识》，张西平译，重庆出版社1989年版，第169页。
② 马克思：《1844年经济学哲学手稿》，人民出版社1984年版，第82页。

中……。这种确定变革现实的目的模式由此便成为每一种人类的，即社会实践的本体论的基础。"①

另一方面，卢卡奇力图清算"似乎人的个性——实际上是一个漫长的经济的、也是社会历史过程的结果——可以宣布为人的存在的原始性"②的幻想，着重分析了人的个性存在的类本质性。他强调指出："马克思却把类和个体不可分割的统一，看做是必须无条件承认的、可运用于实际和理论的、而其存在无须证明的那样一种存在的基本事实。"③并从劳动、主客体分立、语言的使用、社会关系的总和、个性在个体中的萌发、个人与社会相互作用的再生产等多种角度进行了详尽的辩证和分析，凸显马克思把"类属性规定为社会关系的总和"没有推翻个体与类的关系的最一般特性，类只是成为一种被划分开的、内容包含着差异的全体。

综上所述，卢卡奇的历史人道主义与马克思和恩格斯关于人的思想迥然有别。无论是历史批判时期还是理论批判时期，卢卡奇始终把人的问题置于他的理论体系的核心，前期着眼于人的特殊的历史境遇以及在资本主义社会里阶级的性质和作用问题，后期则具有了更多的哲学本体意味，把人作为一种抽象的理论加以讨论。毋庸置疑，人的问题也是马克思和恩格斯始终关注的最重要的问题之一，但是他们从来不离开唯物主义的历史根基谈论人，他们总是为人寻找一个切实的活动空间，总是在社会的生产和再生产的生产关系中以及生产力的发展基础上来谈论人。布洛克曾分析说："他们之所以转向人类学和历史学，更多的原因是与他们对资本主义的分析有关……在他们的全部著作中，他们实际上是在力图表明：资本主义大厦赖以建立的那些概念——关于国家、财产、婚姻、家庭、劳动、商业、资本等等的概念——并非因建立在人性、逻辑或上

---

① 卢卡奇：《社会存在本体论导论》，沈耕等译，华夏出版社1989年版，第9页。
② 同上，第78页。
③ 同上，第37—38页。

帝之类非历史性现象基础之上而不可动摇。"①当然，卢卡奇与马克思的分歧并不能也不应该否定卢卡奇理论工作的价值，应该否定的是卢卡奇用自己的历史人道主义曲解马克思的历史唯物主义的理论倾向。

三

黑格尔说："当综合的力量从人的生活中消失时，当对立失去了它们的生动的关系和它们相互作用的力量并获得了独立时，那么哲学需要的感觉就产生了。"②卢卡奇的总体美学的建构正是在这种氛围中起步的。作为一名哲学家，他总是力图把自己的历史人道主义直接运用于资本主义社会的现实之中，通过对人乃至阶级本质的揭示去追求一种综合的意识形态和社会权力；作为一名美学家，他时刻把自己的哲学思想运用到美学领域，把对体现历史人道精神（人的完整性）的美的现实视为感性王国里"寻找非拜物化意识的基础"，从而谋求总体美学的存在，谋求总体美学对根除人乃至社会分裂的有效性。这一切无疑构成了卢卡奇总体美学思想的基本特色。

卢卡奇美学体系的完成主要得益于历史上的三位思想家：席勒、黑格尔和马克思（以及恩格斯和列宁），也就是说，卢卡奇不仅在哲学上汲取了他们的营养，而且在美学上也进行了独具特色的扬弃。

在历史批判时期，卢卡奇就对席勒美学进行了言简意赅的批判。席勒美学的要旨在于美与人的联系。席勒认为，古希腊是一个原始的"水螅性"国家，个体既拥有独立生活的权力和可能，又不失为社会整体中有效的一员，从而成为人的全面发展的时代。然而，资本主义社会的分工摧毁了这一切，使"享受与劳动、手段与目的、努力与报酬都彼此脱节。人永远被束缚在整体的一个孤零零的小碎片上，人自己也只好把自己造就成一个碎片"③。席勒指出：无论是

---

① 莫里斯·布洛克：《马克思主义与人类学》，冯利等译，华夏出版社1988年版，第104—105页。
② 转引自卢卡奇：《历史和阶级意识》，张西平译，重庆出版社1989年版，第156页。
③ 席勒：《审美教育书简》，冯至、范大灿译，北京大学出版社1985年版，第30页。

国家实体还是国家理性都是使人沦丧的祸因，国家的道德化唯有依靠时代性格的改善，依靠人的天性的恢复。然而，人不可能再回到古希腊时代，人的拯救必须寻求新的出路，这一出路就是审美——"游戏冲动"。所谓游戏冲动是从主体中"排斥一切自我活动和自由"的感性冲动与从主体中"排斥一切依附性和受动"的形式冲动的结合物，是实在与形式、偶然与必然、受动与自由之间二元对立的扬弃性统一，是一种真正意义上的人的境界。游戏是人的标志。"说到底，只有当人是完全意义上的人，他才游戏；只有当人游戏时，他才完全是人。"[①]从这一思路出发，席勒最终把美归结为一种人生哲学，成为资本主义社会人之解放的唯一途径。

卢卡奇对席勒美学的批判主要集中在两个根本性问题：（一）尽管卢卡奇肯定了席勒把美学原则远远地扩展出传统美学固有的界限，表现出与人的社会解放这一命题联系起来的倾向，然而他指出，席勒的幼稚之处恰恰就在于试图从精神世界来弥补人在现实中的困境，把"在社会上已毁灭、打碎、分离在两种不同的部分体系中的人，在思维中又将成为整体"[②]作为法宝，这一理论的虚幻性是昭然若揭的。卢卡奇深刻地指出："只有当生活的内容成为美学时，这种解放才有可能。……这种（理论）回避了真正的问题，并且使主体成为纯粹思辨的，从而取消了主体'行动'的各种方法。"[③]也就是说，席勒美学把人从社会引开，等于取消了主体的现实生存状态和价值，隐蔽于纯粹的理想王国，这对于现实的阶级社会是毫无意义的。席勒的构想是用美重整抽象人性，卢卡奇的构想则在于拆除美学中人的抽象形态，使美成为人的具体存在的实现。（二）关于美的根源和特征问题，卢卡奇批判了席勒把美看作是精力过剩的产物这一"娱乐"性理论，指出，从发生学上说，美的根源是劳动，美和艺术的一切形式都是劳动的结果，是对劳动形式以及客观外界的反映。在理论批判时期，这一观

---

① 席勒：《审美教育书简》，冯至、范大灿译，北京大学出版社1985年版，第80页。
② 卢卡奇：《历史和阶级意识》，张西平译，重庆出版社1989年版，第156页。
③ 同上，第157页。

点得到了进一步完善。卢卡奇说:"对人的活动的产生、形成和发展只有在和劳动的发展、和人征服周围环境以及通过劳动对人自身的改造三者的相互关系中才能理解。"①譬如,席勒曾深入地分析了艺术节奏的特征和功能,而卢卡奇则从另一角度入手,强调了节奏本身是"作为劳动过程要素的实际反应"而转化成的思维感知,是对客观外界的反映,是人在活动中获得的节奏感日益强化和抽象化的表现。②由此可见,卢卡奇与席勒的分歧在于对美的本质的认识。在卢卡奇看来,美在人的实存中,美在劳动过程的进步和反映中,美在人性完善的现实努力中,美绝对不意味着精力过剩的游戏。

卢卡奇与黑格尔的联系是十分复杂的。这里只能选择两个极其重要的问题略加讨论。

(一)关于审美的逻辑结构和历史结构相符合的问题。卢卡奇认为:"黑格尔美学的最大的功绩之一在于它试图把美学的基本范畴历史化。"③学者们一致认为,黑格尔的美学是从理念出发而最终回归理念的逻辑体系。然而,黑格尔并没有回避丰富的艺术史,而是进行了系统的研究。那么,如何把大量的艺术史内容引入他的抽象的美学体系呢?如何使美的逻辑发展与历史发展相融合、用艺术的历史形态来证明美的逻辑形态的合理性呢?黑格尔设定:"由美的理念所发展和分化成的各种艺术类型在这个意义上是以这个理念本身为其根源的:这个理念要借助于这些类型才达到表现,成为现实的作品,至于这个理念所借以实现的类型之所以不同,是由于类型所表现的有时是理念的抽象定性,有时是理念的具体的整体。"④美的理念的感性显现的每一种艺术形式都与一定历史时期真实存在的艺术感觉和内容相联系,而这种感觉和内容又内在地规定了理念的感性显现形式。我们可以从全部人类的艺术发展史找出依据。譬如,象征

---

① 转引自卢卡奇:《审美特性》第一卷,徐恒醇译,中国社会科学出版社1986年版,"译者序"第8页。
② 同上,第226—228页。
③ 《卢卡奇文学论文集》(1),中国社会科学出版社1980年版,第424页。
④ 黑格尔:《美学》第2卷,朱光潜译,商务印书馆1979年版,第3—4页。

型艺术（艺术史上的典型形态是建筑）在象征物与被表达的意蕴（理念）之间存在着巨大的张力，使得象征的物质形式几乎完全征服并消解了精神内容。建筑实质上是一种物的抽象的形式，它对美的理念的表现还处在一种单纯的抽象阶段，即内容被抽象在物的形式的背后。古典型艺术就大不一样了。它（艺术史上的典型形态是雕塑——人体雕塑）之所以成为艺术的高级形态则在于形式与内容（理念）的充分结合，使它达到了寓抽象于具体的完美境界。人的形象通过形式的生动化，内在意蕴表现得淋漓尽致，形式也通过内容达到了生气灌注般的感性直观。美的理念作为活的灵魂也在这种形式与内容的高度融合中成为了真切可感的形象，雕塑无不流溢着美。如此等等。逻辑与历史就是在这种互动的过程中走向了统一。然而，黑格尔的主观与客观相统一的基本思路是用逻辑来统一历史，就是用美的理念的展开来统辖艺术发展的历史。这样一来，用逻辑剪裁历史、削足适履就难以避免了。这表现出黑格尔美学在体系和方法上的深刻矛盾。那么，如何避免和克服黑格尔的理论失误？如何超越黑格尔的历史局限？马克思和恩格斯已经从根本上给予了回答。对于卢卡奇来说，关键的问题在于系统地阐明审美历史发展的客观性，阐明"充分承认客观现实的客观辩证法，并且把在我们意识中出现的主观辩证法理解为客观辩证过程极为近似的反映"[①]这一方法的科学性和革命性。应该说，卢卡奇对黑格尔的批判是深得要领的。在理论批判时期，卢卡奇写下的美学巨著《审美特性》，从某种意义上就是对上述问题的挑战和回答。卢卡奇指出："客观现实的历史性产生了范畴学的特定的历史性。"[②]即历史上一切理论形态的美学范畴都不外是客观历史本身的自我潜在的凸显．而凸显的过程也就是反映的过程。卡冈也是从这一角度来肯定《审美特性》的理论价值的："该书最出色之处是对反映的基本类型从产生过程着眼进行了分析，这一点是总的美学观念的基础。"[③]

[①] 《卢卡奇文学论文集》(1)，中国社会科学出版社1986年版，第418页。
[②] 卢卡奇：《审美特性》第一卷，徐恒醇译，中国社会科学出版社1986年版，"前言"第11页。
[③] 卡冈主编：《马克思主义美学史》，北京大学出版社1987年版，第187页。

(二) 关于艺术发展与历史发展的问题。卢卡奇指出："黑格尔并不认为，艺术的每一发展阶段都能创造出同样有价值的东西……相反他认为，由于艺术的本质所致，一定的内容比另外一种内容更适合于艺术表现，一些人类发展阶段对艺术创作还不适合或者已经不再适合。"[①]卢卡奇对黑格尔的艺术发展阶段论的关注显然是抓住了问题的要害，而这一问题是与艺术本质问题密切相关的。那么，艺术的本质何在？黑格尔说："形成真正的美和艺术的中心和内容的是有关人类的东西。"[②]尽管黑格尔把美看作理念的感性显现，但在理念运动的逻辑历史化过程中，理念是需要人这一实体来负载的。人本身表现得是否完美，人作为根本性内容与形式融合得是否充分，表明了理念显现的完美程度。所以，理念实现过程中的矛盾及其解决（显现得不完美与完美）可以说是艺术发展过程中基于自身本质所呈现出来的阶段性的逻辑根源之所在。用黑格尔自己的逻辑行话表述就是："在它本身，按照它的概念，主体就是整体，不只是内在的，而且要在外在的之中，并且透过外在的，来实现这内在的。如果主体片面地以一种形式而存在，它就会马上陷入这个矛盾，按照它的概念，它是整体，而按照它的存在情况，它却只是一方面。"主体若想克服这种矛盾，就必须达到一种"自由"的境界。"自由首先就在于主体对和它自己对立的东西不是外来的，不觉得它是一种界限和局限，而是就在那对立的东西里发现它自己。……主体也就和世界和解了，在世界里得到满足了，一切对立和矛盾也就已解决了。"[③]从而，象征型艺术是艺术发展的初级阶段，古典型艺术成为艺术发展的高峰，而浪漫型艺术则标志着艺术的终结。当然，黑格尔对于艺术发展的逻辑决定论的历史背景也提出了一些有益的见解，譬如，艺术发展高峰的形成是由于社会结构的完整，人尚未被分工制约，人性始终处于一种和谐状态，所以人的内容和艺术形式可以得到完整的表现。而艺术的衰落则来自人格在分工作用下的

---

① 《卢卡奇文学论文集》(1)，中国社会科学出版社1980年版，第416—417页。
② 黑格尔：《美学》第2卷，朱光潜译，商务印书馆1979年版，第163页。
③ 黑格尔：《美学》第1卷，朱光潜译，商务印书馆1979年版，第198页。

分裂而使人陷入纯粹的"思考和反省"之中，理性脱离感性而转向自身，从而彻底抛弃了感性的物质表现，艺术成为内心矛盾的产物等等。从根本上说，黑格尔的艺术发展的逻辑决定论是建立在对完满性和总体性自身运动的认识的基础上的。卢卡奇在一定程度上接受了黑格尔的影响。他认为内容的完整性以及内容与形式结合的完整性是艺术的最理想的形态。所不同的是，卢卡奇试图用艺术发展不平衡论来修正黑格尔的艺术发展阶段论，而这种修正的前提在于把出发点移到历史上来，移到艺术与历史的实质性关系上来。诚如福罗分析的那样："社会与美学层面的绝对同一进一步表现受雇于衰落时期的阶级的文学形式……被认为是'腐朽'的，相反，作家对腐朽形式的选择是阶级地位的一种表现。"[1]这正是卢卡奇的一个基本视点。卢卡奇对艺术的历史和阶级性质的认识以及把艺术划分为资产阶级上升时期的艺术和资产阶级衰落时期的艺术，是来自马克思对历史发展规律和阶级斗争学说的思想的。但是，马克思从来也没有在绝对同一上大作文章，而是在不同场合、不同程度上强调了发展的不平衡性，尤其是恩格斯在晚期对历史唯物主义原则的表述是十分清楚的。而卢卡奇对现实主义的极力推崇，对现代主义的彻底排斥，表现出对马克思主义的误解。这一切大抵是由于卢卡奇难以自觉而彻底地摆脱黑格尔的理论逻辑的影响，用黑格尔来理解马克思，用黑格尔作为理解历史和艺术的标准的结果。

应该说，从黑格尔到马克思，这是卢卡奇一生的宿愿。他总是不断地反思自我思想的发展轨迹，以求真正归属马克思，归属科学真理。无论是在历史批判时期还是在理论批判时期，他都努力去领悟马克思的方法论原则和基本结论的真谛。他对马克思主义哲学的接受和发展经过了从阶级分析论到辩证反映论再到社会存在本体论这样一个历史过程。在美学上，卢卡奇则从反映论、典型和人道主义这三个核心环节对马克思主义美学进行了卓有成效的系统阐释和理论建构，形成了他自己独具特色的马克思主义美学观。

（一）关于反映论问题。反映论是唯物主义认识论的一个核心概念，是指

---

[1] 福罗：《马克思主义与文学史》，哈佛大学出版社1989年版，第10页。

人的一切思维内容来源于外部客观世界,是一种对客观世界的反映,而不是思维本身的产物。这一范畴的美学意义在于说明了艺术创作和艺术内容的根源性。卢卡奇敏锐地看到"马克思主义美学在这个问题上(反映——引者)并不主张彻底革新"[1],"它也只不过把一切从来就在过去大艺术家的理论和实践中占中心位置的东西提高到自觉和完全明确的最高阶段而已"[2]。换言之,马克思主义美学观与一切旧唯物主义美学观的根本区别不在于是否承认反映原则的有效性,而在于如何反映以及由此产生的结果。卢卡奇认为,注重现象和本质的统一是马克思主义美学观的根本特色,这是因为马克思主义认识论设定:客观外界的呈现存在着现象和本质两个层面。现象是表层的、偶然的和暂时的,是感觉所能感知的;本质则是深层的、必然的和内在的,需要深入挖掘才能把握。现象和本质互为表里,构成一个事物的整体,所以忽视任何一个层面或将两者截然割裂开来,都将导致荒谬的认识。基于这样的认识论基础,艺术反映的整体性要求就是极为重要的了。卢卡奇说:"真正的艺术总是向深度和广度追求,它竭力从整体的各方面去掌握生活。"[3]也就是说,真正的艺术旨在实现总体美学。需要注意的是,卢卡奇的"自觉"在列宁的"能动"面前显得相当暧昧,他似乎更倾心于事物本身的客观显现、更倾心于现实的"随着情况改变而改变但却有规律地重现的现实的各种因素和倾向"[4]。而对反映的抽象性、方向性和创造性多了几分淡化。在理论批判时期,《审美特性》系统地追求历史的客观逻辑描述,尽管诸如美感有从具体走向抽象的一方面,但卢卡奇更加强调这种抽象是历史客观过程实现的一部分。显然,卢卡奇从反映论出发探索美学的彻底历史化,是非常深刻和有意义的。

(二)关于典型问题。恩格斯曾在给敏·考茨基和玛·哈克奈斯的两封信

---

[1] 《卢卡奇文学论文集》(1),中国社会科学出版社1980年版,第287页。
[2] 同上,第288页。
[3] 同上,第289—290页。
[4] 同上,第289页。

里针对她们在现实主义创作方面存在的不足提出了自己的看法,并把典型作为一种衡量作品优劣的重要标准提了出来。他对典型的表述十分简略:"每个人都是典型,但同时又是一定的单个人。""真实地再现典型环境中的典型人物。"卢卡奇遵循恩格斯的基本思想,同时还参考了马克思和恩格斯关于莎士比亚化和席勒式以及对巴尔扎克等作家的论述,初步构造了属于他自己的典型理论。典型是现象和本质统一的艺术载体,典型化过程就是现象和本质相统一的艺术具体化过程。卢卡奇说:"一切真正的文学用来反映生活的那运动着的统一体,它的一切突出的特征都在典型中凝聚成一个矛盾的统一体,这些矛盾——一个时代最重要的社会的、道德的和灵魂的矛盾——典型地交织成一个活生生的统一体。……典型的描写和富有典型的艺术把具体性和规律性,持久的人性和特定的历史条件、个性和社会的普遍性都结合了起来。"① 从宏观来看,卢卡奇对典型性质的解释具有浓重的总体意味,典型的内涵是极其丰富的,它囊括社会、道德、灵魂的一切矛盾形态,并不时把它们转化到现象与本质的对立和统一的角度来加以揭示。从微观来看,典型个体(一个"这个")的存在和活动使得社会的普遍内容和统一体的矛盾找到了体现的媒介,艺术中典型个体的塑造过程实质上就是矛盾性、规律性和持久的人性通过单个人的独特人格、情感、思想折射出来的过程。另一方面,个体的典型化总是离不开一个总体氛围,总是在矛盾体的作用下呈现出一定的情感定向和思维定向。因此,典型又是客观性和倾向性的矛盾统一体。马克思主义美学所理解的客观性是从根本上按照事物的客观本质掌握和再现现实的,是谋求现象和本质真正统一的客观性。卢卡奇尤其指出:"马克思主义宣布的客观性并不意味着对社会现象采取不偏不倚的态度。"② 特别是"客观现实本身不是各种运动的毫无方向的大杂烩,它是一个发展的过程,它本身就或多或少地带着某种深度的各种倾向,首先它有它自己的基本倾

---

① 卢卡奇:《历史和阶级意识》,张西平译,重庆出版社1989年版,第291页。
② 同上,第295页。

向"。①这无疑意味着：如果一位作家真正掌握和表现了客观性，那么倾向性也就包括在其中了。卢卡奇对作为本质和现象、个体和社会、客观与倾向诸矛盾体的"聚集"和"综合"的典型的凸显，也就是从哲学、社会、历史诸方面建构了总体美学的生动内容，也使他对马克思主义美学观的理解深入了一步。

（三）关于人道主义问题。如果说反映论是卢卡奇所理解的马克思主义美学的理论基础，典型是一种根本的方法和框架，那么人道主义则成为统辖一切的核心。卢卡奇说："在伟大的艺术中，真正的现实主义和人道主义是不可分割地结合在一起的。这种结合的原则就是我们在前面强调的：对人的完整性的关心。这种人道主义是马克思主义美学最重要的基本原则之一。"②卢卡奇又说："社会主义人道主义成了马克思主义美学的中心，成了唯物主义历史观的中心。"③由此可见，反映对本质和现象统一的关心，典型对普遍性与特殊性统一的关心，最终都将落实到对人的历史必然性和偶然性统一的关心，都将成为美学的不可或缺的内在方面。所以，卢卡奇认为，美学中的人道主义的魅力就在于它可以把历史和美学、历史的评价和美学的评价切实地统一起来，以历史中人的完整与否来评价美，以美学中人的完整与否来评价历史。当然，卢卡奇把人道主义视为马克思主义美学观的中心，这只能说是卢卡奇本人对马克思主义的一种带有强烈个性色彩的理解，因为尽管在马克思和恩格斯关于美学和艺术的散论中可以找到一些关于人的问题的表述，但是从马克思和恩格斯的总体思想来推论，得出上述结论是十分困难的。

下面，我试图为卢卡奇的总体美学作几点结论：（一）卢卡奇的总体美学是一种地地道道的历史人道主义美学。他在自己的哲学体系（其中两条最主要的原则——总体性和人道主义）基础上，对席勒、黑格尔和马克思的基本的美学思想进行了严

---

① 卢卡奇：《历史和阶级意识》，张西平译，重庆出版社1989年版，第295页。
② 《卢卡奇文学论文集》（1），中国社会科学出版社1980年版，第300页。
③ 同上，第301页。

谨而审慎地扬弃，建构了一条清晰的理论逻辑链条；对人(席勒)在社会历史境遇(马克思)中的完整性(黑格尔)的关心。这一链条成为他的总体美学体系的基本内核，也可以说是准确理解卢卡奇美学思想的一条阿里阿德涅彩线。必须注意的是，上述的这种结合并非是机械的均衡的平均数相加，而是一种极为复杂的融合。人在卢卡奇那里既受制于总体框架，又还原为历史内容本身，既是必然的整体存在，又是偶然的社会情势，这种充分的辩证存在形成了独特的美学旨趣，并对后来的西方马克思主义美学产生了极大的影响。(二)卢卡奇在总体美学中对反映论的强调和阐发，一方面突破了黑格尔美学观念的藩篱，另一方面又使他有别于后来的一些西方马克思主义美学家。他坚持现象和本质、现实和历史的结合，并把这种结合贯彻到现实主义的研究中，使现实主义成为真实反映社会生活、反映历史过程的最有效的文学形式之一。晚年，他致力于用反映论来解释一些存在于审美经验中的基本问题，《审美特性》就是把反映论实施于美学领域的一个十分成功的范例。(三)审美发展的历史根源论、审美范畴的客观存在论、人道主义现实主义论，构成了卢卡奇总体美学的基本内容。马克思和恩格斯曾彻底地颠倒了存在于黑格尔美学体系中的逻辑与历史的关系，卢卡奇则系统而深入地研究了诸如审美感知结构、艺术现实主义、艺术发展规律等一系列具体问题，为建立系统的马克思主义美学理论作出了不可替代的贡献。(四)由于卢卡奇对资本主义社会的历史和美学结构的绝对同一的认识，对总体性的依赖，以及把历史绝对客观化的倾向，导致了他在一些理论问题上的困境，诸如艺术发展中的现代主义问题，艺术家的主观活动与历史客观化的问题等等。此外，由于卢卡奇对美学的研究仍然完全依赖于传统的哲学和社会学方法，对美学和艺术领域的特殊性重视不够，对20世纪开始出现的语言学、心理学、人类学、神话学等学科的新发展以及与美学的相互渗透现象重视不够，使得他流露出用哲学替代美学的倾向，视野也显得有些狭隘。尽管在《审美特性》中上述状况有相当大的改变，但并未形成全新的发展视野和潜力。

四

　　对艺术史的研究是卢卡奇总体美学的一个极为重要的部分。之所以如此，是因为艺术史是总体美学建构的不可或缺的历史基础，是卢卡奇美学原则和审美理想的具体化场所。20世纪三四十年代，卢卡奇深入地研究了欧洲的艺术发展史（主要是小说发展史），试图根据总体美学的基本原则阐明存在于资本主义社会的两种对立的艺术形态——现实主义和现代主义——的历史本质和社会功能。卢卡奇认为，发掘历史结构与艺术结构的对应关系，并指出这种对应关系的潜在的历史性质是总体美学的必然要求。马克思主义哲学对历史结构的分析总是建立在强调结构本身的指向性的基础上的，这实质上是把一切历史的结构形态纳入到历史过程的序列之中，在指向性和序列中追求历史的总体性。而艺术结构的社会价值和意义就是在对艺术结构与历史结构的对应中以及历史结构的潜在指向性的寻求和揭示中获得的。

　　资本主义社会是走向总体的一个重要阶段，在生产结构上表现为深入的工业革命的一体化，在经济规模上形成了统一的世界市场，然而在社会性质上则为生产关系中的"关系"日益分化为资产阶级和无产阶级两大对立阶级所决定。这种阶级的对立以及由此生成的在经济与政治上的深刻矛盾使得资本主义社会结构丧失了完整性。与资本主义社会对应的艺术结构也呈现出三种形态：其一，在对分裂的社会结构进行话语揭露和抵抗的基础上，企图在符号王国里建立完整的人性乌托邦；其二，在审视和批判资本主义社会的基础上，进一步探求结构内部的客观倾向和新的动力因素，使社会演进过程真正自觉化；其三，精致地表现社会结构的一切方面，以求达到最大程度的自然，或对现存矛盾视而不见，自娱于符号的自由操作和主观情绪的随意表现。前两者构成了卢卡奇的两种不尽相同的现实主义：巴尔扎克式现实主义和高尔基式现实主义，后者则构成了现代主义（主要指自然主义、形式主义、表现主义和超现实主义等）。卢卡奇根据艺术发展史所构想的艺术结构的三种形态与资本主义社会这一特定的生产土壤具有辩证的适应性质。艺术与历史的结合只能在辩证的发展中得到真正的解决，这是卢卡奇的总体美学的理论逻辑。

卢卡奇指出："在资本主义社会中，人们需要一种特殊理智力量以便看透这种拜物化，并在决定日常生活的物化方面后面抓住实际——人的社会关系。"[①] 毫无疑问，现实主义就是这样一种"特殊理智力量"。那么，何谓现实主义？卢卡奇的回答是明确而一贯的："现实主义主要的美学问题就是充分表现人的完整的个性。"[②] "因此，现实主义的意义就是给予人物和人的关系以独立生命的立体性、全面性。它并不否认必然随着现代世界一道发展的感情的和理智的动力论。它所反对的就是由于过分崇拜瞬息的心情而破坏人的个性的完整和人与环境的客观典型性。"[③] 卢卡奇所谓的人的个性的完整绝不仅仅意味着人的个性的丰富性，还意味着个性的客观本质性和理想人格，是丰富性、客观性和理想人格的统一，这种统一的基础就是资本主义社会结构中的社会现实性和社会历史性的统一。所谓的社会现实性是指生产关系以及一切关系的现实的感性存在，在资本主义社会中，资产阶级与无产阶级的分化和对抗就是这种现实性的基本内容。所谓的社会历史性是指资本主义社会作为历史过程的一个发展阶段的整体倾向以及这种倾向对社会结构内部诸主要因素的规定和限制，体现了历史发展的根本规律。它们对艺术提出了从根本上认识整体的要求。然而，诚如卢卡奇的分析，任何作品都不可能是对生活的全景式反映，而只能是部分生活的反映。问题的关键是：一个作家是否能够在具有片断性质的独立的"自我世界"中创作出寓一般于特殊、寓本质于现象的神奇的内在逻辑力量，从而使对社会生活局部的描写达到整体高度，也就是说，"艺术作品的整体性……是那样一些规定性的完整独立的联系，这些规定性客观上对所描写的那部分生活具有决定性的意义，它们限定了那部分生活的存在、运动、特殊本质以及在整个生活过

---

① 转引自王鲁湘等编译：《西方学者眼中的西方现代美学》，北京大学出版社1987年版，第176页。
② 《卢卡奇文学论文集》(2)，中国社会科学出版社1981年版，第49页。
③ 同上，第48页。

程中的地位。"①这就是现实主义从最本质的意义上所理解的完整性：从局部透视整体，从现实透视历史。所以，卢卡奇的现实主义的本质在于，通过有限的作品视界，把人的完整性、现实的完整性以及二者结合的完整性作为真正的历史内容而持续不断地交给客观历史的发展本身。R. 赛傅说："卢卡奇反对那种仅是'照相式'的反映，而主张真正的现实主义作品能够给予我们既在形象的'艺术必然'观念：它们具有与世界本身的'广延总体性'相关联的'内涵总体性'。"②这或许就是现实主义具有强大生命力以及卢卡奇对现实主义厚爱的原因所在。由此出发，我们便可以进一步讨论卢卡奇关于现实主义的两种基本形态了。

（一）关于巴尔扎克式现实主义。卢卡奇说："古希腊作家，但丁、莎士比亚、歌德、巴尔扎克、托尔斯泰都对人类发展的伟大时期作了充分的描绘，他们同时也成为恢复人的完整的个性而进行的思想斗争中的路标。"③文艺复兴作为资本主义历史的伟大开端，在重放光辉的古希腊艺术中充分展示了前所未有的生机盎然的气势和理想人性的精神。人开始彻底打碎中世纪沉重的枷锁，一个自由发挥人的智慧、才能，开拓人的深层的人性本质，认识和掌握自然力的历史契机已经到来。于是，在艺术发展的长廊里有了莎士比亚，有了哈姆莱特那种深沉而富有历史感的人性的存在，有了雕塑和绘画中对和谐与宁静的生命意义的渴求。在资本主义历史发展的初期，人的片面性和缺失性尚不明显，人还处于时代的高昂的生命冲动之中，处在全面的放眼未来的理性自信之中，现实主义更多地沐浴着人性完美的韶光，批判意识还处在萌芽状态。接下来的启蒙时代是一个进退维谷的时代。伟大的艺术家们缺乏文艺复兴时期的那种和谐的社会基础，他们面临的是由于社会分工而导致的人与社会的分裂以及异化的

---

① 卢卡奇：《艺术与客观真实》，《马克思主义文艺理论研究》第2卷，文化艺术出版社1984年版，第433页。
② 赛德：《当代文学理论》，肯塔基大学出版社1985年版，第29页。
③ 《卢卡奇文学论文集》(2)，中国社会科学出版社1981年版，第47页。

滋生，然而这种分裂和异化无论是在程度上还是范围上都具有相对的内在性和潜意识性，所以这一时期的艺术所追求的是"在艺术中寻找人的和谐以及与之相适应的美"①，并且把它"看成是克服资本主义分工带来的人的内心分裂与扭曲的主要手段"②。艺术家们热衷于田园牧歌般的吟唱和乌托邦式理想奋斗的描绘，歌德笔下的浮士德就是一个追求完美人格的典型形象。启蒙艺术的批判性依然是脆弱的，这大抵是因为这一历史阶段并没有表现出尖锐的矛盾和对抗，对美好和谐的人性的幻想仍然牢牢地控制着人的理性。

19世纪是现实主义发展史上的一个更新点，巴尔扎克的出现标志着真正的现实主义的到来。卢卡奇说："严肃的现实主义作家若要无保留地、真实地再现他们的社会生活，就只能按照自己的艺术目标放弃任何关于人的和谐、关于人的个性的和谐美的描写。"③探究"放弃"的社会动因是极其复杂的，卢卡奇只是简括地揭示了两点：一是在这一时期资本主义制度的完善化已经充分表现出社会以及人的分裂和异化的凝固化倾向，从根本上根除了人在现实生活中获取完整的任何可能性，使人的旧有理性崩溃；二是资产阶级美学的古典观念愈发显得空洞和"经院气"，这种艺术与现实社会的巨大反差实际上已经表明艺术本身对丑恶的、非人的资本主义生活"缴械投降了"。巴尔扎克的伟大就在于，他不断地抵抗着"投降"，把批判精神变为现实主义的主导精神。他要通过塑造美学意义上的完整人格——尽管不是哲学意义上的理想人格——来揭露"资本主义社会是一个埋葬人的纯洁和伟大的大坟场"。④恩格斯在分析巴尔扎克现象时指出，巴尔扎克的作品是对他所属的资产阶级的末日的"一曲无尽的挽歌"。忠诚现实主义使他"不得不违反自己的阶级同情和政治偏见，他看到了他心爱的贵族们的灭亡的必然性，从而把他们描写成不配有更好命运的人"，这是"现实

---

① 卢卡奇：《资产阶级美学中关于人的和谐的理想》，《文艺理论译丛》，中国文联出版公司1985年版，第51页。
② 同上，第54—55页。
③ 同上，第51、54—55页。
④ 同上，第55—56页。

主义的最伟大的胜利之一"。①现实主义对巴尔扎克的成功"改造",巴尔扎克对现实主义的卓越发挥,使现实主义以其历史批判精神走向了艺术发展史的新高度。托尔斯泰也具有同样的意义。作为一位天才的作家,"他忠实地记录了现实的某些基本的特点,因此,在他不知不觉并且违反自己意图的情况下,他变成了反映俄国革命发展某些方面的一面诗意的镜子"②。

(二)关于高尔基式现实主义。高尔基的独特之处在于:他不仅最大限度地揭露和抨击了资本主义社会对人性的摧残和毁灭,而且典型地描绘出阶级压迫和阶级反抗的现实状况,从而在历史的发展中寻求新的社会理想。"在他的作品里,不仅有不同的社会制度、不同的世界观之间的冲突,而且还具体地、艺术地描写了成长起来的新人为建设自己新生活的新内容而作出的努力。"③高尔基把富有真实的历史色彩的人民性融入人道主义,也就是进一步把艺术作品中的人道主义原则提高到哲学和社会意义之上,使批判走向批判与展望相结合,使展望走向理论与实践相结合。具体的真切感和强烈的历史感使人的内心生活变得丰富,"赋予人以力量、觉悟和温暖"④。实质上,高尔基对巴尔扎克的超越从根本上说就是使美学意义上的人格的完整性与哲学意义上的理想人格高度统一起来,并不断地对历史做出自觉和真诚的现实承诺。所以,高尔基的现实主义达到了现实主义历史的顶峰。

从人的完整性和理想人格出发来认识艺术的社会本质和社会价值,就必然对现代主义持全面的否定态度。卢卡奇认为,现实主义与现代主义最根本的分歧在于对"人是什么"这一问题的回答。一切伟大的现实主义都把亚里士多德的"人是政治动物"的论断作为基本点。而现代主义则以"人从本质上看是孤

---

① 《马克思恩格斯选集》第四卷,人民出版社1972年版,第463页。
② 《卢卡奇文学论文集》(2),中国社会科学出版社1981年版,第321页。
③ 卢卡奇:《资产阶级美学中关于和谐的人的理想》,《文艺理论译丛》,中国文联出版公司1985年版,第57页。
④ 同上,第57页。

立的、非社会的、不能和他人产生联系"①作为基本内核。当然,现实主义也表现孤独,但那是一种特殊的历史命运,而不是现代主义所谓的普遍的"人类处境"。应该说,现代主义对资本主义的批判有自己独到的一面,它试图用病态的描绘去拆除资本主义社会中异化状况下所产生的畸变,使人们在灵魂的曝光中得到一种暂时的解脱和逃避,因为发达的资本主义对社会的所有领域的异化和侵蚀,已经使人从根本上丧失了自我保护的能力,丧失了恢复持久的人性的能力和任何可能的外部条件。然而,由于这种方法的普泛化,除此之外,再也不存在可以与之相参照的东西,从而,病态本身走向绝对化,成为人类唯一的生存状态,甚至成为无论是作家还是读者都视之为正常而陶醉其中的世界。所以,卢卡奇认为,现代主义一个很重要的弊端就是失掉了远景透视感。"无论在什么艺术作品中,远景透视都有高于一切的重大意义。它决定过程和内容,它把叙述的脉络贯穿起来,它使艺术家能在重要的和肤浅的东西之间,在关键的和偶然的东西之间进行选择。"②所谓的远景透视感就是一种深入的历史总体感,一种典型意蕴,而现代主义对历史总体感和典型的抛弃使得它对人的认识局限于碎片乃至本质虚无状态。

　　现代主义的形式特征主要表现为把描写这一叙事作品中常用的手法提升到超过任何其他写作手法的地步。卢卡奇在深入地分析了福楼拜、左拉等自然主义、形式主义作家之后,简要地概括出现代主义描写的四大特点:(一)描写抹煞了差异,即对存在于历史境遇中人的层次性、阶段性、复杂性视而不见,要么把人抽象为本体上的纯存在,要么在纯粹的描写中消解人的一切特征和内含。(二)描写在视觉上仅是一块一块的意象的平面移动,其中没有任何暗含的联系和必要的中介,实际上是一些无关的东西的堆积。(三)描写在唯求一切真实中把人描写为一种毫无意义和价值琐碎的存在物,从而远离了人物命运的发展逻辑。(四)描写把人降低到僵死之物的水平。在作品中,倘若没有对人的命运

---

① 卢卡奇:《现代主义的意识形态》,《文艺理想译丛》,中国文联出版公司1985年版。
② 同上。

的切实表现，没有从大量的偶然性中力图寻找出历史的必然性，那么，作家笔下的一切人物都将成为玩偶。①这样一些基本特点表现出现代主义已经完全丧失了对人的全面发展的信心，丧失了对艺术典型重塑人之全新意义的信心。卢卡奇说："描写乃是作家丧失了叙事旨趣之后的代用品。"②叙事的旨趣在于探索、在于意义、在于历史本质本身。然而，当人被抛到世界，生存属于偶然之时，描写主宰艺术是不足为奇的。

卢卡奇对现实主义的高度肯定和对现代主义的严厉批判无疑是贯彻他的以人道主义为核心的总体美学思想的结果。卢卡奇从反映论和总体性以及二者结合的内在本质出发去把握艺术形态的现实性和历史性，就必然把在典型基础上建构的具有人的丰富性和完整性的现实主义作为艺术表现社会本质的支点，是唯一能够真正地解释历史逻辑并给现实注入强大的生机和活力的艺术形态。现代主义反其道而行之，必然遭到卢卡奇的唾弃。

卢卡奇的现实主义理论（对现代主义的批判是这一理论的有机组成部分）是一种精致的理论，具有难以抵抗的内在逻辑力量。他从马克思和恩格斯关于现实主义的一些纲要式的论述起步，在自己的哲学体系中把现实主义建构成为真正的艺术王国里的骄子。当然，卢卡奇的现实主义遭到了不少非议。布洛赫曾指责卢卡奇对发展与衰退缺乏辩证的思考，不是把"颓废"作为转向新世界这一过程的一部分，而是将两者截然割裂。③J.福罗也说过，在卢卡奇的著作中表现出"历史意识的失败"，因为他把小说这一特定的形式作为与历史无关的现实主义典范加以绝对化。④波琳·约翰逊也指出，在现实社会虚假的、拜物化的氛围中，卢卡奇并没有为"非拜物化的、启蒙的意识的直接性基础提供任何阐述"⑤。也就是说，未能解决现实主义超过现实的切实基础问题。那么，如何来更好地认识

---

① 参见《卢卡奇文学论文集》(1)，中国社会科学出版社1980年版，第56—64页。
② 同上，第55—56页。
③ 董学文编译：《现代美学新维度》，北京大学出版社1990年版，第71页。
④ 福罗：《马克思主义和文学史》，哈佛大学出版社1989年版，第10页。
⑤ 参见王鲁湘等编译：《西方学者眼中的西方现代美学》，北京大学出版社1987年版，第184页。

卢卡奇的理论缺憾呢？我认为，卢卡奇一生都在努力地把马克思主义的唯物主义和辩证法运用到自己的理论活动中，并作为基础性的指导原则和方法，然而失误恰恰就在于他的这一努力之中。卢卡奇在无意识中把马克思主义黑格尔化了，也就是说，卢卡奇的总体性缺乏一个深刻的否定机制而总是试图在历史中寻找一种绝对意义上的稳定状态。尽管他强调事物内部的差别和矛盾，但这种差别和矛盾更倾向于作为事物存在形态的一种谋求绝对稳定的功能和过渡。事物一旦达到它的所谓的总体性（绝对稳定态），任何东西都处于一种缺少根本性变化的关系中。现实主义之所以成为脱离历史的唯一真正的艺术形态，很大程度上是因为现实主义无论其核心、目的、方法都包含着卢卡奇所谓的总体精神。此外，他对现象和本质相统一的反映论的理解似乎也存有一定的机械性，仿佛一旦通过某种方法认识了事物的本质，这种认识本质的方法就获得了永久的和唯一的真理性，而对于现象和本质的内涵及其表现方式的复杂性和多变性缺乏足够的注意，从而否定了认识真理的多种可能的途径，实质上也就是对真理本身的相对性的否认。

所罗门说，黑格尔始终是卢卡奇思想的"无懈可击的试金石"，[①] 此语尽管有言过其实的嫌疑，但卢卡奇的总体美学以及在此基础上建构的现实主义或明或暗地反映了这一点。根据总体美学精神，现实主义在独尊中把艺术发展史推向了一个戏剧性的尽头。

（原载《马克思主义美学研究》第3辑，题目为《卢卡奇美学思想初探》，有删节）

[①] 梅·所罗门编：《马克思主义与艺术》，杜智章、王以铸译，文化艺术出版社1989年版，第411页。

马尔库塞文艺思想述评

马尔库塞于1898年出生在德国柏林的一个有教养的犹太家庭。他的一生大致可以划分为这样几个阶段。1922年马尔库塞在导师海德格尔的指导下完成了博士论文《黑格尔的本体论与历史性理论的基础》，获得弗赖堡大学哲学博士学位。1933年马尔库塞加入法兰克福社会研究所，希特勒上台后亡命异国，1940年起定居美国，并主持法兰克福社会研究所的工作。从1951年开始，他在从政10年之后重返教坛，先后执教于哥伦比亚大学、哈佛大学、勃兰第斯大学、加利福尼亚大学圣地亚哥分校等。60年代末期，他积极参与当时席卷欧美的政治风暴，撰写了大量的具有现实意义的理论文章和著作，并成为学生运动的精神领袖。1979年7月29日，马尔库塞在应麦克斯－善朗克研究所之邀赴西德访问和讲学途中逝世于施塔贝恩克，终年81岁。

马尔库塞毕生致力于哲学、美学研究，先后发表了大量著作，为后人留下了极其丰富的理论遗产。在其漫长的学术生涯中，马尔库塞始终坚持马克思主义，力图在新的历史条件下发展马克思主义。他从黑格尔、弗洛伊德出发观照马克思，试图把黑格尔、弗洛伊德与马克思结合起来，为当代马克思主义研究提供了一个重要的理论视野。与此同时，对当今资本主义的批判构成马尔库塞学术活动的一个不可或缺的方面，他的著作被誉为对发达资本主义社会所作的迄今为止最成熟的批判，甚至被与马克思、毛泽东相提并论为"三M"。1932年，马尔库塞发表《历史唯物主义基础的新材料》，是对当时刚刚问世的马克思的《1844年经济学哲学手稿》的研究成果，文中最早提出存在有两个马克思，并要求回到作为人道主义者的青年马克思的观点。1937年，马尔库塞发表《哲学与批判理论》，提出哲学的重要功能是对社会现实的批判，从而奠定了法兰克福学派著名的社会批判理论的基础。1941年，马尔库塞发表《理性与革命》，指出对现实持批判态度的这种否定性是黑格尔哲学的基本精神,也是马克思理论的基本精神,并试图揭示出马克思理论的黑格尔根源。1953年,马尔库塞发表《爱欲与文明》,在对弗洛伊德精神分析理论进行引申和阐发中,力图使之与马克思主义结合起来,提出一种批判的文明理论。1964年,马尔库塞发表《单向度的人》,着重批判了现代资本主义社会把既有物质需要又有精神需要的双面人变成了完全受物质欲望支配的单面人,从而使得具有批判功能的哲学变成了与统治阶级利益协调一致的单面思想。1968年,马尔库塞发表《论解放》,提倡由思想先觉的少数人去教育和拯救处于麻木和被动状态的大多数人的主张,以此才能消除资本主义社会的弊端。1972年,马尔库塞发表《反革命和造反》,对60年代末青年造反运动进行了理论总结。纵观马尔库塞几十年的理论活动和著述,一个突出的特点是与现实的密切结合。他不仅在理论上坚持马克思主义的基本原理,而且努力在实践中发展马克思主义,使马克思主义与新的理论学说相结合,使马克思主义不断适应时代发展的需要。

应该说,马尔库塞的理论贡献是多方面的,本文将集中讨论马尔库塞的文艺学、美学思想,但在这一讨论之前,有必要简要地介绍一下他的有关的哲学思想和社会批判理论。

上　马尔库塞文艺思想之理论基础

马尔库塞文艺思想的理论基础大致可以从三个方面加以考察:一是他对从黑格尔到马克思这一理论发展线索的追寻和思考,从而发掘出包含其中的否定精神;二是对弗洛伊德精神分析学的批判和改造,指出文明社会的发展是以对人的本能压抑为代价的,并试图使弗洛伊德与马克思结合起来,从而发展出一种弗洛伊德式的马克思主义;三是对现代资本主义社会现实的批判,把资本主义作为理论实践活动的基本场所,试图解决资本主义社会中人生存的现实困境。

(一)

马尔库塞文艺思想的理论基础之一是对黑格尔哲学的系统研究,并从这种研究发展到了对马克思思想的根源性探讨和批判性拓展。马尔库塞从青年时代就开始关注黑格尔哲学的理论贡献，他在海德格尔指导下完成的博士论文就是以黑格尔为研究对象，这种关注到1941年《理性与革命——黑格尔和社会理论的兴起》达到顶点。马尔库塞的黑格尔研究最引人注意之处是，试图揭示马克思与黑格尔在理论上的内在联系，进而提出黑格尔式的马克思主义的理论主张。

马尔库塞对黑格尔与马克思之间关系的研究首先是从"否定"概念开始的。在马尔库塞看来，马克思的理论活动本身首先就是对黑格尔的否定。这种否定意味着"马克思的所有哲学概念都是社会的和经济的范畴，然而，黑格尔的社会和经济的范畴都是哲学的概念"。"在黑格尔的体系中，所有的范畴终止于存在着的秩序中，与此同时，在马克思的理论中，所有的范畴则是触及到这些存在着的秩序的否定。"①否定就是颠倒，否定就是批判。从这个意义上说，马克思对否定的重视和运用表明了他本人对黑格尔理论精髓的发掘和继承，否定成为了马克思与黑格尔之间内在联系的契合点。与此同时，否定又是马克思超越黑格尔的一种最基本的思维方式，它从根本上构成了马克思学说的一种最基本的理论特征。

马尔库塞指出，否定是黑格尔哲学的基本精神，这一点充分体现在作为黑格尔哲学成熟标志的《逻辑学》中，因为在此黑格尔反复强调过辩证法具有否定性质，否定"构成了辩证理性的本质"②。黑格尔《逻辑学》不是从琐碎的事物而是从"普遍"这一作为《精神现象学》结束的概念出发，其目的是在经验事实之后寻求一个稳固基础，也为无限存在的事物寻求一种普遍的必然原则。黑格尔对普遍概念研究是从"有"与"无"这两个相互依存、相互作用的概念开始的，并把它们植入作为整个西方哲学根本性概念的"存在"之中，从而获得了逻辑发展变化的动力学意义。存在首先意味着所有事物都存在着并都在使自身成为应该存在的东西。存在与确定存在根本不同。日常语言的所有判断形

---

① 马尔库塞：《理性与革命》，程志民等译，重庆出版社1993年版，第235页。
② 参阅马尔库塞：《理性与革命》，程志民等译，重庆出版社1993年版，第112页；黑格尔《逻辑学》上卷，杨一之译，商务印书馆1991年版，第38页。

式可见出其中的差异。如，玫瑰花是植物，他是善良的，判断是真的。这些句子里的系词"是"即"存在"，但"是"并不指任何实际的事物，而是每一事物之属性。换言之，存在作为一种普遍性不是具体某物，不是"植物"、"善良的"、"真的"等。既然存在不是某物，那么存在就是"无"，是"纯粹的规定性和虚无"。根据黑格尔的观点，世界上任何事物，哪怕是最简单的事物，都是有和无的统一体。就时间而言，每一事物都是存在的，而仍未存在的事物将成为存在，正在存在的事物将成为不存在。这种有与无的内在统一性是所有存在结构之特性。这也就是黑格尔辩证逻辑的根本价值所在。马尔库塞指出："在黑格尔的《逻辑学》中，事实上提出了传统逻辑学是虚假的思维和行动的法则或形式，而辩证逻辑的范畴揭示了一个与此相反的世界，它发端于有与无的同一，终止于作为真正实在的理念。黑格尔指出了这个世界的悖理和自身矛盾的特征，但他提出的辩证思维的过程最终发现自身矛盾的事物是隐藏的真理的依托，悖理更是常识的正确图解所拥有的一种性质，二者都能消除其无用之物而包含着潜在的真理。"[①]所以，黑格尔逻辑学作为一种对传统形式逻辑的反叛，把内在矛盾性视为事物存在的本质性特征，从而把否定提升到事物发展动力之源泉的地位。

马尔库塞认为，黑格尔的否定范畴具有双重含义：首先，它表示了对固定而静止的常识性范畴的否定；其次，它表示对哲学范畴所设计的不真实的世界特征的否定。关于前者，马尔库塞举示了这样一个例子。比如，论及人的规定性，通常认为人是理性的动物，这就暗示了人应该具有理性的存在状态，但只是应该，却没有回答人真正是什么；与此同时，这一回答也暗示了人之非理性化现状，也就是说，暗示了人之存在状态的理性化是人的使命，只有这一使命的完全实现，人才意味着为我存在，而不是为它存在。显然，人的现存状态与其规定性相矛盾，矛盾使人变得复杂而模糊，人始终是在为克服其规定的外在状态而斗争。这是人自身由为它存在到自我存在的否定过程，是在辩证逻辑的

[①] 马尔库塞：《理性与革命》，程志民等译，重庆出版社1993年版，第118—119页。

观照下否定对常识观念的根本性批判。关于后者,黑格尔把视野放到了更加宽阔的历史现实之中,从思维角度反思作为存在的历史,把逻辑学中的否定性思维变为一种存在于历史之中的现实的否定力量,或者说把历史的否定力量作为否定性思维的逻辑展开。黑格尔的否定逻辑在历史视域的运用导致了进步观念的生成,即把历史解释为人类走向理性的过程。当然,这也是18世纪法国启蒙哲学中的历史观。黑格尔历史哲学在某种意义上承继了这一历史观,但黑格尔着力发挥之处在于:理性是真实存在,理性精神作为精神的自由本质是历史的真实实现。从这一意义上说,历史的真正主体是精神的普遍性,而不是个体存在;历史的真正内容是自我意识的自由实现,而不是个体的兴趣、需要和行动,个体的牺牲反证着精神主宰的意义。黑格尔将这一现象称之为"理性的狡黠"。马尔库塞是这样作出诠释的:

> 个体过上了不幸福的生活,他们辛苦工作以致死亡,但他们从未达到他们的目标,他们的苦难和失败不过是接近真理和自由的手段。人们从来收获不到他们劳动的果实;他们总是沉迷于对未来的幻想。但是,他们的热情和兴趣却从未消失。这正是使其成为一个更高形式的力量和更高形式的兴趣而奋斗的工具。个体失败并逝去,但理性的胜利永存。①

以牺牲个体存在达到理性的自我实现,以理性对个体的使用达到精神的彼岸,这种所谓的"理性的狡黠"是黑格尔思辨哲学的一个基点,也正是在这一意义上,黑格尔对进步的历史观也显现出一种反思的力度:人类历史的实现不是一种毫无偏差的进步,而是充满了人类的异化。当然,黑格尔的异化思想不可能真正深入到人类历史的现实异化状况之中,而只能停留在精神自我实现的层面,他的否定性原则也只能是一种辩证逻辑过程的否定性演绎。这样一来,黑格尔身后无疑留下了巨大的历史阐释空间。否定性需要一种新的历史内容来

---

① 马尔库塞:《理性与革命》,程志民等译,重庆出版社1993年版,第212页。

充填，哲学转折从这里再次开始了。马克思成为其中最出色地完成这一否定工作的人。

马克思的否定性批判理论是一种真正意义上的社会历史的批判，他的介入之点在于现代社会劳动形式下的人际关系以及这种关系构造的异化形态，从这一意义上说，"理性的狡黠"不是理性本身的问题，而是社会关系本身的问题。马尔库塞指出："作为马克思理论的出发点的唯物主义命题因此首先陈述了一个历史事实，即展示普遍现实的社会秩序的唯物主义特征，在这个社会秩序中，一个不可控制的经济力量统治着所有的人类关系。同时，马克思的命题也是一个批判的命题，它表明了在意识和社会存在之间现存的关系上真正的社会关系产生之前是一个必然被克服的虚伪的关系，因而唯物主义命题的真理将以否定的形式出现。"① 人首先是一种物质存在，这种物质存在构成了人的现实的社会关系，但这种关系在黑格尔那里被扭曲了。马克思也承认，人的真正本性存在于他的普遍性中，普遍性是人类自我自由的唯一形态，而人只有作为人存在时才具有普遍性，也才可以说是自由的。这一观点对黑格尔哲学的承袭是明显的。但马克思的不同之处在于，他指出问题的关键是，人的自由问题绝不仅仅是一个哲学问题，人类的自我实现在资本主义阶段需要废除既定的劳动方式，只有自由劳动的真正实现才可能有人的自由的真正实现。所以，马克思的否定性集中批判了资本主义制度下的异化劳动现象，异化劳动是人的自由存在的根本性障碍。

马克思首先从工人与其劳动产品之间所构成的关系来解释劳动的异化。在资本主义社会里，工人制造的产品越多，资本的支配力量就越大，工人自己占有产品和占有产品的手段就越少，劳动因此变成了他自己的创造力量的牺牲品。

〔结果〕劳动的现实化表现为非现实化到这种程度，以致劳动者从现实

---

① 马尔库塞：《理性与革命》，程志民等译，重庆出版社1993年版，第248—249页。

中被排除去,直到饿死。对象化表现为对象的丧失到这种程度,以致劳动者被剥夺了最必要的——不仅是生活所必要的,而且是劳动所必要的——对象。而且连劳动本身也成为这样一种对象,劳动者只有用最紧张的努力和伴随极不规则的间歇才能把它据为己有。对对象的占有表现为异化到这种程度,以致于劳动者生产的对象越多,他能够占有的对象便越少,并且越加受到自己的产品,即资本的统治。①

马克思对工人劳动的异化状况的分析还有更深一层的含义,即工人与其自身相异化。工人的劳动变成了他人的私有物,工人在劳动中不是肯定自我,而是否定自我。工人只有在劳动之外才感到自己是自由的,而在劳动之时则处于被折磨、被摧残的境地。所以,"人（劳动者）只是在执行自己的动物机能时,亦即在饮食男女时……才觉得自己是自由地活动的;而在执行自己的人类机能时,却觉得自己不过是动物。动物的东西变成了人的东西而人的东西变成了动物的东西"②。正是这种人本身的异化构成了资本主义社会经济结构的基础,从而也成为了这种经济结构的根本性的否定机制。马尔库塞指出:"资本主义社会的否定存在于资本主义社会的劳动异化之中;否定性的否定将随着异化劳动的废除而产生。异化在私有制条件下,已呈现出它的最普遍的形式;唯有私有制的废除才能使异化得到克服。"③社会异化劳动的铲除是人得以自由的根基,只有当人在自己的劳动中显现出作为自由存在的个体之价值时,人才能成为真正意义上的人。严格地说,人类真正的历史是自由个体的历史,它应该存在于每一个个体之中。在以往的一切社会形式中,具有普遍意义的整体利益存在于一个分裂的社会状况中,这种分裂表征着社会权利对个体权利的抑制。私有制的废除是最终地废除这一切的唯一出路。

---

① 转引自马尔库塞:《理性与革命》,程志民等译,重庆出版社1993年版,第252页。
② 同上,第252—253页。
③ 同上,第257页。

马尔库塞指出，黑格尔哲学以理性普遍性为根本依据，把对象的每一个部分（主观部分和客观部分）统合为一个包罗万象的整体性认识，从而得到一个逻辑意义上的完整体系。马克思则在黑格尔的基础上把理论的思考推进一步。马克思首先揭示了资本主义社会作为一个现实存在，它把理性普遍性原则作为自己的合理性依据，从根本上否定个体在社会经济结构中的自由价值。与此同时，在资本主义为了整体化的社会制度的需要而产生出社会的异化结构之时，异化本身使得这种所谓的整体化制度出现了根本性危机。无论如何，人必然要回归到自我之中，回归到自我的自由之中。所以，共产主义作为一种对资本主义的否定性社会形态，作为真正实现个体自由的全新形式，成为了人与自然、人与社会、人与自身矛盾的真正解决。

（二）

马尔库塞文艺思想的另一个重要理论基础是对弗洛伊德精神分析思想的批判性改造和利用。第二次世界大战之后，马尔库塞逐步脱离开一直钟情的黑格尔哲学，更不再满足于对马克思理论的一般性的单纯阐释，弗洛伊德的精神分析学开始进入他的视野，成为他的思想的又一重要来源和组成部分。其中，他从弗洛伊德主义出发试图对马克思理论进行改造的思路，试图致力于发展出一套弗洛伊德式的马克思主义，受到东西方学界的重视。

在《爱欲与文明》这部重要的研究弗洛伊德精神分析的著作的"第一版序言"中，马尔库塞首先道出他对个体生命关注的原因："人在现时代所处的状况使心理学与社会政治哲学之间的传统分野不再有效，因为原先自主的、独立的精神过程已被个体在国家中的功能即其公共生存同化了。于是心理学问题变成了政治问题：个人的失调比以前更直接地反映了整个社会的失调，对个人失调的医治因而也比以前更直接地依赖于对社会总失调的医治。"[①] 很显然，马尔库塞这种对个体存在的关注，从对象上说仍然是他的黑格尔式的马克思主义理论基本主题的延续，但思考的方式和路径已经发生了根本性变化。尽管马尔库塞

---

① 马尔库塞：《爱欲与文明》，黄勇、薛民译，上海译文出版社1987年版，"第一版序言"第12页。

的理论出发点仍然是对资本主义社会制度的批判，但个体存在的精神层面已经取代了社会结构中之关系，或者说这种新的个体与社会的结构性关系、这种精神分析式的心理学已经被作为社会现实状况的新视野纳入到马尔库塞的哲学思考中。

现在的问题是，马尔库塞是在何种意义上把弗洛伊德的精神分析学进行了马克思主义式的改造？它具有怎样的一种理论内涵和力量？

首先需要注意的是，马尔库塞所着力批判的对象已经发生了根本性变化，即资本主义由初期阶段进入到发达阶段。所以，马尔库塞在行文中始终在资本主义之前加上"发达"二字。在马尔库塞看来，发达资本主义社会的基本特征是，由于统治方式的根本性改变，它越来越变为技术化的甚至是"有益"的统治，从而导致了人与统治制度的和解达到了前所未有的程度，人在这种和解中操持起一种全新的生存方式，也就是说，私人的或个体的精神在相当程度上变成为心甘情愿的容器，贮藏着为社会所欲求、对社会所必要的情感、满足和内驱力。发达资本主义社会这种状况的出现，根据弗洛伊德的精神分析理论，说明了人的自由和幸福的命运受制于乃至取决于某种人的心理机制，这种心理机制不仅在社会学意义上展开，更在生物学意义上展开，它一直表现为有意识结构与无意识结构、遗传的和结构固定的力量与后天获得的力量、肉体—精神与外部现实诸对立面的动态的对立统一，也就是肉体与精神、自然与文明之间的对立统一。这种心理结构的基本架构在弗洛伊德理论的早期表现为性本能与自我本能之间的对抗，后期表现为生命本能与死亡本能之间的对抗。这种对抗又具体体现在弗洛伊德的精神分析所描述的心理结构三层次理论中，即心理结构是由本我、自我和超我三个层次构成。本我是最古老、最根本、最广泛的层次，这是无意识的领域，本能的领域，它不受任何社会个体意识中的形式和原则的束缚。自我是本我与外部世界的中介，是本我化器官在外部环境刺激和压力下逐渐发展而成的，自我的功能就是保证有机体的本能满足。在自我发展的过程中，另一种心理要素即超我分离出来。超我产生于婴儿对父母的长期依赖，也受一些社会和文化因素的影响，因此，由父母和社会强加于个体的外在约束被内投于自我，变成良心，于是负罪感便充斥了心理生活。根据弗洛伊德的心理结构三层次理论，本我与超我之间的对立是无法调和的，超我始终对本我构成一种压抑的态势，而本我又始终在反抗超我中顽强地实现着自己。把这种心理结构的对抗性矛盾投射到属系和个体的发生状况来看，随着文明的进步和个体的成长，由于对某种外在必然的认可，自由和必然相统一的记忆丧失殆尽，这就导致弗洛伊德得出了一个基本结论：文明的进步是以对本能的有组织的压抑为代价而取得的。马尔库塞从这一视角切入，提出了两个重要的补充性概念，即额外压抑和操作原则，并在此基础上进一步讨论了弗洛伊德关于压抑与进步之关系的理论。

马尔库塞认为，额外压抑是社会统治所必不可少的约束。与本能压抑不同的是，它是为使人类在文明中永久生存下去而对本能所作的必要"变更"：

> 虽然任何形式的现实原则都要求对本能实行相当程度和规模的压抑性控制，现实原则的特定历史机构和统治的特定利益，除了造成那些为文明人类的联合所必不可少的控制以外，还引进了一些附加的控制。我们把这种产生于特定统治机构的附加控制称为额外压抑。①

简单地说，现实原则就是一种生存原则，它的背后暗含的一个基本事实是匮乏。这意味着，人类的需要，如果不加以节制和延迟，就无法得到满足。要得到任何可能的满足都必须工作，必须为获得满足而从事颇为痛苦的劳动。匮乏和劳动的等级分配离不开本能压抑。但在现实原则下，统治利益还要求对本能结构施加额外压抑。马尔库塞以一夫一妻制为例对此进行了说明。为了维持一夫一妻制家庭，必须转移本能能量，这种转移就是特定现实原则机构实行的额外压抑，是在本能的基本（属系发生的）约束之外附加的压抑。这种压抑的更深入之处在于，对本能的种种额外压抑，最初可能是由于原始人的物质生活匮乏和长期依赖性而造成的，但现在却成了人的特权和荣誉，它们使人有能力把实

---

① 马尔库塞：《爱欲与文明》，黄勇、薛民译，上海译文出版社1987年版，第23页。

现愿望的盲目必然性转变成所寻求的满足。①也就是说，在人类文明的过程中，额外压抑已经内化于人的生存意识之中，内化为人的心理结构中的一种无意识，甚至成为了人的一种现实生存的需要和愿望。所以，基本压抑和额外压抑难以分离。

在阐释额外压抑的同时，马尔库塞还讨论了构成现实原则的社会内容的诸机构和诸关系，这些东西实际上在不断地改变着现实原则本身，而这种改变的过程涉及到另一个重要概念，即操作原则。马尔库塞指出，

> 如果我们企图说明现代文明中主要的压抑的范围和界限，就必须根据支配这一文明产生和发展的特定的现实运作来进行描述。我们称这种特定的现实原则为操作原则，目的是要强调，在这种原则统治下，社会根据其成员竞争性的经济的操作活动而被分成各个阶层。②

操作原则是一个对抗性的社会原则。它的前提是，经过漫长的历史发展，对社会劳动的控制有了相当大的改进，对生产设施的合理使用满足了个体的需要和机能，统治利益与被统治利益、个体利益与整体利益呈现出不断融合的趋势，社会正以更大规模、更好条件再生产出社会本身，统治似乎变得越来越合理了。然而，这种社会操作的另一面却是，对绝大多数人来说，满足的规模和方式受制于自我劳动的规模和方式，而且，劳动者个体始终是在为某种设施而劳动，对这种设施无法进行控制，也没有任何控制的权利，这是一种个体若想生存就必须屈从的外在的独立力量。因此，从某种意义上说，异化成为了个体劳动的伴生物，占据大多数个体生活时间的劳动时间是一种异化状态下的时间，异化导致了力比多的约束，也就导致了快乐原则的约束，力比多被转移到对社会有用的操作上去了。马尔库塞特别指出，这些约束作为一种外在的客观

---

① 参阅马尔库塞：《爱欲与文明》，黄勇、薛民译，上海译文出版社1987年版，第23页。
② 马尔库塞：《爱欲与文明》，黄勇、薛民译，上海译文出版社1987年版，第28页。

规律，同时又作为一种内在化的力量，通过社会权威被吸收进了个体的心理结构，转化为一种无意识中的良心和生存意识，转化为欲望的满足，人的爱欲操作被纳入到社会操作的同一轨道，压抑在统治事物的客观秩序中消失了。所以，操作原则把个体身心变为异化的工具。只有当个体的身心抛弃了人类有机体原有并追求的以力比多释放为核心的快乐原则之时，个体追求的所谓的自由才可能出现。

爱欲与文明的关系是弗洛伊德后期始终关注的一个问题。弗洛伊德列举了人类苦难的三大根源，即超然的自然力量，肉体的腐烂趋向，用以调整家庭、群体和国家之间人际关系方法的不恰当。弗洛伊德认为，在这三大根源中，第一和第三是历史性的，也就是说，在文明发展的过程中，自然的超然性和社会关系的架构发生着变化，而这种变化是与压抑的必然性以及由此而来的苦难的必然性密切相关，也是与文明的成熟、与所获得的对自然和社会的理性支配的程度密切相关。值得注意的是，当文明有可能大规模地释放被压抑的本能能量之时，这种表面上大为削弱的本能管制却可能带来更高强度的压抑。所以，只有在历史可能达到的自由程度的范围内谈论本能压抑的范围和强度，才是有意义的。马尔库塞指出，从政治和经济上把个体纳入到劳动的等级制度之中，这实质上是一个本能运动的过程，是人再生产着压抑本身的过程。在这一过程中，与日俱增的压抑合理化暗含了与日俱增的权力合理化。个体作为工具的使用和从事苦役对本能的克制，不仅仅维护了某些特权，而且在更大规模上维护了整个社会。这种本能压抑最终导致了超我的"自动化"，表明了社会抵抗本能威胁的成功。从这一意义上说，在经济、政治和文化垄断集团的统治下，成熟的超我跳过了个体化阶段，属系原子直接构成了社会原子，本能压抑成为一种有组织的社会行为。爱欲与文明之矛盾构成了整个文明进程中社会和个体存在的矛盾，力比多原则在这种矛盾的揭示中泛化为一种人的存在和文明发展的基础。

如果说马尔库塞在黑格尔—马克思阶段对人之解放的认识着眼于人在资本主义社会的异化的话，那么在弗洛伊德主义研究阶段，马尔库塞已经充分意识到，马克思意义上的对异化克服的社会解放如果不与人之本能的解放联系在一起，毫无疑问是不彻底的，甚至也是行不通的。

（三）

马尔库塞文艺思想的理论基础之三是对发达资本主义社会的批判，这种批判既体现了从黑格尔到马克思发展起来的否定精神，又体现了从弗洛伊德那里借鉴过来的把本能的压抑和解放作为分析问题的出发点的批判精神。应该说，无论黑格尔式的马克思主义还是弗洛伊德式的马克思主义，马尔库塞的一切理论努力都是为了在发达资本主义的现实存在中实施人的解放。

第二次世界大战后，西方资本主义得到了空前发展，其生产方式、科学技术、社会结构以及人们的日常生活都出现了巨大变革。这种变革为马尔库塞的哲学活动提供了新的舞台，带来了新的课题，促使马尔库塞对"发达"资本主义进行更加深入地思考和批判。应该说，马尔库塞对发达资本主义这一新的社会现实造成的新问题具有相当深刻的体悟，也有相当精彩的描述：

> 我们再次面临着发达工业文明的一个最令人苦恼的方面：它的不合理性的合理特点。它的生产力和效率，它的增加和扩大舒适面，把浪费变成需要，把破坏变成建设的能力，它把客观世界改造成人的身心延长物的程度，这一切使得异化概念成了可疑的。人们在他们的商品中识别出身；他们在他们的汽车、高度保真音响设备、错层式房屋、厨房设备中找到自己的灵魂。那种个人依附于他的社会的根本机制已经变化了，社会控制锚定在它已经产生的新需要上。①

这就是发达资本主义塑造的全新社会形态，它为人提供了一个与以往根本不同的生存空间，这一空间的最大特点是，社会控制形式的全盘技术化，也就是说，技术不仅制造新的社会结构、参与到人的生活方式之中，甚至在不断制造和更新这种生存方式之时把人完全沦为技术的附庸，人的存在反倒成为了技

---

① 马尔库塞：《单向度的人》，张峰、吕世平译，重庆出版社1988年版，第9页。

术实现自身的手段。这种全盘技术化使得异化劳动本身变得可疑,使得本能压抑本身也变得可疑,因为技术条件下的异化和本能压抑已经改变了自我的形象,仿佛成为人们生活幸福的一种形式,成为社会进步的一种必然。有鉴于此,马尔库塞痛苦而深刻地指出,异化的主体被它的异化存在所吞没,人只存在于一个向度之中:技术进步的成就公然蔑视意识形态的控告,"虚假意识"成为真实意识,导致了人的言行和思想的单向度化。

首先,马尔库塞从社会日常生活语言入手,分析了发达资本主义社会的语言的单向度化特征。在马尔库塞看来,单向度化的语言就是"全面管理的语言"。"全面管理的语言"主要表现为"语词和概念趋于一致,或者说,概念趋于被语词同化。概念所具有的内容仅仅是在公布的标准化用法上语词指派的内容,而语言能反映的不过是公布的标准化的行为(反应)。语词成了陈词滥调,而且作为陈词滥调来支配言语或写作"。"在公共言论领域的关节点上,出现了不证自明的分析命题,它们的功能像是巫术——宗教公式的功能。它们被硬塞进和一再塞进接受者的头脑里,它们产生的效果是把接受者的思想封闭在公式所规定状况的圈子里。"[①]譬如在政治领域,自由、平等、民主之类的名词,通常拥有某些特定的属性和内涵,一旦使用这些名词,该属性和内涵便会呈现出来,具有某种社会共识,也构成了一个个封闭的语词结构。人们难以对其中的属性和内涵作任何思考。如果言论超越了被封闭的语词结构,都是不正确的或不被认可的。这样一来,公共言论领域里的言语实质上是同义反复的,它们不会发生质的差异,从而取消了矛盾存在的可能性。这也可以说是语言概念在发达资本主义社会获得了一种独特的存在形式,即仪式化。仪式化的语言是用固定形象来节略概念,用不证自明的公式来约束意义的发展,回避语义矛盾,使语言在操作的实用性中把功能与对象同一起来,这种语言的单向度化,这种语言的实用性,是一种彻底的反历史的语言:操作的合理性几乎没有为历史理性留下任何地盘和任何用场。语言行为封闭了概念的发展,阻碍了抽象和中介,拒绝

[①] 马尔库塞:《单向度的人》,张峰、吕世平译,重庆出版社1988年版,第74页。

承认事实背后的因素,而是向直接的事实投降。所以,发达资本主义的言论权力的仪式化成为一种单向度化的控制形式,它时刻贬低着关于反映、抽象、发展、矛盾的语言形式和象征。①

其次,马尔库塞分析了发达工业社会用实证逻辑瓦解否定逻辑、制造出一整套技术合理性的思维结构。马尔库塞认为,在哲学发展的过程中,辩证逻辑的出现是一个里程碑。当历史内容进入到辩证概念之中时,辩证思想把思维结构同现实结构连接起来,作为本体论张力的"是"与"应该"、现象与本质变成为历史的张力。以"S是P"这样一个简单的命题形式为例。在古典逻辑中,"S是P"是对一个既存现实的说明,本身没有任何潜在性需要发掘;在以本质和理念为基点的辩证逻辑的观照下,"S是P"呈现出一种全然不同的情形。辩证思维中思想同现存的东西是相矛盾的,它的真理也同既定现实的真理相对立。辩证逻辑是一种矛盾的、双向度的思想风格,甚至可以说是一种对抗现实哲学的内在形式。从这个意义上说,"S是P"中的"是"就表述着一种需要、一种潜在性、一种"应该"。"这种命题的证实,既牵涉到一个实际上的过程,也牵涉到一个思想上的过程:(S)应该成为它的实际样子。因此,这种明确的陈述成为一种明确的绝对命令;它陈述的不是一个事实,而是产生一个事实的必然性。例如,能把它读作如下:人(事实上)不是自由的,不具有非异化的权利等等,但他应该是自由的,因为在上帝的眼里、在本性上他是自由的等等。"②由此,逻辑真理完全可以过渡到历史真理,理性变成为历史理性。所以,辩证逻辑把人和万物的现存秩序的矛盾性揭示了出来,构成了对现实的另一种意义上的观照。本体论辩证法向历史辩证法的转变,获得了作为批判的否定性思维的哲学思想的双向度性。

然而,在发达资本主义社会里,辩证逻辑的否定性和批判力量开始出现危机,一种全新的实证逻辑被制造出来,并创造了一种实证的社会结构。马尔库

---

① 参阅马尔库塞:《单向度的人》,张峰、吕世平译,重庆出版社1988年版,第72—88页。
② 同上,第113—114页。

塞指出，

> 发达工业社会的技术成就，对精神和物质生产力的有效操纵，已经造成了神秘化的地点的转移。如果有理由说意识形态开始蕴含在生产过程本身中的话，那么也有理由指出，不是不合理的东西，而是合理的东西成了神秘化最有效的载体。①

"神秘化的地点转移"是资本主义实证逻辑发展的一个必然结果，也应该说是马尔库塞一个极其深刻的理论发现。发达资本主义的实证逻辑之所以能够呈现出取代辩证逻辑之趋势，其根本原因在于科学技术的发展，这种发展已经影响到社会的一切领域，甚至影响到人的思维模式。正是由于技术主义的强大造势，"理论的操纵主义开始和实践的操纵主义相一致。因此，趋于更有效地统治自然的科学方法，开始通过对自然的统治来为人对人更有效地统治提供纯概念和工具"②。也就是说，科学的可计算性和精确性成为一切合理性的来源，"世界趋于成为全面管理的材料，这种材料甚至同化了管理者"③。这样一来，统治之网成为了理性之网。技术统治的根本性胜利为人的不自由提供了合理性，但是这种所谓的合理性不是在政治上表现出来，也不是在技术上表现出来，而是通过人对社会舒适面扩大的需要表现出来。所以，在舒适的需要面前，不合理成为了合理，不自由成为了自由。这也就是神秘化转移的理论基础，也是实证逻辑延展的一个必然结果。

马尔库塞指出，实证逻辑把人之思想压抑在事实的背后，这样一来，思想对现实的任何质疑和批判都具有相当的难度，因为它从根本上是被管制的，难以走到前台上来。从这个意义上说，哲学的历史任务就是要把人作为主体真正

---

① 马尔库塞：《单向度的人》，张峰、吕世平译，重庆出版社1988年版，第160页。
② 同上，第134页。
③ 同上，第143页。

地解放出来，这一主体不再是科学计量化的主体，也不再是语言分析中常识性的主体，而是具有社会历史背景的存在于主客体关系之中的主体。主体的解放是历史发展的一个重大事件，也是历史发展的一个最基本的前提。解放是一种彻底的批判，也是哲学和美学的最基本的向度。

下 马尔库塞文艺思想之基本内容

马尔库塞的文艺思想是建筑在他的哲学和社会批判理论基础之上的，文艺始终是与人之现实的解放联系在一起的，而解放则是对现代资本主义社会进行否定性批判的一个重要结果，所以，马尔库塞的文艺思想的最大特色就是它本身所包含的政治性，也可以说是一种政治化的文艺观。围绕着这种政治化的文艺观，马尔库塞从如下几个方面展开他的文艺学、美学思想：新感性、艺术的政治功能以及对传统的马克思主义美学的批判等。可以说，所有这一切都离不开反抗压抑的解放的欲望，离不开对发达资本主义的深刻批判。

（一）

新感性是马尔库塞在批判弗洛伊德精神分析理论后获得的一个核心概念，是马尔库塞构筑自我的新审美观的一个核心概念。那么，何谓"新感性"呢？马尔库塞说，新感性，表现着生命本能对攻击性和罪恶的超升，它将在社会的范围内，孕育出充满生命的需求，以消除不公正和苦难；它将构织"生活标准"，向更高水平的进化。[①]

> 新感性已成为实践：新感性诞生于反对暴行和压迫的斗争，这场斗争，在根本上正奋力于一种崭新的生活方式和形式；它要否定整个现存体制，否定现存的道德和现存的文化；它认定了建立这样一个社会的权利：在这个新的社会中，由于贫困和劳苦的废除，一个新的天地诞生了，感

---

① 马尔库塞：《审美之维》，李小兵译，生活·读书·新知三联书店1989年版，第106页。

性、娱乐、安宁和美,在这个天地中成为生存的诸种形式,因而也成为社会本身的形式。①

显而易见,新感性不仅是一种新艺术理想的基础,而且更是一种新艺术观的社会实践目的。新感性来源于弗洛伊德主义改造现实社会的审美感性化诉求。所不同的是,弗洛伊德主义的感性具有浓重的生物学意义,它把人之存在从根本上归结为一种感性存在;马尔库塞则在弗洛伊德的"感性"之前加上了一个"新"以示区别,表明新感性是一种人道主义的理想诉求,是从人的社会现实状况出发的一种人之自由的追求。在这个意义上,新感性与美具有本质的联系。在古典美学中,美、神、诗是一个家族,美与反升华的快乐也是一个家族。古典美学强调感性、想象力、理性在美中的和谐统一,并执着于美的客观(本体的)性质,这些本体性质作为人和自然在其中安身立命的形式具有完满性。但是,这种古典主义的美学理想在发达资本主义社会被彻底地瓦解了。要想进行新的审美感觉的重建,就必须找回值得发扬的古典主义的美学传统。所以,马尔库塞强调:

  一个不再以市场为中介,不再建立在竞争的剥削或恐惧的基础上的人际关系的天地,需要一种感性,这种感性摆脱了不自由社会的压抑性满足,这种感性受制于具有审美想象力才能构织出的现实所拥有的方式和形式。②

新感性的建构正是需要以古典美学中的重要因素想象力作为基础。值得注意的是,想象力在工具主义理性发号施令的发达资本主义社会是处于被压抑的地位的,但也正是在这种压抑性的总体氛围中,想象力才有理由成为实践自由

---

① 马尔库塞:《审美之维》,李小兵译,生活·读书·新知三联书店1989年版,第108页。
② 同上,第110页。

之力，即对现实加以变形，重新构造现实。一旦超越外在的束缚，想像性实践就会触犯所谓的社会道德的忌讳，也就会成为反常的、颠覆性的力量。想象力的这种社会功能，在马尔库塞看来，无疑是一种革命力量。假如想像的实践成为政治行动的要求，那么，就可能预示着一场根本性变革的到来。反过来说，政治抗议一旦具有整体性质，它就会深入到非政治的审美之维，深入到基本的、生理的层面，深入到人之感性的层面。想象力，这个曾使康德批判哲学充满活力的伟大概念，在现实的审美之维中，打碎了康德用以保护这个概念的哲学框架。沟通着感性和理性的想象力，借助为剥削服务的科学和技术，也借助快乐科学，使得科学技术自由地成为了想象力解放的动力。新感性的这些政治表现揭示出反抗的深度，揭示出与压迫的连续体断裂的深度，它确证了新感性应有的政治的科学的地位。

如上所述，新感性概念是对古典美学思想有所继承的结果。马尔库塞在集中考察了美学史上康德和席勒的有关思想之后，揭示了"快感、感受、美、真理、艺术以及自由这些东西之间的内在联系"[1]，新感性正是对这一系列审美观念在发达资本主义社会氛围下的有力改造。在康德哲学中，审美快感，不仅仅作为心灵的第三个层面和能力，而且还是作为它的核心，作为自然借以与自由产生感应、与自律具有必然联系的媒介，也就是说，审美在理性和道德中都具有中心地位，它本身包含着对这两个王国都适用的有效原则。马尔库塞分析指出，

> 对审美之维的基本经验，是感性的而不是概念的。审美直觉根本上说是直观的，而不是理念的。感性的本质是"接受性"，即一种由外界对象刺激后的认知。正是借助与感性的这种内在关联，审美功用获得其中心地位。审美快感有知觉所伴随。这种快感生于对对象的纯形式的知觉，而不计其"内容"和其（内在和外在的）"目的"。以其纯形式表现出来的对象即是"美的"。这种表现是想象力的运作（或毋宁说是游戏）。作为想象力，审美知觉

---

[1] 马尔库塞：《审美之维》，李小兵译，生活·读书·新知三联书店1989年版，第46页。

既是感性的又不完全是感性的（它是"第三种"基本能力）：它给予快感，因而它在根本上是主观的；但就该快感是由对象本身的纯形式构成，它又伴随着必然的和普遍的审美知觉——对每一个感受主体都适用。审美想象力虽然是感性的并因而是被动的，但它却是创造的：在其自身的自由综合中，它建构起"美"。在审美想像中，感性为客观的秩序，创造出普遍适用的原则。①

从上述意义出发，马尔库塞认为，康德的所谓的"无目的的合目的性"和"无法则的合法则性"包容了非压抑秩序的本能，表征着美的结构和自由的结构，它们共同的特点在于高扬了自由游戏中人和自然释放出的潜能。

如果说康德关于审美之维的讨论是从心理学的角度分析了审美的意义和价值，指出了审美在沟通感性和理性之间的中介作用，完成了一场哲学意义上的自由完满的话，席勒则在康德思想的影响下借助审美功用的解放力量，试图达到重建文明的目的。

在唯理哲学一统天下的时代，感性一直被视为一种最低级的能力，只具有为认知提供原材料的资格。自鲍姆嘉登创立美学以来，审美在某种意义上获得了一种与理性秩序相对的感性秩序。康德和席勒的美学建构都是对这种感性秩序肯定的延续。在席勒看来，感性秩序一旦进入到文化哲学就具有了解放感官的功能，这不仅不会毁灭文明，而且会给文明以更加坚实的基础，更加巩固的内在潜能。当然，感性秩序的确立需要有独特的方式，这便是艺术。由于感官追求的是快乐原则，感官的认知具有混杂的、被动的性质，这使得它从根本上难以适应现实原则，除非它屈从于理性。只要哲学仍然坚持现实原则的价值和规范，感性要摆脱理性的控制是极其艰难的，在哲学上也不会有任何地位。所以，感性从根本上说只能在艺术理论中找到自己的避难所，也可以说，感性通过艺术向理性发起进攻，在展现感性秩序之际显现出与压抑逻辑相对立的满足逻辑。艺术通过对快感的许诺成为感性实现的根本途径。席勒的出发点首先就

---

① 马尔库塞：《审美之维》，李小兵译，生活·读书·新知三联书店1989年版，第48—49页。

是为感性划出一个生存的空间。席勒试图取消审美功用的升华。席勒用一系列成对概念来描述人之实存状态，如感性与理性、质料与形式（精神）、自然与自由、特殊与普遍等。前者从根本上说是被动的、接受性的；后者是主动的、征服性的。从前者到后者某种意义上反映了文明进步的过程。在这一过程中，文明把感性归属于理性，以致于前者若要重新确证自身，就得以破坏性或"蒙昧的"形式表现出来；而理性的专制却使得感性贫瘠化、野蛮化。假如人类的潜能能够自由地发挥出来，那么必须使上述两种对立达成和解。席勒所设计的和解之途是游戏。游戏是实现人类自身的唯一可能方式，是人在社会政治意义上的彻底解放，即人从非人回归到人本身。只有当人从外在和内在的、肉体和道德的束缚中解脱出来，即只有当它既不被法则也不被需求约束后，他才是自由的。席勒的自由是从现实中摆脱出来的自由，这一点尤为重要。马尔库塞指出，当欲望和需求在没有异化劳动的条件下得到满足后，人将会自由地运用（游戏）他的能力和潜能，运用自然的潜能，而且也只有运用它们时，人才是自由的。这时的世界秩序成为美的秩序。可以设想，一旦游戏得到了文明原则的优势，它就会从根本上改变现实。席勒的贡献在于，他诊断出来文明的病症就在于人类的两种基本冲动（感性冲动与形式冲动）之间的对立，以及对这种对立之间的残暴解决：理性压抑和排斥感性。从这个意义上说，自由应该从感性中而不是从理性中去寻找，拯救文明应该首先废除那些强加给感性的压抑和控制。

马尔库塞认为，发达资本主义的文化本身已经发生了根本性改变，这主要表现在现实对文化尤其是高级文化的拒斥态度。"今天的新特征在于：通过取消高级文化中对立的、异在的和超越的因素——高级文化正是借这些东西建构起现实的另一维度——去抹平文化和社会现实之间的对抗。对两维度文化的这种侵蚀并不是产生于对'文化价值'的否定和拒绝，而是产生于它们被全部并入现存秩序，产生于它们大规模被重建和被染指上。"[①]发达资本主义的这种把文化从人的升华中拉下来同化于现实，使高级文化成为物质文化的一部分，人在

[①] 马尔库塞：《审美之维》，李小兵译，生活·读书·新知三联书店1989年版，第66页。

这种文化跌落中失去了昔日寻求不断升华的理想化之场所。文化丧失了它的倾覆力，它的真理性也随之瓦解。在发达资本主义的文化变迁中，文化只可能在日常生活中找到自己的家园。从这个意义上说，社会吸纳力通过同化艺术之维的对抗性内容掏空了艺术之维，极权主义以一种新的姿态出现在仿佛是和谐的多元主义之中，最具对立性质的作品也心平气和地共存共荣。

应该说，昔日的文化始终具有一种异在性，它与社会现实始终构成一种相互对立的关系，"文学和艺术在根本上是异在的，即它们维护和保护着对立——对分隔了的世界的不幸意识、挫败的可能性、未完成的希望以及被背弃的承诺。它们是一种理性的、认知的力量，揭示着一种在现实中被压抑和被排斥着的人和自然的维度"。①现实和可能之间的张力成为文化存在的基础。文化把现实置于另一维度，揭示日常经验的支离破碎性和虚伪性，使现实统治丧失其合理性之基础。然而，经过文明的整个过程，文化却似乎被完全整合到社会之中，也就是说，保留在文化异在性中的艺术与日常秩序的裂痕被发达的技术社会所弥合。昔日的文化不仅屈从于技术合理性过程，甚至成为了占支配地位的现实状况的涂脂抹粉和心理分析的工具。文化内涵被填充进厨房、超级市场和办公室，填充进实业和市场游戏；直接满足代替了间接满足，快乐原则被纳入现实原则；个体之快感被严厉地缩小，技术限定了升华的范围乃至需要。这样一来，欲求与允许之间的冲突似乎在相当程度上得以解决，现实原则似乎不再需要对本能进行深刻而痛苦地改造，个体所适应的世界似乎并不否定他的内在需要。从这个意义上说，人类生存的整个维度非爱欲化了。以性为例。先进工业文明总是在极力张扬性自由。肉体在作为劳动工具的同时总是不断地在公众空间和社会关系中展露它的性特征，技术过程把力比多成分系统地包容到商品生产和交换的领域，这种性自由已经成为市场价值和社会习俗的重要因素。性通过整合而合理地进入社会不能不说是发达资本主义文化的一个基本特征。马尔库塞指出：

---

① 马尔库塞：《审美之维》，李小兵译，生活·读书·新知三联书店1989年版，第70页。

对力比多的这种动员和支配，可以说明许多现象；如自愿的顺从、恐惧的忘却、在个人的需要与社会要求的欲望、目标以及灵性之间的先定和谐。对人类生存中超越因素在技术上和政治上的征服，这个发达工业文明的特质，在这里，又在本能领域中表白了自己：满足是通过一种产生屈从并弱化抗议合理性的方式达到的。①

对对立面的征服，使高级文化转而在大众文化中找寻其意识形态的荣耀，这正是发达资本主义文化的根本目的。它打碎了不与现存社会调和的断言，把快乐转化为屈从，把非自由社会所赐予的满足打造成幸福意识，把性的泛化改造成良心的实现。所有这一切都表明资本主义文化成功地发明了物质全盘战胜精神的有效武器，也成功地实现了文化政治上的自我利益和价值。

（二）

艺术是对现实生活的否定，包括否定它的全部体制、它的整个物质和精神文化。艺术之所以具有强大的否定力量，其根本原因在于它的自身在历史中发展出来的独特的形式性。

自从艺术告别巫术，自从它不再是"实践的"，即不再是其他技法中的一种'技法'——也就是说，自从它成为社会劳动分工中一个独立的部类后，它就具备它自身的、对所有艺术都共通的形式。

这种形式适应于艺术在社会中的新功用：在生活的可怕的琐碎繁杂中提供'假日'、提供超脱、提供小憩——也就是展示另外更'高贵'、更'深沉'、也许还更'真实'、更'美好'的东西以满足在日常劳作和嬉戏中没有满足的需要……②

---

① 马尔库塞：《审美之维》，李小兵译，生活·读书·新知三联书店1989年版，第82—83页。
② 同上，第193页。

可见，艺术的形式性使艺术成为了与现实社会相对立的力量。无论艺术是怎样地被现行的经验表征和价值趣味所限制和引导，它总是试图超越对现实存在的美化和崇高化，超越为现实进行的任何辩解和维护。当然，对艺术形式力量的着力强调，这可以说仅是一种古典主义的艺术理念和理想。针对发达资本主义这一新的社会形态和艺术发展的新趋势，马尔库塞敏锐地观察到艺术形式化在现代社会所表现出来的完全不同于古典浪漫时期的全新的内涵：现代艺术正在向着非艺术、抽象艺术和反艺术方向发展，而这一发展的极致是马尔库塞所谓的"活艺术"的诞生。"今日艺术进入反抗力量中，正在于它是反升华的：这是一种活生生的形式，它把语词、形象和声音赋予未曾称道的东西，赋予谎言及其揭示，赋予恐怖及其由它的解放，赋予肉体及其感受性，并以此作为生命'美学'的源泉和根基，作为灵魂及其文化的根基，作为精神的第一'统觉'。"①从这个意义上说，"活艺术"不仅不会有任何可能去接受、升华现存世界，而且从根本上能够解脱人的心灵和肉体而进入新感性和新感受之中，这无疑是主体的彻底解放的一个标志。艺术自身的任何非艺术行为，无论是竭力抵抗给定的形式，还是打碎传统的幻想，都无力于沟通艺术与现实之间的沟壑，无力于摆脱艺术—形式的锁链。也就是说，艺术若不取消自己作为艺术的所有形式，即便是以其最具破坏性、最具抽象性、最具活动性的形式，也不可能实现自身。从这个意义上说，马尔库塞坚持认为，真正的艺术是一种所谓的艺术的现实化，艺术必须加入到反控制和反压抑的斗争之中，成为建构自由社会的一种政治力量。这也就是马尔库塞在发达资本主义背景下提出的艺术理想。

艺术，作为现实的形式，它不可能回避由这个概念激起的联想，诸如庞大的美化活动的构想、艺术联合事务所、审美工厂、生产的公园。这些联想属于压抑的实践。作为现实之形式的艺术的意义是：不是对给定东西的美化，而是

---

① 马尔库塞：《审美之维》，李小兵译，生活·读书·新知三联书店1989年版，第198页。

建构出全然不同和对立的现实。审美憧憬是革命的组成部分;它是马克思的憧憬:"动物仍然需求建构(塑造)自己,而人能够按照美的规律塑形。"①

据此,马尔库塞对他所构想的艺术的现实形式,或者说作为现实形式的艺术,有了进一步的具体描绘:

> 不可能将作为现实的艺术具体化:它那时或许会成为创造力,即一种在物质和精神意义上的创造;那时,技术和艺术在对环境整个重建中结成的联系,即那种城市与乡村、工业与自然的联系,将根本摆脱商业性剥夺和美化的恐惧,艺术因而不再服务于实业的刺激。毋庸置疑,创造出如是环境的可能性本身,有赖于对现存社会进行整体变革:有赖于一种崭新的生产方式和生产目的,依赖于一种作为生产者的新型的人,依赖于废除人在既定社会劳动分工和劳动与享乐的分工中扮演角色的状态。②

所以,一方面艺术革命需要社会革命作为基础和保障,把一种新型的人的存在带入艺术而构成艺术之内容;另一方面,在整个社会发生变革之时,艺术需要成为一种革命艺术,成为一种革命动力,艺术应该为崭新社会的建构描述出新的蓝图。

马尔库塞认为,艺术作为激进主义的政治潜能首先是一种需要,这种需要表现为渴望在控诉现实和解放之间达到有效的交往。当然,这种交往是一种艺术化的交往,而不是简单的反抗性。如在黑人社会中,黑人精心构织了黑人语言,强调黑人之间的团结,强调对黑人传统文化的认同,揭示他们本身的被压迫性等,但这种行为本身很容易成为一种反升华之物,或者说简单地满足于所谓的攻击性,而不是艺术所赋予的解放形式。艺术的解放方式或者说与现实的交往方式,无疑始终表现出对给定现实的否定和抗议,始终固守自己的天地和

---

① 马尔库塞:《审美之维》,李小兵译,生活·读书·新知三联书店1989年版,第201页。
② 同上,第201页。

权力，但问题在于，艺术之所以是艺术，其自身首先具有自我独特的存在形式，如和谐、节奏、对比等性质的审美形式所构成的总体，它不仅是艺术自足的前提，以区别于他物，而且构造了艺术自身的结果和秩序(风格)。从这个意义上说，艺术正是借助这些性质才可能改变在现实中起支配作用的秩序，艺术通过这种假想性改变揭示了另一世界的存在，使艺术幻象具有了解放功能，使活艺术成为一种现实存在和人的生活内容。

  和谐性的幻象、理想性的造形、以及与这些相伴随的将艺术抽离出现实，这些东西就是审美形式的特质。因此，它的反升华意味着：回到一种"直接的"艺术。这种"直接的"艺术，不仅是对理智和被精炼、"蒸馏"、限定了的感性的反映和激活，而且首先是对摆脱了日薄西山的剥削社会要求后的、自然的感觉经验的反映和激活。"直接的"艺术所要找寻的艺术形式，要表现的不是作为劳动力和顺民的载体的肉体体验，而是作为解放的载体的肉体(还有"灵魂")体验。这就是对感性的文化的寻求。感性的，就在于它包含着对人的感觉经验和接受性的根本变革：让这些感觉经验和接受性从自我强制、唯利是图、以及残害性的生产力中解放出来。从而文化革命远远超出了艺术革命的范围，它撞击到在个体本身之中的资本主义的根基。①

发达资本主义的艺术革命性是一种艺术形式的自由构形，是历史延续中艺术获得的崭新的开放性风格，这种构造和风格的存在本身就说明了艺术对世界采取的否定姿态。实质上，当今艺术的形式化追求不仅在改变着艺术的历史功用，也在重塑着艺术本身。

  对艺术形式的肯定，认为艺术形式对社会的革命性重建具有确证作用，在发达资本主义社会已经被普遍接受。对发达资本主义的反抗在"移置"到文化

---

① 马尔库塞：《审美之维》，李小兵译，生活·读书·新知三联书店1989年版，第153页。

和亚文化领域之后,艺术给定的形象和音调已经被彻底打破,艺术创造出一个并不存在的世界、一个幻象的世界。然而,正是在这种把现实变为幻象的转化中,也只有在这个转化中,艺术才可能表现出它的颠覆性之真理。

>在这个天地中,任何语词、任何色彩、任何声音都是"新颖的"和新奇的,它们打破了把人和自然围蔽于中的习以为常的感知和理解的框架,打破了习以为常的感性确定性和理性框架。由于构成什么形式的语词、声音、形状以及色彩,与它们的日常用法和功用相分离,因而,它们就可逍遥于一个崭新的生存维度。这就是"风格"的成就,这就是诗、小说、绘画、乐章。蕴藏着审美形式的风格,在将现实附属于另一种秩序的时候,实际上是让现实置身于"美的规律"。①

应该说,马尔库塞对艺术风格寄予厚望。在艺术形式自足的基础上,只有艺术风格的形成才可能使艺术具有一种革命力量,也才可能使艺术成为实现人之理想的真正空间。

(三)

对传统的马克思主义美学的批判构成了马尔库塞的美学思想的一大特色,这是谈论马尔库塞美学思想时不能忽视的一个极其重要的方面。实质上,马尔库塞的一切理论活动始终没有离开过对传统的马克思主义美学的反思和批判。更进一步说,马尔库塞总是试图在批判的基础上发展出一套全新的马克思主义,或者说,发展一套与发达资本主义社会现实相适应的马克思主义。所以,在"西马"发展史上,马尔库塞占有重要地位,他的理论通常被称为"弗洛伊德式的马克思主义"。当然,马尔库塞对马克思主义美学的批判,绝不仅仅是从弗洛伊德主义出发的,他的理论资源可以说多种多样,但最主要的出发点还是发达资本主义的社会现实,所以,他的审美解放论、审美新感性、审美形式化

---

① 马尔库塞:《审美之维》,李小兵译,生活·读书·新知三联书店1989年版,第170—171页。

等思想不仅是理论改造和借鉴的结果，也是社会现实所赋予马尔库塞的理论灵感的结果。

马尔库塞对传统的马克思主义美学在如下若干方面提出了质疑：

1. 在艺术与物质基础之间，在艺术与生产关系总体之间，有一种定形的联系。因此，随着生产关系的变化，作为上层建筑的一部分的艺术本身也应当发生变革。当然，艺术同其他意识形态一样，也可以落后或超前于社会变化。

2. 在艺术作品与社会的阶级之间，也有一种定形的联系。只有上升阶级的艺术才是唯一真诚的、真实的、进步的艺术。它表达着这个阶级的意识。

3. 所以，政治和审美，革命的内容和艺术的性质，趋于一致。

4. 作家的责任，就是去揭示和表现上升阶级利益和需求（而在资本主义，上升阶级就是无产阶级）。

5. 没落的阶级或它的代表，只能创造出"腐朽的"艺术。

6. 现实主义（以多种不同含义）被看作是最适应于表现社会关系的艺术形式，因而是"正确的"艺术形式。①

马尔库塞提出讨论的这些马克思主义的美学观点，有两个基本前提：一是强调物质基础的前提性，强调物质基础与艺术之间在一定程度上的决定和被决定之关系，而这一关系是事物发展的内在逻辑的必然结果，并非是从外部强加上去的。另一是从历史发展的进步观念出发，构造出了进步阶级的艺术和表现进步阶级艺术的现实主义具有正确性质的美学原则。马尔库塞认为，传统的马克思主义美学原则中的这些命题从根本上说是与马克思和恩格斯的辩证构想相矛盾，因为首先它们潜在地把物质基础作为真正的现实存在，而在政治上低

---

① 马尔库塞：《审美之维》，李小兵译，生活·读书·新知三联书店1989年版，第207—208页。

估了非物质力量,尤其是低估了个体意识和潜意识以及它们的政治功能,即使注意到主体问题,也只是强调了主体群体,强调了阶级。从这个意义上说,恩格斯在某些方面确实忽略了这样的基本事实,即产生革命变革的需要,必须源于个体本身的主体性,植根于个体的理智和个体的激情、个体的冲动与个体的目标。马尔库塞批判说:

> 马克思主义理论也跌进了它曾向整个社会揭露和抨击过的那个物化过程中,它把主体性当成客体性的一个原子,以至于主体即使在它反抗的形式中,也屈从于一种集体意识。马克思主义理论中的决定论成分并不在于它的社会存在和社会意识之间关系的概念,而在于它表现出还原论的意识概念。这种还原论的意识概念取消了个体意识的特殊内容,并随之取消了革命的发生必须凭借的主体性潜能。[①]

因此,必须反思马克思主义美学中所谓的还原论和集体意识,深刻认识主体内在性的重要价值。只有在主体内在性得到认可的前提下,个体才能摆脱交换关系和交换价值,才能走出资本主义的社会现实,走进生存的另一个维度,走进审美。主体一旦获得这种解放,一旦开始了个体历史的内在过程,他们就成为了具体而真实的存在,而不再是抽象的躲在群体背后的苍白个体。个体主体的价值重现,使得"个体的内在历史尤其是在个体的非物质的层面上,炸开了阶级的框架。把爱与恨、乐与忧、希望与失望归入心理学的领域,使它们摆脱革命实践的关注,这当然是容易办到的。确实,从政治经济学的角度看,它们或许不是'生产力',然而对每一个人的存在来说,它们是决定性的,它们建构着现实"[②]。从这个意义上说,马克思主义美学在阶级关系基础上把艺术区别为进步艺术和腐朽艺术,把现实主义艺术作为进步艺术的典范,是偏颇的。马

---

① 马尔库塞:《审美之维》,李小兵译,生活·读书·新知三联书店1989年版,第208—209页。
② 同上,第210页。

尔库塞进一步指出:"人类作为'类的存在物'出现,就意味着男人和女人能够生活于一个自由的联合体,这个联合体使人的族类潜能——自由,能够得以实现出来。这正是无产阶级社会在主体方面的基础。这个社会的实现,其前提在于根本变革个体的冲动和欲求,也就是说,在社会历史的层面上,个体的有机的发展。假如不植根于个体的本能结果,团结的基础就是脆弱的。在这个维度上,男人和女人所面对的是心理—肉体力量,他们无需消除这些力量的自然本性,就可以把这些力量变成自己的力量,这是原始冲动的领域,是力比多能量和攻击性的领域。让攻击性的和侵略性的能量纳入生命本能的社会解放,就为人类的团结与联合奠定了基础。"①可以说,马克思主义一直忽视这个维度上的美学的政治潜能。艺术自律最能体现人的个体的活动性,艺术自律把艺术与群体的生产过程分离开来,使艺术成为了一个个体存在的避难所,艺术由此也就必然承担起批判现实社会而重构理想世界的历史责任。艺术与现实的异在程度构成了它的解放价值。

在从哲学意义上讨论了发达资本主义的社会现实和美学的解放功能之后,马尔库塞转入了对具体艺术问题的思考,如如何正确地评价现实主义艺术,如何更有效地把握艺术的现实本质等。也就是在这些具体的思考中,马尔库塞把他对传统的马克思主义美学的批判进一步完善起来。

1. 艺术与现实之关系。这无疑是传统的马克思主义美学的一个最基本的问题,这一问题又涉及到两个更加具体的层面,即艺术的存在方式和艺术的政治功能。马尔库塞在这一问题上的创新之处在于,他提出了一个重要概念并试图以此来重新解释艺术与现实的关系,这一概念就是"审美形式"。尽管上文已经触及到艺术形式问题,因为马尔库塞在讲艺术时时刻离不开形式,他所谓的艺术首先就是一种艺术形式,或者说是一种形式化的艺术,但把"审美形式"作为一个完整概念提出来以重构马克思主义美学,确有值得进一步关注的方面。马尔库塞是这样为审美形式定义的:"所谓的'审美形式'是指把一种给定的内

---

① 马尔库塞:《审美之维》,李小兵译,生活·读书·新知三联书店1989年版,第218页。

容（即现实的或历史的、个体的或社会的事实）变形为一个自足整体（如诗歌、戏剧、小说等）所得到的结果。有了审美形式，艺术作品就摆脱了现实的无尽的过程，获得了它本己的意味和真理。这种审美变形的实现，是通过语言、感知和理解的重组，以至于它们能使现实的本质在其现象中被揭示出来：人和自然被压抑了的潜能。因此，艺术作品在谴责现实的同时，也再现着现实。"[1]也就是说，审美形式一方面使艺术与给定的东西区别开来，使艺术自律成为可能，使艺术获得了艺术意味；另一方面它通过现实的审美变形把人被压抑这一潜在现实显现出来，它不是虚假意识或纯粹幻象，而是一种认识和控诉的手段，是一种重新解放感性的努力。审美形式所造就的艺术与现实的关系完全不同于传统的马克思主义美学观念，因为审美形式建构了一个异在的世界、一个具有另一种现实原则的美的世界。在这一意义上，马尔库塞批判了马克思主义美学在具体运用上贬低和扭曲艺术形式表现真理的功劳，从而也弱化了艺术作为意识形态的认识功能。传统的马克思主义美学假定所有艺术多少都被生产关系、阶级地位等因素所决定，但问题在于：艺术是否能够超越现实？传统的马克思主义美学没有回答这种问题。传统的马克思主义美学当然也不可能提出这样的问题：超越现实并赋予艺术以普遍性的艺术性质是什么？所以，马尔库塞提出审美形式就是试图弥补传统的马克思主义美学在这一方面的缺憾。审美形式实质上就是艺术存在的一种独特的意识形态，它以独特的方式实践着艺术的意识形态功能。这样一来，问题就已经转到了第二个方面。一件艺术作品真实地再现了无产阶级或资产阶级的利益和世界观，这并不能说明它就是一件真正的艺术作品，因为艺术的真正价值在于艺术的普遍性，而这必然要考虑艺术构成的内在特性。艺术的普遍性不是以特定阶级的世界观为依据的，而是要展示一种具有普遍意义的人性形式。这无疑是任何特定阶级，即使无产阶级（马克思的"普遍阶级"）都不能独自构成的东西。艺术的具有普遍意义的人性形式就是审美形式。审美形式的意识形态性不是虚假意识，它所反映出来的快乐与忧伤、成功与绝望、爱欲与死欲

---

[1] 马尔库塞：《审美之维》，李小兵译，生活·读书·新知三联书店1989年版，第211页。

等等，所有这一切都不可能简单地皆归结为阶级斗争的表现。从这个意义上来理解马尔库塞，审美形式或许是一种另类的意识形态，是人性的最基本方式，是艺术实现其政治功能的绝妙方式。所以，马克思主义美学没有理由忽视人的新陈代谢，也没有理由把人类社会赖以生存的自然土壤斥之为倒退的意识形态，也就没有任何理由忽视审美形式的存在意义。

2. 关于艺术形式的专制性。马尔库塞认为，审美形式并不与内容相对立，形式成为内容，内容成为形式，这可以说是艺术存在的通则。任何艺术品必须借助形式来融合和升华素材，素材是审美构形的出发点，本身蕴含着某种动机，动机背后又可能有社会集体或阶级的利益和目的，但艺术品中的素材从根本上说已经脱离了它的原来存在的直接性，成为某种具有质的差异的东西，成为另一现实的组成部分。从这一意义上说，艺术品中的所谓的内容已被作品整体地加以改变了，它的原意甚至会被转化而生发出相反的意味。这就是马尔库塞所谓的"形式的专制"。

> 形式的专制是指作品中压倒一切的必然趋势，它要求任何线条、任何音响都是不可替代的（就最理想的状况看，这并不真正存在）。这种内在的必然性（这种将真正的作品与非真正的作品区别开来的性质），确实是专制的，因为它压制了表现的直接性。但是，在这里被压制的是虚假的直接性，这种直接性的虚假在于它背后拖曳着一个未经反思的神秘现实。①

形式的专制是艺术创造中的大好事，而不是大坏事。实质上，这意味着艺术在创造中总是实践着既定的意识形态功能，因为只有改变了素材的直接现实性才可能展现它的真正本质，才可能显出真实现实的虚假性和非合理性。发达资本主义的现实是一种神秘的现实，是非经过任何反思的现实，它的合理性状况和表现需要深入地审视和批判。

---

① 马尔库塞：《审美之维》，李小兵译，生活·读书·新知三联书店1989年版，第235—236页。

马尔库塞进一步指出，任何历史都可能在艺术中获得一种模仿形式，但真正的艺术模仿应该是风格化的，是审美形式"造形"的结果，唯有艺术的真正风格化才可能超越现存社会中现实原则的价值规范，还历史一个本来面目。表面上看，艺术所构造的世界是一个与日常现实无太大差异的世界，艺术世界里的所有东西都在日常现实中存在着，但艺术世界肯定又是非真实的，是虚构的，因为即使在最具真实性的艺术品中，也会发现模仿的痕迹。其实，在马尔库塞看来，艺术的真实绝非通常意义上的真实，艺术与现实总是存有质的差异，艺术真实比真实更真实，因为艺术品是一种审美形式化的结果，或者更确切地说，是审美形式风格化的结果。艺术对真实的追求是在执行着一种揭露虚假现实的形式专制。发达资本主义社会在制度方面已经被彻底神秘化了，日常现实把必然塞给偶然，用理性压抑感性，把异化强加给自我实现。从这个意义上说，事物只有在艺术形式的显象中才可能呈现出本来面目。所以，作为虚构的世界，艺术包含着比日常现实更多更深入的真实。唯有艺术才能以感性方式颠倒世界、表现真理。艺术的审美形式使得现实获得了真正风格化的自由。"放弃审美形式，不可能取消艺术与生活的区别，但是，它的确取消了本质和现象的区别。艺术的真理正是在本质和现象的关系中；艺术的政治价值，也是由这种关系决定的。"[①]这正是艺术的审美形式的意义之所在，形式的专制不仅具有美学意义，而且更具有政治意义。当然，马尔库塞也看到了艺术形式专制的局限性，即在艺术中不可避免地存在着不着边际的空想因素，也就是说，艺术不可能时时处处把它的洞见变为现实。艺术形式总是一种虚构。尽管如此，艺术看破或揭示虚假的能力，艺术预见或改变现实的能力，艺术展现希望或理想的能力，成为了艺术形式专制化的一种绝对律令。

3. 关于美的辩证法。传统的马克思主义美学曾经不赞同使用美这个概念，认为它是资产阶级美学的核心范畴。马尔库塞认为，表面看来，把资产阶级美学中美这一概念与革命的艺术相结合有一定的困难，因为在政治斗争的必然性

[①] 马尔库塞：《审美之维》，李小兵译，生活·读书·新知三联书店1989年版，第242页。

面前谈论美似乎是不负责任。问题的严重性还在于，发达资本主义已经发展出自身成熟的体制，美以纯洁和可爱的形式被有效地出售着，这表明交换价值已经延伸到审美——爱欲维度。在这样一个大的背景下，如何实现美的应有价值，恢复美的声誉，焕发美的现实功能，确实需要认真思考。无论从何种角度来谈美，美总是与爱欲密切相关的，它总是表达或实现着个体存在的快乐原则。马尔库塞充分注意到了美的这一特质和可能引发的现实功能。美不是一个抽象的美学概念，而是一个具有审美实践意义的美学范畴。美的审美实践意义就在于它本身具有的潜能，这一潜能的源泉首先存在于美与爱欲关系之中，或者说存在于美所拥有的爱欲本性之中。模仿使艺术获得了最具升华性的形式，也就是美的形式，马尔库塞也称之为"政治爱欲"，即生命本能在审美形式中具有了反抗的可能。从这个意义上说，美属于感性，美是自由的想象。马尔库塞赋予了美以全新含义。美在与爱欲的结合中获得了所谓的进步意义。当然，美的辩证法还在于，美始终在爱欲与死欲的两难中分裂和整合着自身。"爱欲与死欲既是情侣又是对手。破除性能量也许可用来造福生活，并使生活达到更高的水平——爱欲本身就是痛苦和有限的象征。'快乐的永恒'正是通过个体的死亡而建构起来。对这些个体来说，这个永恒是一个抽象的普遍。"[①]从这里，马尔库塞把视野投入了具有哲学意味的冥思，美也就在这种冥思中获得了复杂而解放的性质和功能。

[①] 马尔库塞：《审美之维》，李小兵译，生活·读书·新知三联书店1989年版，第254页。

后　记

　　这里收录的学术成果是我问学的一个印记。回想起来，从1993年在《文艺理论与批评》杂志发表评论王朔小说的第一篇文章起，到今天已经整整20年了。其间，5年的研究所工作，15年的编辑部工作，学术产量并不多，质量也有提升的空间。

　　20年来，我的关注点主要集中在两大方面：当代西方文论和当代中国文化艺术问题。这本文集比较集中地凸显了这样的特点。

　　这里的文章，除个别篇目外，都已正式发表过（这次成集，只对个别词句和体例进行了必要的改动）。重读这些文字，想起它们问世的点点滴滴，对于那些熟悉不熟悉的杂志、认识不认识的编辑，内心的感念始终存留。

　　真诚地感谢中国艺术研究院，感谢《文艺研究》编辑部，感谢北京时代华文书局，没有你们的培养和帮助，没有你们的辛勤工作，这本小册子难有问世的机会和可能。

戴阿宝

清华大学南区南零楼

2013年6月20日